ULRICH HERZOG

FAHRRADHEILKUNDE

Ein Reparaturhandbuch für Velocipedfahrer

MOBY DICK VERLAG

Copyright 1980	Ulrich Herzog
1. Auflage	Mai 1980
2. überarbeitete Auflage	Oktober 1980
3. überarbeitete Auflage	März 1981
4. Auflage	November 1981
5. Auflage	April 1982
Umschlagentwurf:	Sarah J. Kellogg
Herstellung:	Fläschner Druck Hamburg

ISBN   3 — 922843 — 00 — X

MOBY DICK VERLAG
Ulrich Herzog

Große Straße 11
2802 Ottersberg

INHALTSVERZEICHNIS

WICHTIG

1. Die Preisübersichten sollen einen ungefähren Überblick geben,
   sie sind weder exakt noch vollständig. Spitzenpreise sind in
   der Regel nicht berücksichtigt.
2. Die Zeitangaben bei den Reparaturanleitungen können ebenfalls
   nur zur groben Orientierung dienen.
3. Sobald in einer Anleitung von Kugellagern die Rede ist, solltest
   du zusätzlich das Kapitel "Kugellager" lesen. Hier sind alle
   wichtigen Hinweise zur Pflege und Wartung der Lager zusammen-
   gefaßt.

WAS IST LOS MIT DEM RAD ?

GROSSE ZEITEN ...

Wenn man heute vom comeback des Fahrrades spricht, bezieht man
sich wahrscheinlich auf die große Fahrradepoche vor der Jahrhundert-
wende. Dabei mag man vielleicht an die Hochräder denken und sich
ein mildes Lächeln über die verstaubte Technik aus Urgroßvaters
Zeiten gestatten. Sieht man sich die Sache etwas genauer an, ist es
aber unsere Zeit, die bei einem Vergleich schlecht wegkommen
würde. In der Blütezeit des Velocipeds, als man gleichzeitig Hochräder, Niederräder und Drei- oder Vierräder für eine bis vier
Personen auf den Straßen bewundern kann, in diesen Jahren entfaltet
sich eine technische Glanzzeit. Geniale, verrückte, visionäre und
verspielte Erfinder wandeln ihre Träume in Gebilde aus Holz, Stahl,
Leder und Gummi um. Darunter zahlreiche Erfindungen, die sich bis
heute praktisch unverändert erhalten haben und schon vor rund hundert
Jahren das moderne Fahrrad prägten: Tangentialspeichen, Kugellager, Freilaufnabe, luftgefüllter Reifen... Die kreative und liebevolle
Beschäftigung mit dem Rad spiegelt sich wider in der Vielfalt der
Formen, der originellen Namensgebung und vor allem der soliden
Handwerksarbeit. Außer Mechanikern und Rennfahrern ist die gut
betuchte Mittelschicht am Fahrrad interessiert. Sie organisiert sich,
nachdem die stabilen Dreirad- und Vierradfahrzeuge das Radeln auch für
Damen und gesetzte Herrschaften salonfähig gemacht haben, in zahl-
losen Fahrradclubs, gibt etliche Fahrradgazetten heraus; nimmt die
Fahrradbewegung schlicht für sich in Anspruch. Die Arbeiterschaft
reagiert auf das Vergnügen der Velocipedfahrer (Herrenreiter, die den
Gaul gewechselt haben) mit Hohn und Spott. In dem 1890 erschienenen
Buch "Fahrrad und Radfahrer" wird auf die unflätigen Bemerkungen
hingewiesen, die der Radfahrer vor allem in "sozialdemokratisch an-
gehauchten Vororten" erleiden müsse.
Eine Epoche, die für mich schwer zu erfassen ist: Der Snobismus
der wohlhabenden Fahrradbesitzer, aber auch die Begeisterungsfähig-
keit an der neuen Technik, der Kampf gegen eine borniere fahrrad-
feindliche Obrigkeit (kommt uns das nicht bekannt vor?), die explosions-
artige Fortentwicklung eines neuen Verkehrsmittels....
Nach dem ersten Weltkrieg erhält das Rad eine völlig neue Bedeutung:
Es wird zum Massenverkehrsmittel. Erschwinglich geworden, kann es
nun endlich seiner edelsten Aufgabe zugeführt werden: Dem Nutzen.
Mit den sonntäglichen Lustfahrten hat es zwar kein Ende, aber darüber-
hinaus ist das Rad vor allem Transportmittel - ein billiges obendrein -
für Millionen Berufstätige, für Arbeiter, Schüler, Hausfrauen, Professo-
ren, Scherenschleifer, Grünhöker, fahrende Händler ...
Die wirtschaftliche Bedeutung als Verkehrsmittel bringt die Betonung des
Tourenrades mit sich (schwere und unverwüstliche Ausführung) und
zahlreiche Varianten von Lastfahrrädern. Gleichzeitig fällt auf, daß
Tandems und "Sociables", die mehrsitzigen Lustfahrzeuge, immer weniger
im Straßenbild vertreten sind. Die Bedeutung als Zweckfahrzeug behält

das Rad bis nach dem 2. Weltkrieg bei, in anderen Ländern wie
Holland und Dänemark aber bis auf den heutigen Tag!
Nach Kriegsende geht es natürlich erstmal bergauf mit dem gedul-
digen Drahtesel, aber dann naht mit gewaltigem Rauschen die
Benzinwelle. Fahrräder mit Hilfsmotor sind der große Hit und
laufen zu hunderttausenden vom Stapel. Aber nur so lange, bis
sie von den Motorrädern verdrängt werden. Das Wirtschaftswunder
prangt im Glanz der Motorroller, und dann wird endgültig umge-
stiegen ins Auto. Mit Leukoplastbomber, Isetta, Goggomobil ist
die Zweiradära erstmal passé. Die Fahrradszene verfällt in
Orientierungslosigkeit. Zwar hält man sich traditionell noch an
das gute alte Tourenrad, aber dessen Vorzüge will keiner mehr
so recht loben.

VOM VERKEHRSMITTEL ZUM SPORTGERÄT ?

Wenn die reichen Völker trotz all ihres teuren Spielzeugs Lange-
weile verspüren, dann kramen sie in der Grabbelkiste und holen
lange Vergessenes wieder hervor. Die Fahrradszene bietet heute
ein verwirrendes Bild. Bevor wir den Boom mit einer neuen Glanzzeit verwechseln, sollten wir uns seine Erscheinungen näher ansehen.
Es zeigt sich wieder (wie in der Urzeit des Fahrrades) eine Tendenz
zum Sportgerät. Konkret äußert sich diese Entwicklung in einem
erschlagenden Angebot von Sport- und Rennsporträdern. Noch deut-
licher ist es auf den Straßen der USA, wo man nur wenige Räder
ohne "Tenspeed" - Kettenschaltung sieht. Die Vielfalt markanter
Fahrradmodelle ist der eher gleichförmigen Masse gewichen;
in Kaufhaus- und Fahrradkatalogen lassen sich die unzähligen Modelle
kaum noch voneinander unterscheiden. Wie eine Untersuchung des
Fahrradbüros Berlin im Auftrag der Zeitschrift "Brigitte" belegt,
wird das Fahrrad (zumindest von den befragten Frauen) immer noch
mehr als Verkehrsmittel angesehen und erst an zweiter Stelle als
Trimmgerät.   Mit der offenkundigen Verlagerung auf den "sportlichen"
Typ hat sich aber inzwischen das Preisgefüge gewandelt - sehr zum
Nachteil des Verbrauchers. "Verbraucher" ist auch schon das nächste
Stichwort - eigentlich sollte es Benutzer und Besitzer heißen.
Ich fühle mich sowenig als Verbraucher meines Rades, wie ein
Mechaniker sich als Verbraucher seiner Kombizange fühlt. Fahrradindustrie jedoch und -Handel sind inzwischen eindeutig konsumorien-
tiert. Wie gut das Ex- und Hopp - Prinzip in unsere Gesellschaft
paßt, ließ sich jahrelang am Sperrmüll ablesen. Davon habe ich selbst
als Fahrrad - Recycler profitiert, aber es wollte mir nie so recht in
den Kopf gehen, warum Leute sich von ihren alten Tourenrädern
trennten, um sich neue, teure Sporträder zu kaufen (die nur halb so
haltbar sind).

ENTWICKLUNGEN

Aber sehen wir uns nochmal die neueren Erzeugnisse an. Die Industrie
schläft nicht und hat die Radler mit Fortentwicklungen und Verbesser-
ungen beschert. Die Bestrebungen gehen dahin, das Rad effektiver zu
machen (leichter, einfacher zu bedienen, schneller). Das bedeutet mehr
Aluminiumräder und Alu - Zubehörteile, dünnere Reifen, Weiterentwicklung der Gangschaltungen. Mehr Sicherheit ist eine weitere Zielsetzung.

Effektivere Bremsen, Standbeleuchtung, Sturzhelme, umgebördelte
Kanten an Schutzblechen und Kettenschutz, abgerundete Muttern usw.
kennzeichnen diese Bestrebungen. Es fällt nicht leicht, diese
Entwicklung kritisch zu beurteilen. Leichtbauweise und Schmalspurreifen erleichtern tatsächlich den Antritt und reduzieren den Rollwiderstand. Andererseits sollte man sich ruhig mal an die umwelt-
belastende und ungeheuer energiefressende Aluminiumproduktion
erinnern. Die Gangschaltungen verdienen ebenfalls skeptische
Betrachtung. Für mich ist noch lange nicht raus, ·ob größere
Geschwindigkeit das einzige Kriterium sein kann. Wenn auch die
Kettenschaltung ein ganzes Spektrum günstiger Übersetzungen
anbietet, handelt man sich dafür immerhin eine recht komplizierte
und wartungsintensive Technik ein. Zudem liegen bei der Kettenschaltung alle Teile außen und sind relativ schadensanfällig.
An den Nabenschaltungen gefällt mir, daß sie nahezu wartungsfrei
sind und durch ihre Bauweise wenig Anlaß zu Reparaturärger geben.
     Wenn man nun noch bedenkt, daß ein optimal funktionierendes
Rad eine ganze Menge Pflege erfordert, kann man vielleicht eine
neue Forderung an die Fahrradindustrie stellen:
                    Vereinfacht die Fahrradtechnik!
Der echte Fortschritt liegt nicht in der fortwährenden Komplizierung
der Technik, sondern in Erfindungen, die auf einfache Zweckformen
zurückführen, die wartungsarm und für den Benutzer durchschaubar
sind. Nun zur Sicherheit. Gewisse Maßnahmen machen das Rad
objektiv sicherer für den Benutzer, wie z. B. entschärfte Blech-
kanten, an denen man sich keine Schrammen mehr holen kann.
Andere Maßnahmen machen das Rad sicherer im Straßenverkehr.
Ebenfalls sehr löblich, aber hier darf auch Kritik angemeldet werden.
Das Fahrrad ist das am wenigsten aggressive Verkehrsmittel.
Viele der Sicherheitsvorstellungen zielen dahin, das Rad gegenüber
der großen Bedrohung, dem Autoverkehr, unfallbeständiger zu machen.
Auf diese Weise können wir den Kampf zwischen harter und sanfter
Technik aber nicht gewinnen! In dem Augenblick, wo alle Radfahrer
einen Sturzhelm aufsetzen, haben sie den Kampf für eine gesundere
Verkehrsumgebung schon aufgegeben. Wir brauchen keine Scheiben-
bremsen, um einem unachtsamen Autofahrer durch Vollbremsung zu
entgehen. Wir brauchen vernünftige Radwege und eindeutige Vorrang-
regelungen für Fußgänger, Radfahrer, Rollstuhl- und Rollschuhfahrer.
Standbeleuchtung für Fahrräder ist gut (aber so teuer, daß man bisher
nicht zum Kauf raten kann), Abstandhalter sind sehr gut. Aber weiter-
kommen werden wir erst mit einer umgekrempelten Verkehrsgestal-
tung - wenn die Geschwindigkeiten für Motorfahrzeuge drastisch reduziert sind, wenn jeder LKW einen auf Radfahrerhöhe ausgerichteten
Rückspiegel hat, wenn unsere Städte und Straßen anders aussehen
werden. Bei Strecken bis 4 km ist das Fahrrad dem Auto ohnehin
verkehrstechnisch überlegen (es ist schneller und flexibler, bringt den
Benutzer von Tür zu ·Tür und benötigt keine Parkplätze), wie eine
Studie gezeigt hat (Monheim, Fahrrad im Nahverkehr - Plädoyer für
ein "vergessenes" Verkehrsmittel). Nach Informationen des Bundes-
verkehrsministeriums gehen aber 46. 3% aller Autofahrten nur bis 5 km!

Es ist kaum zu erwarten gewesen, daß Regierungen, Verwaltungen, Bürokratien von selbst auf die Bevorzugung gesunder, umweltfreundlicher und energiesparender Verkehrsmittel gekommen wären. Die wichtigen Anstöße zur Ausweitung und Verbesserung des Fahrradverkehrs gehen vor allem von Bürgerinitiativen aus, von einigen Journalisten, einer Handvoll Politikern und von verbraucherorientierten Einrichtungen wie z. B. der Stiftung Warentest.

WAS TUN ?

Als Einzelner oder gemeinsam

A. Die eigene Fahrsicherheit verbessern.
   1. Sicheres Fahrrad (Beleuchtung, Bremsen, Abstandhalter, Klingel)
   2. Keine Schlangenlinien fahren, sondern möglichst in gerader Linie und gut sichtbar für den Autofahrer
   3. Größte Vorsicht vor rechtsabbiegenden Autos (Abb.). Es hat keinen Zweck, gegenüber einem Auto die Vorfahrt erzwingen zu wollen.

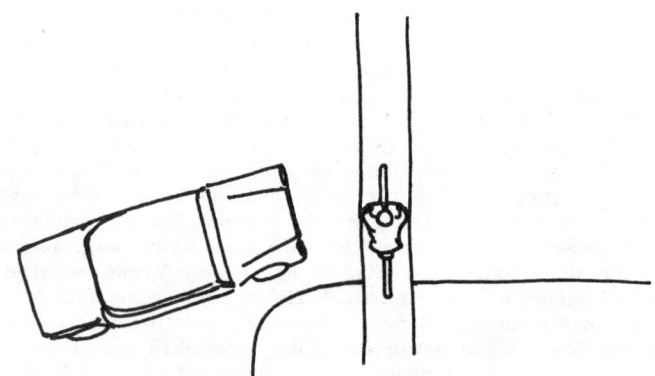

   4. Genügend Abstand zu parkenden Autos (falls sich unverhofft die Fahrertür öffnen sollte)
   5. Deutliche Signalgebung beim Abbiegen (Abb.)

Abstand-
halter

B. Bei wiederholten Behinderungen (parkende Autos, Bauschutt usw.)
    wende dich an die Verkehrspolizei. Konsequentes Verteilen von
    Bußgeldzetteln spricht sich bei Radwegparkern erfahrungsgemäß
    schnell herum. Außerdem: Erinnerungsaufkleber (Abb.) !

8 Stück auf einem Bogen
für DM .30 plus Porto
bei:
B I Westtangente
Cheruskerstr. 10
1 Berlin 62

C. Für die Beseitigung von Schlaglöchern, einen neuen Asphaltbelag
    oder das Nachziehen eines Markierungsstreifens an Radwegen ist
    das örtliche Tiefbauamt bzw. die örtliche Straßenbauverwaltung
    zuständig. Aus dem laufenden Bauetat können diese Behörden auch
    neue Radwege anlegen, wenn sie wollen. Fahrradinitiativen sind
    meist über die Anschriften der Ämter und die Namen der zustän-
    digen Damen und Herren informiert.

D. Für den Unterhalt von Radwegen außerorts ist die Bundesstraßen-
    verwaltung der Gegend zuständig. Sie untersteht dem Bundesver-
    kehrsminister, der nur Geld für Radwege an Bundesstraßen und
    Autobahnen (!) geben kann.

E. Die sogenannten "Grünen Radwege" unterstehen häufig den Gartenbau-
    und Forstämtern, wenn sie durch Parkanlagen, an Kanalufern
    und Flüssen oder durch Wälder verlaufen.

F. Für die Aufstellung von Radwegprogrammen, Forschungen usw. sind
    die Bau- und Verkehrsbehörden zuständig (Verkehr ist meist beim
    Wirtschaftsressort untergebracht). Sie sollen normalerweise auf
    Anweisung der Parlamente tätig werden. Solche Programme sind
    meistens erst in 3 - 5 Jahren anwendbar (mittelfristige Finanzplanung).
    Es gibt aber immer "Töpfe", aus denen Sonderprogramme und
    Sofortmaßnahmen finanziert werden können.

G. Für die Reinigung und den Winterdienst sind meist die Stadtreinigungs-
    betriebe zuständig. Fußwege müssen im Gegensatz zu den Radwegen
    in den meisten Gemeinden im Winter vom Anlieger gereinigt werden.

H. Für die Einrichtung des Fahrradtransportes ist im Nah- und Fern-
    verkehr die Deutsche Bundesbahn zuständig, ebenso für die Aufbe-
    wahrung von Rädern an Bahnhöfen und Haltestellen sowie für Abstell-
    anlagen. In den großen Städten und vielen anderen Gemeinden kommt
    dazu noch der örtliche Verkehrsverbund oder Nahverkehrsbetrieb.

Bei der Deutschen Bundesbahn kostet eine Fahrradkarte DM 2.50.
Das Fahrrad muß dabei selber in den Güter- und Gepäckwagen
gehoben werden. Im Zuge der Einführung des Stundentaktes im
Intercityverkehr gibt es jetzt plötzlich immer mehr Züge ohne
Packwagen. Auch im Nahverkehr sperrt sich die Bundesbahn noch
gegen den Fahrradtransport. Wenn du auch der Meinung bist, daß
das nicht in Ordnung ist, schreib doch an diese Stelle:

> Deutsche Bundesbahn
> - Hauptverwaltung -
> Friedrich - Ebert - Anlage 43-45
> 6000 Frankfurt am Main

oder an deine örtliche Bundesbahn - Generalvertretung. Die steht
im Telefonbuch unter DB.

Wenn du dich als Einzelperson an die o. a. Stellen wenden willst,
kannst du die Adressen und Telefonnummern dem Telefonbuch entnehmen. Mit (meist mehreren) Anrufen kann man Zuständigkeiten
erfragen. Immer den Namen und die Stelle des Sprechpartners nennen
lassen und notieren.
Wenn man weiß, wer zuständig ist, sollte man unbedingt einen Brief
schreiben! Der stellt dann nämlich einen Verwaltungsvorgang dar und
muß beantwortet werden.
Häufig wird man beim ersten Anlauf mit seinen Wünschen und Forderungen keinen Erfolg haben. Das kann auch daran liegen, daß die
Forderungen unsinnig sind. Man sollte mit Freunden und Bekannten
darüber sprechen.
Noch ein Tip zum Umgang mit der Verwaltung: Laß dir von deinem
Ansprechpartner nicht nur Telefonnummer und Namen nennen, sondern
frage auch nach seinem Tätigkeitsfeld. Sonst sprichst du mit einer
zwar freundlichen, aber unzuständigen Sekretärin oder der Sachbear-
beiter ist nur für einen Teilaspekt verantwortlich. Immer daran
denken, daß die Behörde hierarchisch organisiert ist und daß das
Prinzip herrscht, "die Verwaltung spricht mit einer Stimme".
Das bedeutet, daß mündlich gegebene Aussagen eines Sachbearbeiters
nicht unbedingt die Meinung des Vorgesetzten wiedergeben und deshalb
wertlos sind : Daher ist es wichtig, einen Brief zu schreiben!

I. Anregung von Fahrradkursen im Schulunterricht und an der
   Volkshochschule.

J. Kontakt mit Vereinigungen, Bürgerinitiativen, Fahrradgruppen

Anschriften:

Arbeitskreis Verkehr im Bundesverband Bürgerinitiativen Umweltschutz (BBU).   Cheruskerstr. 10, 1000 Berlin 62

Im BBU sind ein Großteil der bundesdeutschen Bürgerinitiativen
organisiert. Etwa 400 davon beschäftigen sich mit Verkehrspro-
blemen. Etwa 20 Arbeitsgruppen sind zu Themen wie Kind und Verkehr,
Bundesbahn, Verkehrsberuhigung gegründet worden: Das ist der
Arbeitskreis Verkehr. Eine Arbeitsgruppe beschäftigt sich speziell
mit dem Thema Fahrrad:

Grüne Radler (BBU)   Schelpsheide 39, 48 Bielefeld 1

Die Grünen Radler unterstützen die örtlichen Fahrradinitiativen
durch Öffentlichkeitsarbeit, Kontakte zu Bundesbehörden und
Koordination der Veranstaltungen. So werden zum Tag der Umwelt
in vielen Städten Aktionswochen stattfinden. Ausstellungen,
Diskussionsveranstaltungen, Radwegkontrollen und Fahrraddemon-
strationen sollen das Fahrrad als Verkehrsmittel noch stärker
ins Bewußtsein der Bürger, der Verwaltung und der Politiker
bringen. Diese Aktionen werden sich auch deutlich von den PR-
Aktionen mit Fahrrad, wie sie z. Zt. bei Politikern zur Förderung
der eigenen Karriere beliebt sind, unterscheiden.

Bund Umwelt- und Naturschutz Deutschland e. V. (B. U. N. D.)
O. -Walzelstr. 17 53 Bonn 1

Einige der Mitgliedsgruppen dieses Umweltverbandes haben Fahrradgruppen gegründet. Bitte nachfragen.

Allgemeiner Deutscher Fahrradclub (ADFC)
c/o Jan Tebbe, Postfach 101123, 28 Bremen

Von Bremen aus organisieren einige Fahrradfreunde diesen Club,
der in Landesverbände und Ortsgruppen gegliedert ist. Ziel des
Vereins ist es, seine Mitglieder beim Gebrauch von Fahrrädern im
täglichen Nahverkehr und zu Erholungszwecken zu beraten und zu
unterstützen. Bitte in Bremen nachfragen, ob es in deinem Wohnort
eine Ortsgruppe gibt.

Umweltbundesamt (UBA)
Bismarckplatz 1, 1000 Berlin 33, Tel 030/890 33 38

Das Umweltbundesamt bemüht sich z. Zt. , eine "Fahrradstiftung"
auf die Beine zu stellen und hat ein Modellvorhaben "Fahrradfreund-
liche Stadt" initiiert, bei der eine Stadt zwischen 30. 000 und 100. 000
Einwohnern als Modellstadt umgebaut werden soll. Bürgergruppen
sollen beteiligt werden.

Fahrradinitiativen und Fahrradgruppen in der BRD

1000 Berlin

Bürgerinitiative Westtangente e. V.   Cheruskerstr. 10 , 1/62
Fahrradinitiative Berlin / Lauenburg Dieter Herwig,   Orber Str. 36
                                 1/33
Grüne Radler Berlin   Cheruskerstr. 10   1/62
Grüne Radler Spandau Jagowstr. 13   1/20
Grüne Radler Reinickendorf   Arwed Fitzner, An der Schneise 74
                        1/27
Grüne Radler Tempelhof Herbert Oswald , Domnauer Str. 35, 1/42
Grüne Radler Charlottenburg / Wilmersdorf   Herbert Gutsch,
                        Westfälische Str. 82, 1/31
Grüne Radler Zehlendorf   Jürgen Abele, Neue Str. 24, 1/37

Grüne Radler Schöneberg   Ingrid Schupetta, Langenscheidtstr. 9A, 1/62

Grüne Radler Steglitz   c/o Grüne Radler Berlin (s. o.)

Grüne Radler Kreuzberg   "   "   "   "

Alternative Fahrradwerkstatt   Jörg Kleine - Tebbe, Stuttgarter Platz 2,   1/12

Projekt Räderwerk   Wigbert Mecke,   Langenscheidtstr. 4, 1/62

Ökodorf - Fahrradgruppe   Kurfürstenstr. 14,   1/30

Fabrik für Kultur, Sport und Handwerk   - Fahrradgruppe Viktoriastr. (UFA-Gelände) , 1/42

2000 Hamburg

Grüne Radler Hamburg   Jochen Engel,   Roonstr. 36,   2/20, Tel 49 80 08 und

Bernd Kroll, Mühlenkamp 63,2/60, Tel 27 67 69

Grüne Radler Altona   Andreas Tunger, Lütt-Iserbrook 65, 2/55, Tel. 87 47 05

Grüne Radler Lurup   Dirk Buhre, Welsestr. 5,   2/53, Tel 83 71 56

Grüne Radler Wandsbek   Peter Lis, Am Ohlendorfturm 11, 2/73

Harburg: Wolfgang Fröhlich, Buxtehuder Str. 57, 2100/90

Hamburger Sportjugend, AK Umweltschutz,   Armin Schröder, Bei der Friedenseiche 6, 2/50, Tel 38 59 24

2300

Fahrradinitiative Kiel   Michael Störmer, Sternstr. 4

2800

Bremer B I für Fußgänger und Radfahrer   Gerald Jansen Vorstr. 53

3000

B I Umweltschutz Hannover, Arbeitskreis Verkehr   Arne Luers, Berggartenstr. 3

3070

Grüne Liste Umweltschutz (GLU), AK Verkehr   Jürgen Späth, Danziger Weg 286, 3072 Marklohe

3400

Grüne Radler Göttingen   Burghard Horn, Eisenacher Str. 17

3470

B I Stadtkernsanierung Höxter   Hildegard Young, F. -W. -Weber-Str. 23

3500

Fahrradinitiative Kassel   Bernhard Dingwerth, Richtweg 19

3550

B I Südstadt Marburg   Max Langenbrink, Wendelgasse 3

4000

B I Fahrradfreundliches Düsseldorf   Flotowstr. 1

4040 Neuss

Arbeitskreis Umweltschutz , Fahrradgruppe   Wolfgang Stein, Grüner Weg 50

AG Umweltschutz,   AG Fahrrad   Ralf Classen, Hamtorwall 18

4250

Fahrradinitiative Bottrop   Bernhard Koch, Gladbecker Str. 85

4300

EFI - Essener Fahrradinitiative   H. Herrmann, Buchelsloh 43, 43/12

4400
Fahrradinitiative Münster   Norbert van Os , Dodostr. 20

4500
Fahrradinitiative Osnabrück   Roger Witte , Buerschestr. 28

4770
B I Soest   Marlene Fries, Osthofenstr. 50

4800 Bielefeld
GAFF - Gruppe Aktiver Fahrradfahrer Bielefeld
                                Umweltzentrum, Friedrichstr. 52
Grüne Radler (BBU)   Schelpsheide 39   4800/1

5000
Fahrradinitiative Köln   Dankmar Alrutz, Palmstr. 17

5068
Fahrradinitiative Odenthal und Umgebung Axel Swodenk,
                                Auf dem Broich 5

5100
Umweltschutzgruppe der ESG (Evangelischen Studentengemeinde)
       in Aachen   Nizzaallee 20

5160
Düren - Bürger für das Fahrrad   R. Ehrig, Viktoriastr. 4

5300
BUB   -   Bürgerinitiative Umweltschutz Bonn , Arbeitskreis
Verkehr   Endenicher Str. 97

5400
KHG - Katholische Hochschulgemeinde - Umwelt alternativ -
                                Rheingau 12,   Koblenz

6000 Frankfurt
Arbeitskreis Ökologie und Umwelt   Willi Loose, Am Dornbusch 3
Vereinigung umweltschützender Schüler   Philipp Oswald,
                                Holzhecke 27, 6/71

6100
Grüne Radler Darmstadt   Joachim Krüger, Kittler Str. 45

6239
Umweltgruppe Hofheim   Thilo Götze, Kapellenstr. 25-29,
                                6239 Kriftel

6370
Aktion Radfahren ohne Risiko   Günther Stiller, Liebfrauenstr. 50,
                                Oberursel

6452
Heinburg - AG Mensch und Umwelt   Th. Bitter, Königsberger Str. 119

6600
Initiative für eine fahrradgerechte Stadt Saarbrücken
                                Rainer Clemens, Metzer Str. 79

6700
AG der Fahrradfahrer   Volkshochschule Ludwigshafen,
                                Bismarckstr. 46

6900
Fahrradinitiative Heidelberg   Gerd Kaiser, Endemannstr. 11

7000 Stuttgart
Interessengemeinschaft Wohnen in Seelburg   Peter Mielert,
                                Rippoldsauerstr. 19
Aktion Fahrrad in Stuttgart   Manfred Michel, Silberburgstr. 33

7140
Fahrradinitiative Ludwigsburg   Alexander Mayer - Studte,
                                  Osterholzallee 50
7410
AG gegen Umweltzerstörung Reutlingen   Winzerstr. 16
7500
Fahrradinitiative Karlsruhe   Umweltzentrum   Kronenstr. 9
7800
Fahrradinitiative Freiburg   E. Cless, Bächelshorst 21
8000 München
AG Vorfahrt für Menschen   Heinz Suhr, Königinstr. 83, 8/40
BDKJ Erzdiözese München, Projektgruppe Radeln
                        U. Hohoff, Frauenplatz 13, 8/2
8500
Fahrradinitiative Nürnberg (BUND)   Kleestr. 16
8580
B I für besseres Radeln , Bayreuth   Richard Schmidt,
                                       St. Nikolausstr. 22
8700
Radlerinitiative Würzburg   Helmut Geist, Ursulinergasse 1

K. Gründung einer Bürgerinitiative
    Steht ausgezeichnet beschrieben in einer Broschüre der "Brigitte":
              Brigitte - Aktion Vorfahrt für's Fahrrad
                  Leserdienst   "Informationen für Radfahrer"
                  Brigitte
                  Postfach 30 20 40
                  2000 Hamburg 36

    Weitere Hinweise: "Handbuch für Bürgerinitiativen", Roland Günther/
                      Rolf Hasse, VSA, Berlin 1976

L. Kontakt mit Fahrradhändlern
    Es liegt bei uns, den Fahrradmarkt und -Handel zu beeinflussen.
    Was wir brauchen, sind Läden und Werkstätten mit gutem und
    preiswertem Angebot, mit gründlicher und geduldiger Beratung
    durch Fachleute, mit freundlichem Personal. Wir werden die
    Fahrradhändler bitten, zukünftig auch sehr spezielle Einzelteile
    zu liefern, da mehr und mehr Radler ihre Räder selbst reparieren
    werden. Werkstätten, die sich um so einen Service bemühen,
    werden intensiveren Kontakt mit ihren Kunden haben und durch das
    gegenseitige Vertrauensverhältnis profitieren.
    Es wäre ein guter Anfang, deine Wünsche klar zu äußern und in
    einem Gespräch zu erläutern. Tritt man als Gruppe auf, bekommen
    die Argumente mehr Gewicht.

M. Anregungen an die Fahrradindustrie
    Kritik und Verbesserungsvorschläge, die deutsche Fahrräder
    betreffen, solltest du richten an:

    Verband der Fahrrad- und Motorradindustrie
    z. Hd. Hr. Allenberg
    Gartenstr. 2

    6232 Bad Soden

"Radmarkt" Deutsche Fachzeitschrift der Zweiradwirtschaft

z. Hd. Herrn Lübeck
Bielefelder Verlagsanstalt KG
Niederwall 53

4800 Bielefeld 1

"Radfahren" illustrierte Zeitschrift für die Freunde des Radfahrens.

Bringt wissenswertes über technische Entwicklungen, Verkehrs-
probleme, Bürgerinitiativen usw. Umfassende Informationen über
Rad - Touristik (hier erfährst du regelmäßig von neuerschienenen
Radlerkarten).
Anschrift s. "Radmarkt"

Fahrrad - Informations - Pool
In dieser Einrichtung der Verbraucherzentrale Hamburg werden
wichtige Daten und Fakten zum Thema Fahrrad gesammelt, nach
Bereichen geordnet und interessierten Verbrauchern zugänglich
gemacht. Bisher wurden gesammelt:
Produktübersichten (Prospekte und Kataloge), Testergebnisse,
Zeitungsmeldungen, Studien und Untersuchungen, Radwegplanung
einiger Städte und Bundesländer, Fahrradreisetips, Radreise-
Angebote, Materialien von Ministerien, Organisationen und Insti-
tutionen, die sich für Radfahrer einsetzen, außerdem Informationen
über neue Fahrradentwicklungen wie z. B. Tretmobile (überdachte,
witterungsunabhängige Räder) und vieles mehr.
Der Informations - Pool ist an neuen Informationen interessiert.
        Fahrrad -Informations - Pool
        Verbraucherzentrale Hamburg e. V.
        Große Bleichen 23

        2000 Hamburg 36   Tel 040/34 11 11

Alternative Werkstätten
In der Goldenen Sperrmüllzeit war es einfach, Schrotträder in
Hülle und Fülle einzusammeln und daraus wieder handfeste Fahrzeuge zusammenzubauen. Inzwischen ist das Bewußtsein für die
verborgenen Werte, die dort auf den Müllhaufen landeten, gewach-
sen, und das ist gut so. Gebrauchte Fahrräder sind sehr gefragt.
Wenn sie einen guten Tourenrahmen haben, alle wichtigen Lager
überholt sind, Beleuchtung funktioniert und die Bereifung in
gutem Zustand ist, sind sie ihre 100. - bis 150. - DM wert.
Eine Einrichtung möchte ich näher beschreiben, weil ich sie
beispielhaft finde: "Bau Dir Dein Fahrrad", ein Selbsthilfeladen
in Hamburg. Hier kannst du aus vorhandenen Teilen dir selbst ein
Gebrauchtrad zusammenschrauben (ab DM 75. -) Werkzeug und Rat-
schläge stehen zur Verfügung. Fertige Alträder kosten ca. 150. -
Dein kaputtes Rad kannst du hier ebenfalls reparieren, und nur
wenn du länger die Hilfe der Werkstattleute in Anspruch nimmst,
bezahlst du etwas dafür. Hier kannst du alle möglichen Anhänger
und Lastfahrräder bestellen. Adresse: Steinwegpassage 1, 2HH 36

FAHRRADTYPEN

Tourenrad

Abb. 1 Schwanenhalsrahmen   Abb. 2 Diamantrahmen

Merkmale: Stahlrahmen, Gesundheits- oder ähnlicher Lenker.
Gestängebremse, (Felgenbremse), (Trommelbremse). Hinterrad
mit Kettenspannern in Rohrschlitzen befestigt(Abb. 3), Hinterrad-
streben durch Sattelklemmbolzen mit Rahmen verbunden (Abb. 4).
Meist Ballon- oder Halbballonreifen. Teilweise geschlossener
Kettenschutz (Hollandrad). Rücktritt-, 2-, 3- oder 5-Gangnabe.
28"- oder 26"-Räder. 15-20kg.
Ca. 200-500 DM

Immer mehr wissen die elefantenhafte Stabilität eines guten Tourenrades zu schätzen. Außer den "klassischen" deutschen Modellen
bekommt man jetzt häufig sogenannte oder echte Holländer zu sehen,
auch sehr gute englische (z. B. Raleigh) oder französische (Peugeot)
Tourenräder. Daß es sich bei dieser Rasse Stahlroß nicht um
Primitivmodelle handelt, läßt sich schon aus den Preisen ersehen.
Vorsicht vor Nachahmungen: "Made in Holland" auf dem Kettenschutz heißt bloß, daß der Kettenschutz in Holland gefertigt wurde.
Bei einem soliden Tourenrad sollten die Schutzbleche fest sein
und sich nicht mit der Hand zusammenbiegen lassen.

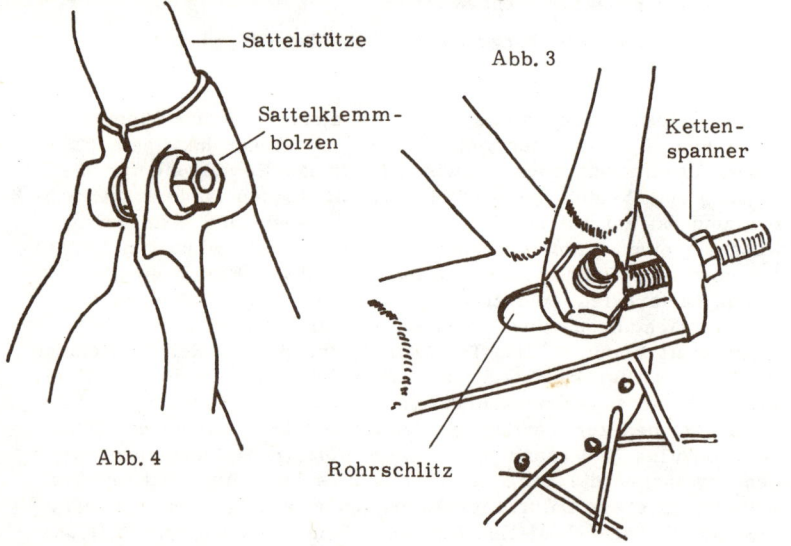

—— Sattelstütze

Abb. 3

Sattelklemm-
bolzen

Ketten-
spanner

Abb. 4

Rohrschlitz

Sportrad

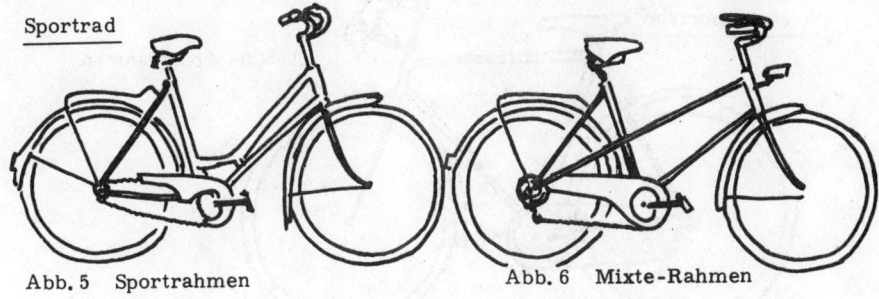

Abb. 5 Sportrahmen   Abb. 6 Mixte-Rahmen

Das Etikett "Sportrad" sagt nicht viel aus, denn eine Unmenge
Fahrradtypen werden so bezeichnet: Tourensportrad, Leichtlauf-,
Luxus-, Superluxus-, Qualitäts-, Schmalspur-, Leichtsportrad usw.
Merkmale: Stahlrahmen (selten Alu), häufig mit Alu-Teilen.
Sportlenker o. ä. 1-2 Felgenbremsen. Hinterrad in Ausfallenden
(Abb. 7). Hinterradstreben am Sitzrohr angelötet (Abb. 8).
Rücktritt-, 2-, 3- oder 5-Gangnabe oder Kettenschaltung.
28"- oder 26"-Räder. 13-17kg.
Ca. 150-500 DM
Es ist schwer, für die ganze Bandbreite der Sporträder verbind-
liche Informationen zu geben. Sie reichen immerhin vom abge-
fälschten Tourenrad bis zum entschärften Rennsportrad; von Draht-
eseln letzter Güteklasse bis zu kostspieligen Aluminiumkreuzern.
Die Bezeichnungen zumindest sind Schall und Rauch - da werden
Tretomobile mit dem Prädikat Extra-Leicht angepriesen, die über
15kg auf die Waage bringen. Tatsächlich sind Sporträder durch-
schnittlich etwas leichter als Tourenräder. Wer in den Genuß einer
Kettenschaltung kommen will, ohne gleich einen Renner zu fahren,
findet unter den Sporträdern sicher das passende.

Abb. 7

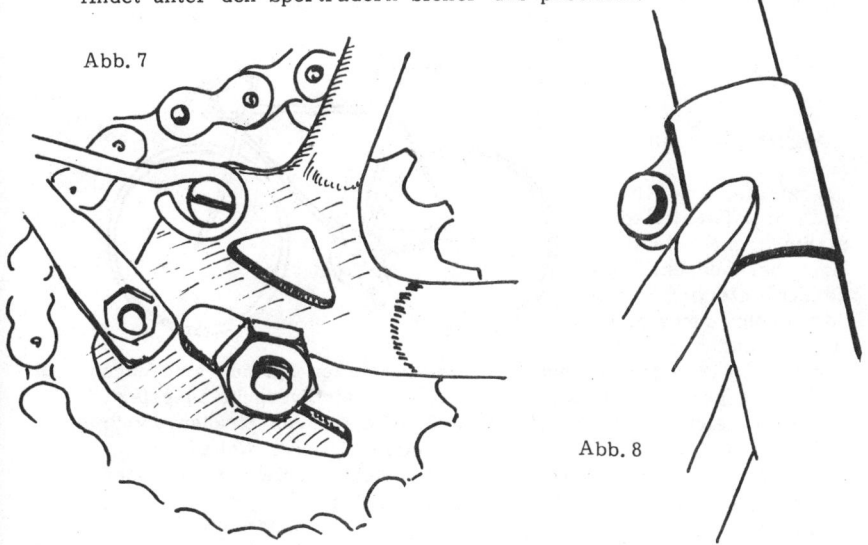

Abb. 8

Rennsportrad

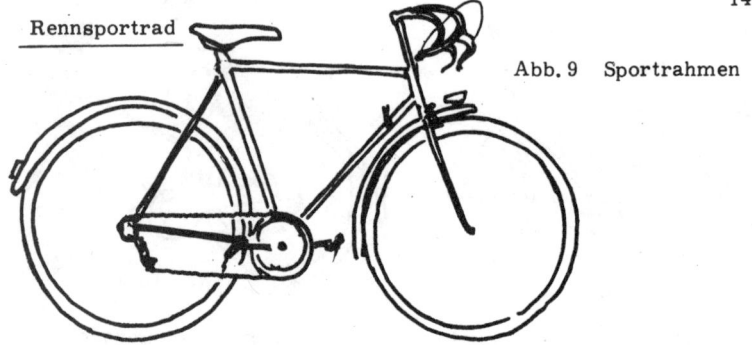

Abb. 9   Sportrahmen

Fast wie ein Rennrad, aber für den Straßenverkehr zugelassen. Rahmen: Stahl mit Aluteilen oder ganz aus Alu. Meist Schmalspurreifen. Kettenschaltung, Rennsattel und -lenker. Nur Herrenräder. Statt Kettenschutz Kettenscheibe. 2 Felgenbremsen. 27"- oder 28"-Räder. 12-15kg.
Ca. 300-1000 DM
Während die Bauweise äußerlich mit der der Rennräder übereinstimmt, haben die Rennsporträder Gepäckträger, Schutzbleche und vor allem Beleuchtung (damit für den Straßenverkehr erlaubt). Sie sind eindeutig sportlich ausgelegt, eignen sich dadurch weniger für Touren abseits vom Asphalt. Ideal jedenfalls, wenn du gerne schnell fährst. Geringes Gewicht und schmale Reifen weisen auf niedrigen Rollwiderstand hin. Qualität ist auch in dieser Klasse keineswegs selbstverständlich. Achte beim Kauf auf gute Bremsen bekannter Hersteller (s. a. "Bremsen"). Rennsättel aus Kunststoff müssen nicht schlecht sein, aber Billigmodelle hinterlassen bleibende Eindrücke im Sitzfleisch.

Rennrad oder Rennmaschine

Abb. 10   Rennrahmen

Merkmale: Aus Alu, z. T. mit Titanteilen. Rahmenrohre meist nach besonderem Verfahren gefertigt: In der Mitte sehr dünnwandig, an den Enden konisch verdickt (0.3 - 1mm). Qualitätsrohre bekannter Firmen sind durch Aufkleber gekennzeichnet. Alle Teile auf Leichtgewicht ausgelegt. Da ohne Beleuchtung, nur während Rennen für den Straßenverkehr zugelassen. 2 Felgenbremsen mit Schnellauslösern. Naben mit Schnellspannern. Kettenschaltung. Aufgeklebte Schlauchreifen oder Schmalspurreifen.   Nur 27"-Räder. Um 10kg.
Ca. 400 - mehrere 1000 DM

Kinderrad

Abb. 11   Einrohr-Rahmen   Abb. 12   Dreirad, umbaubar

Merkmale: Meist dicker Kompaktrahmen mit einem Hauptrohr.
Z. T. mit abbaubaren Stützrädern. Als Spielräder für Garten, Fuß-
weg, Spielplatz oder verkehrstüchtig (mit Beleuchtung, 2 Bremsen,
Klingel). 16"-, 18"- oder 20"-Zoll-Räder.
Ca. 100-200 DM
Als sich 1975 der DM - Test 18 Kinderräder vornahm, erhielt ein
einziges die Note "zufriedenstellend", der Rest war Schweigen.
Bei einem erneuten Test von 13 Kompakt- und 4 Klapprädern für
Kinder 1977 wurde immerhin 13mal "gut" und 3mal "zufriedenstellend" gegeben. Die test-Zeitschrift empfiehlt folgende Prüfung
vor dem Kauf:
  - Sattel und Lenker verstellbar?
  - ist der Rahmen niedrig genug, damit das Kind mühelos
    aufsteigen kann?
  - keine scharfen Kanten an Schutzblechen usw. vorhanden?
  - hat das Rad etwa eine Kabelzug-Druckbremse?
    Laß sie austauschen oder nimm ein anderes Rad
    (s. a. "Bremsen")
  - ist Bremsgriff überhaupt in Greifweite des Kindes?
  - geschlossener Kettenschutz?
  - Sattel nicht scharfkantig?
Die Verwendung von Stützrädern ist problematisch. Sie dürfen
sich nicht auf gleicher Höhe befinden wie das Hinterrad, da dieses
sonst bei jeder Bodenvertiefung in der Luft hängt und durchdreht.
Das kann kleine Kinder sehr sauer machen. Die Stützen müssen also
höher stehen als das Hinterrad. Da sie aber beim Kippen das
Körpergewicht des Kindes auffangen sollen, ist die richtige Position
außerordentlich schwer zu finden - zu leicht können Rad und Kind
doch umkippen. Zudem sind Stützräder meistens schlecht zu fixieren, sie geraten dauernd aus der Senkrechten und stehen schief.
Wenn dein Kind erstmal auf drei Rädern fahren lernen soll, nimm
ein gutes Dreirad, das sich in ein echtes Zweirad umbauen läßt
(z. B. das Kalkhoff 4331, s. a. Abb. 12).

Abb. 13
Knabendreirad
mit Pferd

Jugendrad, Jugendrennrad

Wie Sport- oder Rennsportrad, jedoch leichter. Rahmen ca. 5cm
niedriger als bei Erwachsenenrädern (45-50cm). 20"-, 24"- und
26"-Räder. Ca. 150-350 DM

Tandem

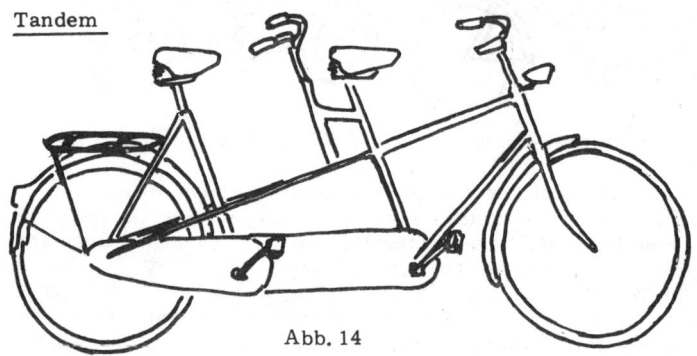

Abb. 14

Zweisitzer mit zwei Rädern (26", 24" oder 23"). Verschiedene
Rahmenkonstruktionen. Z. T. mit Trommelbremsen. 3-Gangnabe.
25-40kg. Ca. 700-1000 DM
Anbieter: Raleigh, Gudereit, Staiger, Kalkhoff, Rixe. Das Tandem
von Kalkhoff ist auch in ein einfaches Klapprad zu verwandeln.
Wegen der hohen Belastung muß man sich bei leichten Tandems
die Räder besonders gut ansehen (Speichenzahl und -dicke).
Soweit ich weiß, bietet Peugeot als einzige Firma ein Tandem mit
28" - Rädern an. Man kann sie sich natürlich auch selbst bauen....
            Das Fahrgefühl ist märchenhaft

Klapprad

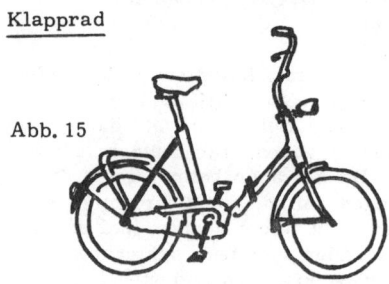

Abb. 15

Rahmen aus einem dicken Rohr,
das in der Mitte klappbar oder
zerlegbar (Steckverschluss) ist.
Felgen- oder Kabelzug-Bremse.
Rücktritt-, 2- oder 3Gangnabe.
Lenker und Sattel auf hohen
Stützen, weit ausziehbar. 20"-
oder 24"-Räder.
Ca. 130-300 DM
Im Gegensatz zum Tandem läßt
das Fahrgefühl allerhand zu
wünschen übrig. Die ungünstige
Übersetzung, die direkte Übertragung auch der kleinsten Bodenwelle
und die unbequeme Körperhaltung kann einem schon die Lust am
Radfahren verleiden. Andererseits ist kein anderes Rad so praktisch im Auto mitzunehmen - gut für Pendler, die den Wagen irgendwo stehenlassen, um dann mit dem Velo flink durch verstopfte
Straßen zu huschen. Christian und Evelyn haben ihre Klappfietsen
sogar mit auf's Boot genommen und sind über ferne Inseln gera-
delt ... Nostalgie beiseite, die Hersteller empfehlen: Achte auf
genügend langes Sitzrohr, Gangschaltung. Keine großen Touren.

High-Riser, Polorad

Abb. 16

Bananensattel, Hochlenker, Doppel-
rohrrahmen, imitierte Motorrad-
gabel. Rücktritt- oder 3Gangnabe.
20"-Räder. Nur in Jugendgrößen.
  Typischer US-Import. Da der
Sitz fast über der Hinterradnabe
liegt, steigt das Rad sehr leicht
vorn in die Höhe. Schön für Kunst-
stücke, aber gefährlich, wenn man
versucht, damit normal zu fahren
(soweit überhaupt möglich).
Die Einschätzung des ADAC:
"Recht sportlich, aber wegen
Sicherheitsrisiken nicht zu empfehlen".

Dreirad

Abb. 17

Einsitzer mit drei Rädern, Ausführungen als Damenräder.
Beide Hinterräder auf einer Achse. Damit in Kurven das äußere
Rad schneller drehen kann als das innere, sind Dreiräder mit
einem Differentialgetriebe ausgerüstet. 26"-, 24"- oder 20"-Räder.
25-30kg. Ca. 600-800 DM
Bei Benutzung als Einkaufsrad läßt sich reichlich Gepäck zuladen.
Man kann beliebig langsam fahren oder anhalten, ohne zu kippen.
  Die Dreiräder sind es übrigens gewesen, die vor ziemlich genau
100 Jahren das Radfahren auch für Damen und gesetztere Herr-
schaften gesellschaftsfähig machten.

The First Lady's
Tricycle

Tourenrad - Bausatz

Soviel ich weiß, einmalig in der BRD:
Ein schweres Tourenrad englischer Bauart, aus Indien importiert.
Die Ausstattung ist solide und altväterlich: Gestängefelgenbremsen,
Ledersattel wie auf Abb. 31 links, Metallkettenkasten, stabile Westwood-
Felgen. In Damen- und Herrenausführung erhältlich.
Als Bausatz im Postversand, inklusive einer Bauanleitung, ca. 275. -
Bezugsquelle: "Bau Dir Dein Rad", Steinwegpassage 1, 2 HH 36

LASTFAHRRÄDER

Transportrad

Auch in Damenrad-
ausführung.

ca. DM 800. -

Abb. 18 a

Transportdreirad

Abb. 18 b

Ladefläche 100 x 60 cm, Tragkraft 150 kg.
Besonders stabil durch tiefliegenden Schwerpunkt.
Hersteller: KaWe
Preis ca. DM 1000. -

Transportdreirad

Abb. 18 c

Ladefläche 80 x 60 cm, Tragkraft 150 kg.
Die hochliegende Ladefläche ist gefedert.
Hersteller: KaWe
Preis ca. DM 1200. -

"Long John"

Dänisches einspuriges Transportrad. Gute Straßenlage
durch tiefliegenden Schwerpunkt. Lenkungsübertragung
über Gestänge. Zuladung ca. 100 kg. Trommelbremse
am Vorderrad. Preis ca. 900 . -
Bezugsquelle: "Bau Dir Dein Rad", Hamburg

Anhänger siehe "Zubehör".

FAHRRADKAUF

In der BRD gibt es um die
30 Millionen Fahrräder, damit ist das Velociped nach
dem menschlichen Fuß (über
100 Millionen) das volks-
tümlichste Transportmit-
tel. Dennoch ist es recht
teuer geworden, und der
Fahrradkauf sollte gut über-
legt sein. Welcher Typ für
dich das richtige ist, kannst
natürlich nur du selbst entscheiden. Eine der besten
Informationsquellen sind die
Unterlagen der Stiftung
Warentest, die auch mehr-
fach in diesem Buch zitiert

Abb. 19   Michauline, um 1860

sind. Die dort erstellten
Marktübersichten beruhen auf gründlichen Untersuchungen und sind
zuverlässig. Bei dem breiten Angebot würde ich kein Rad wählen,
das nicht mindestens mit "gut" benotet ist. Sehr aufschlußreich
(und erheiternd) sind Preisvergleiche, die du selbst anstellen
kannst. Da wird manchmal das gleiche Rad in verschiedenen Ge-
schäften bis zu 50% teurer (billiger) angeboten; der Preisunter-
schied kann über 100 DM betragen. Nicht immer kannst du dich
dabei auf einen bestimmten Namen beziehen. Beispiel: Das Kinder-
rad Panther K118 ES der Pantherwerke wird noch unter den Namen
Jaguar, Leopard, Fix & Foxi, Pfiffikus, Lupo, Pferdchen, Jockey
und King angeboten - warum nicht gleich noch als Chamäleon?
(test 1977, lfd. S. 335).   Interessanter als die Namensgebung ist
das Garantieversprechen der Hersteller. Alle sind gesetzlich zu
einer 6monatigen Garantie auf alle Teile verpflichtet. Einige Pro-
duzenten argumentieren, Langzeitgarantien seien bloßer Kundenfang
und würden von ihnen nicht mehr gewährt. Wieso eigentlich?
Langzeitgarantien gelten nur für Rahmen und Gabel - die Teile, von
denen man elefantastische Haltbarkeit erwarten sollte. Während
also einige Werke auf die vorgeschriebenen 6 Monate beschränken,
geben andere Garantie auf 10-30 Jahre oder gar auf Lebenszeit
(Batavus).   Es wird vielleicht schwierig sein, ein gutes
Fahrradgeschäft ausfindig zu machen. Eines mit gutem Service,
mit Fachleuten, mit Möglichkeit zur Probefahrt (darauf würde ich
in jedem Fall bestehen). Es kann nicht schaden, eine Fahrradinitiative um Rad zu fragen; da soll es Leute geben, die sich aus-
kennen.   Bevor du nun den Laden betrittst, hast du am
besten schon einen ungefähren Steckbrief für dein zukünftiges Rad
in der Tasche:

sehr leichtes Rennsportrad
28" - Räder
10-Gangschaltung
Rahmenhöhe ca. 55cm

oder   ganz stabiles Tourenrad
                 Damenrad
                 nicht zu groß (26"-Räder)
                 3Gangnabe
                 großer Gepäckträger
                 Rahmenhöhe ca. 52cm

Anhaltswerte für die richtige Rahmenhöhe (gemessen von der Mitte des Tretlagers bis zur Oberkante der Sattelmuffe) gibt die folgende Übersicht

Körpergröße	Rahmenhöhe
160 - 165 cm	51 - 53 cm
165 - 170 cm	53 - 55 cm
170 - 175 cm	55 - 57 cm
175 - 180 cm	57 - 59 cm
180 - 185 cm	59 - 61 cm

WIE DU DAS FAHRRAD TESTEST

- es sollte die jeweils größtmöglichen Räder (Laufräder) haben. Je kleiner die Räder, um so mehr werden die Unebenheiten des Bodens übertragen, um so mehr Kraft ist notwendig zur Fortbewegung. Die Angaben sind hier in Zoll ("); eine Umrechnungstabelle findest du unter "Reifen".
- Rahmen nicht zu hoch? Im Sattel sitzend , mußt du mit den Füßen den Boden berühren können.
- rütteln und schütteln: Klappert es irgendwo?
- Bremsen anziehen und versuchen, das Rad anzuschieben: Rad muß festgebremst werden können, ohne daß die Bremsen deutlich ihren Sitz verändern. Bremsgriffe müssen gut erreichbar sein.
- Speichen nachzählen: Es sollten schon 36 sein - je weniger es sind, desto windiger die Konstruktion. Nur bei Kinderrädern oder Rennmaschinen kann eine niedrigere Speichenzahl akzeptiert werden.
- Unterkante des Sattels scharf oder abstehend? Wähle ein anderes Modell.
- scharfe Kanten an Schutzblech, Kettenschutz, Bremsgriffen, Gepäckträger usw. ? Dann wurde wahrscheinlich auch noch woanders bei der Qualität gespart.
- scheue dich nicht, minderwertige Teile durch andere auswechseln zu lassen. Dafür ist allerdings meist ein Aufpreis zu zahlen; gelegentlich läßt sich handeln (wozu heißen die sonst Händler?)
- eine Ausstattung mit 3Gangnabe statt Rücktrittnabe sollte nicht mehr als ca. 55 DM Aufpreis kosten, dasselbe gilt für 2Gangnaben.
- Fahrräder mit einem runden "DIN"- Aufkleber entsprechen der Sicherheitsvorschrift DIN 79100 und können als Qualitätsräder angesehen werden.

WAS HÄLT DIE DRAISINE ZUSAMMEN ?

Der größte Teil der Fahrradbastelei besteht bekanntlich darin,
Teile auseinanderzukriegen, die fest zusammenhängen, und lose
Einzelteile wieder zu befestigen. An deinem Rad wirst du etwa 6 - 8
verschiedene technische Verbindungen vorfinden:

LÖT - UND SCHWEISSVERBINDUNGEN
halten die Rahmenrohre zusammen und fixieren kleinere Teile
unlösbar am Rahmen. Zum Löten (Hartlöten) werden hohe Temperaturen
benötigt. Die Metallteile werden entweder durch eine schmelzende
Speziallegierung (das Lot) fest miteinander verbunden (Löten) oder aber
so hoch erhitzt, daß sie an der Nahtstelle selbst miteinander ver-
schmelzen (Schweißen). In der Regel sind die Rahmenrohre durch Muffen
miteinander verbunden. Das sind Rohrabschnitte größeren Durchmessers,
in die die Rahmenrohre paßgenau eingesteckt und verlötet sind.
Muffenlose, stumpf verlötete Rahmen finden sich bei sehr alten Rädern
oder bei neuen Alu - Rahmen.

SCHRAUBVERBINDUNGEN

wirst du am Fahrrad immer als eine Kombination zweier Gewinde
vorfinden, etwa als Schraube mit Mutter. Ein Gewinde ist dabei
als Außengewinde ausgeformt und eins als Innengewinde (Abb. 20).

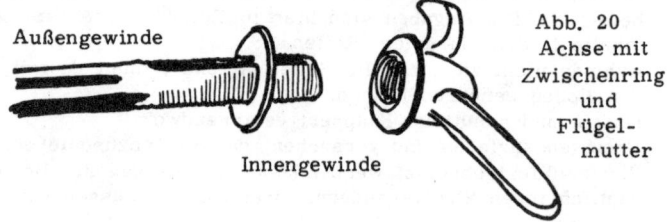

Außengewinde

Innengewinde

Abb. 20
Achse mit
Zwischenring
und
Flügel-
mutter

Zwei verschiedene Gewindenormen sind für uns wichtig, nämlich
Normalgewinde (alle möglichen Befestigungsschrauben) und Feingewinde (z. B. Achsen). Diese Unterschiede fallen einem meistens
dann auf, wenn man vergeblich versucht, eine normale Maschinen-
mutter auf die Fahrradachse zu schrauben.
Bei den meisten Schrauben handelt es sich um Rechtsgewinde,
d. h. man dreht die Schraube nach rechts (Uhrzeigersinn) fest, und
nach links schraubt man sie ab. Deutsche Fahrräder haben normalerweise zwei Linksgewinde, nämlich an der linken Pedale und
an der linken Tretlagerseite. Hier mußt du dich umstellen:
Zum Festschrauben nach links drehen (Gegenuhrzeigersinn); zum
Abschrauben dagegen nach rechts.
Üblicherweise sind Schrauben mit einem 6kantigen Kopf versehen,
an dem sie mit dem Schraubenschlüssel gehalten werden können,
oder der Kopf ist rund mit einem Schlitz für den Schraubenzieher.
Muttern sind meist 6kantig. Rändelmuttern sind geriffelt oder
schraffiert; sie sollen nur von Hand angezogen werden.

Außerdem stell ich dir noch zwei spezielle Schrauben vor, die
Kreuzschlitz - und die Inbusschraube (Abb. 21)

Abb. 21

Der Nachteil bei Schraubverbindungen ist, daß sie sich durch
anhaltende Vibrationen lockern. Wenn die Klingel unter deinem
Daumen wegrutscht, mag's noch angehen. Fällt dagegen ein haltloser
Dynamo bei voller Fahrt in die Speichen, wird's unangenehm.
Das zu verhindern, gibt es zwei Möglichkeiten: Die Verwendung von
Zwischenringen oder Unterlegscheiben und das Kontern. Die erste
Quizfrage bei lockergewordenen Schraubverbindungen: Ist der Zwischenring noch vorhanden? Auf den Zeichnungen im Text wirst du von
Fall zu Fall erkennen (hoffentlich), ob eine Unterlegscheibe nötig
ist. Meistens ist das der Fall. Sie können sehr unterschiedlich
aussehen, glatt, geriffelt oder gekerbt (damit sie nicht mitdrehen),
blond, braun usw. Unterlegscheiben, die nicht mitdrehen dürfen,
haben gelegentlich auch eine Nase, die in einer Nut (= ausgefräste
Rille, s. Abb. 20) geführt wird, oder seitliche Abflachungen, die genau
auf eine entsprechend geformte Achse passen. Die zuletzt beschriebenen Teile finden Anwendung, wenn zwei Muttern gekontert werden.
D. h., sie werden so gegeneinander festgeschraubt, daß beide sich
nicht mehr bewegen können (und wie man es in der Praxis macht,
steht im Kapitel "Kugellager").
    Schrauben werden theoretisch auf dieselbe Weise und genauso
leicht gelöst, wie sie aufgedreht werden. Im richtigen Leben sieht
es anders aus. Da wird beschworen, geflucht, gebetet. Rostige
Gewinde sind hartnäckige Gegner, und du wirst zu allerlei Tricks
greifen müssen.

1. Prüfe: Muß die Schraube wirklich gelöst werden? Falls du sie
   dabei zerstörst, hast du Ersatz?
2. Gegenhalten: Während du die Mutter zu lösen versuchst, muß der
   Schraubenkopf mit Schraubenzieher, -Schlüssel oder Zange am
   Mitdrehen gehindert werden. Dasselbe gilt für das Festziehen.
3. Verwende passendes Werkzeug. Ein zu großer Schraubenschlüssel
   macht den 6Kant zum Rundling, einen zu dünnen Schraubenzieher
   verdrehst du zum Korkenzieher und zerstörst den Schrauben-
   schlitz; die falsch angesetzte Zange hobelt der Mutter die Kanten
   ab. Wenn du eine Zange einsetzt, soll sie möglichst passend den
   6Kant umfassen. Drück die Zangengriffe kraftvoll zusammen und
   drehe sie erst dann - möglichst ohne zu wackeln - in Losdreh-
   richtung.
4. Sprüh Rostlöser auf. Sieh zu, daß es sich um ein Fabrikat mit
   CO_2 als Treibmittel handelt; andere Treibgase sind umwelt-
   feindlich. Rostlöser sind feine Öle mit guten Kriecheigenschaften.
   Sie schleichen sich ins Gewinde und machen selbst in den ent-
   ferntesten Ecken noch von sich reden. Man läßt sie mindestens
   10 Min einwirken und hat dann meistens Erfolg.

5. Abgedrehte Muttern, auf denen sich kein Schraubenschlüssel mehr zu Hause fühlt, müssen mit den scharfen Zackenbacken der Wasserpumpenzange in den Griff genommen werden.
6. Bei einem zerstörten Gewinde kann die Mutter nicht mehr abgeschraubt werden - laß die Säge sprechen.
7. Gelegentlich läßt sich ein festgegammeltes Gewinde durch einen kräftigen Hammerschlag überzeugen - aber nie direkt auf's Gewinde schlagen!
8. Sehr erfolgversprechend (auch bei großen bösen Gewinden) ist das Warmmachen oder Durchglühen. Nicht die Schraube oder Achse selbst erhitzen, sondern die Umgebung. Dabei ist natürlich zu bedenken, daß der Lack verschmoren kann.

Stellt sich schließlich der Erfolg ein und du kannst die Mutter zur Trennung bewegen, beginnt der zweite Teil des Unternehmens. Angenommen, du willst oder mußt die Schraube auch weiterhin benutzen, dann pflege sie, damit ihr es in Zukunft leichter habt miteinander.

1. Gewinde reinigen mit Drahtbürste (oder Stahlwolle, um Rost zu entfernen) bzw. mit Benzin und deiner Lieblingszahnbürste (um Schmiere zu entfernen), danach mit Lappen trocknen. Schmiere bekommt man auch mit Öl, Petroleum oder Terpentin ab.
2. Mutter reinigen, indem du ein zusammengezwirbeltes Lappenende hindurchziehst und dabei drehst.
3. Gewinde schmieren. Öl oder Fett sollte sehr sparsam verwendet werden. Erstens kann es das Gewinde so leichtgängig machen, daß die Schraube sich leicht wieder losdreht. Zweitens verbündet sich überschüssiges Fett im Handumdrehen mit Staub und Schmutz. Besser ist die Trockenschmierung mit Graphit: Riffel einen weichen Bleistift auf dem Gewinde hin und her, während du die Schraube oder Achse drehst und dir ein Liedel pfeifst (Abb. 22)
4. Die Mutter muß sich leicht von Hand aufdrehen lassen. Läßt sie sich nur mit einem Werkzeug raufwürgen, ist etwas faul:
   - Gewinde ist noch nicht sauber
   - Gewinde zerstört (versuche, vorsichtig mit der Dreikantfeile nachzufeilen)
   - Gewinde passen nicht zusammen (Normal- und Feingewinde)
   - Mutter verkantet (dreh sie zurück und wieder auf)
   - Du hast ein Linksgewinde vor dir

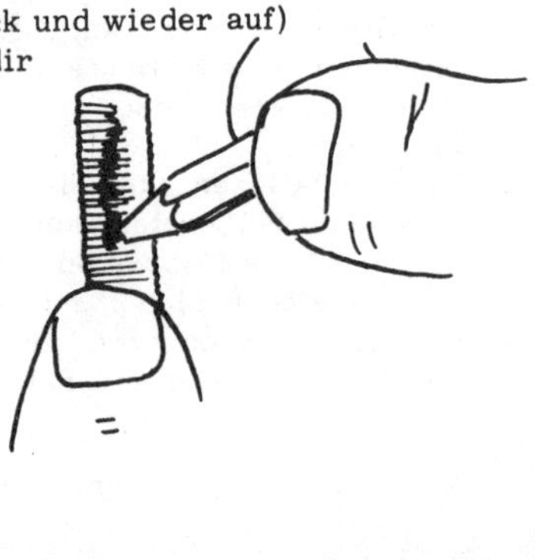

Abb. 22

NIETVERBINDUNGEN

Eine Niete ist ein Stift, der zwei oder mehr Teile miteinander verbindet, indem er an beiden Enden breitgeschlagen wird.
Zu erkennen an den Köpfen, die schlicht und rund sind und keinen Ansatz für irgendwelches Werkzeug bieten. Teile können starr oder beweglich vernietet sein, beide Variationen findest du auch am Rad: Vernietung am Schutzblech (starr, Abb. 23) und an der Kette (beweglich). Obwohl Nieten an sich unlösbare Verbindungen darstellen, kann man auch sie überlisten - das steht im Kapitel "Kette".

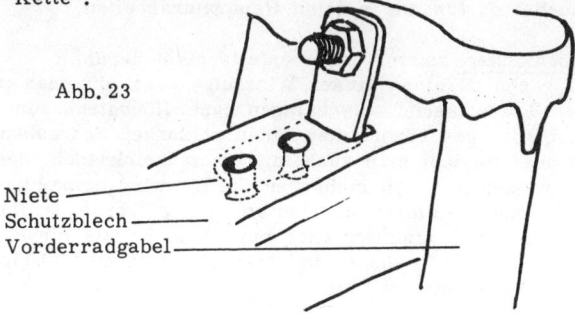

Abb. 23

Niete
Schutzblech
Vorderradgabel

VERBINDUNGEN MIT SPRENGRING

Beispiel: Der kleine Zahnkranz auf dem Hinterrad (Ritzel) wird nur auf die Nabe aufgesteckt und durch einen federnden offenen Ring gehalten. Dieser paßt genau in eine dafür vorgesehene Rille hinein. Man kann ihn mit einem Schraubenzieher heraushebeln, und dabei entwickelt er die fatale Neigung, durch die Luft zu sausen oder dich in die Hand zu beißen. Je größer der Sprengring, desto gemeiner. Wie man mit ihm umgeht, erfährst du in den entsprechenden Kapiteln. Auch die Feder auf dem Kettenschloß ist übrigens nichts anderes als ein eigenwillig geformter Sprengring.

KEILVERBINDUNGEN

machen ab und zu arge Schwierigkeiten, wenn sie nämlich die Tretkurbeln an der Tretlagerwelle festhalten. Die Keile sind in einem bestimmten Winkel angeschliffen, um die Kurbeln exakt in der vorgesehenen Lage zu halten. Nur zur Sicherung sind sie am Ende mit einem Gewinde versehen und werden durch eine Mutter gehalten (was aber nicht heißt, daß man sie nach Entfernung der Mutter schon herausnehmen könnte).

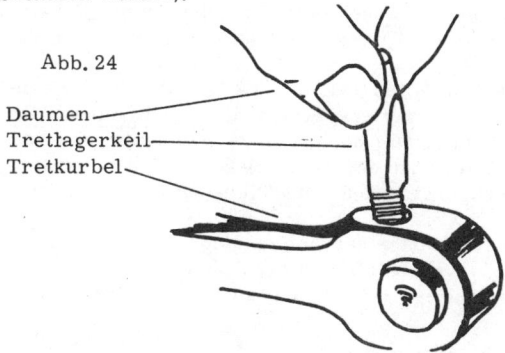

Abb. 24

Daumen
Tretlagerkeil
Tretkurbel

WERKZEUG UND HILFSMITTEL

Das unübertroffene und geradezu klassische Fahrradwerkzeug ist der
Knochen - ein kompakter Schraubenschlüssel für 10 verschiedene
Schraubengrößen. Für eine schwere Stahlausführung muß man zwar
etwas mehr ausgeben, aber es lohnt sich; das Werkzeug wird dir
weder durchbrechen noch leiern die Sechskantlöcher aus.
Den Knochen brauchst du für die meisten Reparaturarbeiten.

Um einen Schraubenzieher kommst du ebenfalls nicht herum.
Es genügt vollauf, wenn du einen dieser Winzlinge hast, die man in
jeder Hosen- oder Westentasche unterbringen kann. Höchstens zum
Abheben eines Sprengringes könnte man einen schlanken Schraubenzieher brauchen, aber da läßt sich auch mit einer Stricknadel oder
einem Nagel improvisieren. An mehreren Stellen wird empfohlen,
mit Schraubenzieher und Hammer zu arbeiten. Sei dir bitte darüber
im klaren, daß dabei der Schraubenzieher nur einen Ersatz für einen Meißel darstellt. Behandle ihn rücksichtsvoll, wenn du noch länger mit ihm zusammenarbeiten willst.

Wenn du nicht dauernd mit deinem Holzschuh klopfen willst, ist ein
Hammer schon günstig. Aber bitte ab 300g, darunter gilt nicht.

Allgemein werden für's Rad immer Kombizangen empfohlen -
davon rat ich ab. Nimm lieber eine Wasserpumpenzange , die wirst
du ohnehin brauchen und sie kann fast alles, was eine Kombizange
leistet. Nur nicht das Drahtdurchkneifen, aber das läßt sich improvisieren. Eine Greifweite von 30mm ist Mindestmaß; aber je
größer die Zange, desto fester und sicherer kannst du zupacken.
So praktisch sie ist, so destruktiv kann sie übrigens auch sein.
Beim Abdrehen von Schrauben achte deshalb darauf, daß die Backen
der Zange flach auf den Sechskantflächen der Schraube aufliegen
(s.a.Abb. im Text).

Montiereisen sind ideal für alle Reifenarbeiten, und sie sind billig.
Natürlich kann man sie durch Löffelstiele oder Schraubenzieher
ersetzen, aber dabei ist schon mancher Schlauch gelöchert worden.

Zum Spannen oder Lösen der Speichennippel brauchst du einen
Speichenschlüssel oder Nippelspanner. Erhältlich in schwerer und
sehr guter Werkstattausführung oder klein und handlich.

Das Einstellen des Lagerspiels an Vorder- und Hinterradnabe erfordert zwei weitere Schlüssel: Den Konusschlüssel und den Torpedoschlüssel. Die beiden sind nicht teuer und kaum durch anderes
Werkzeug zu ersetzen. Besonders der letztere ist ein echtes Viel-
zweckgerät mit 6 verschiedenen Möglichkeiten.

Hast du von einer hoffnungslos verrosteten Schraube mal die Nase
voll, säg sie ab! Eine Puksäge mit Metallsägeblatt ist dafür genau
das richtige. Wo du sie aus Platzgründen nicht einsetzen kannst,

laß Hammer und Meißel sprechen. Es lohnt allerdings nicht unbedingt, extra dafür einen anzuschaffen.

Einen Inbusschlüssel wirst du auf jeden Fall benötigen, wenn du ein gutes Rennsportrad oder ein Rennrad hast, und auch bei anderen Modellen bürgern sich Inbusschrauben ein. Format ist fast immer 6mm. Campagnolo bietet für seine Erzeugnisse einen kombinierten Inbus- und Steckschlüssel in T-Form an.

Bei einigen wenigen Arbeiten ist eine Feile am Platze- nimm dazu eine Dreikant-Metallfeile.

Je komplizierter die Technik, desto teurer das Spezialwerkzeug: Für gute Tretlager, Antriebsräder, Steuersätze und für die Zahnkränze der Kettenschaltungen brauchst du z. B.
- Abzieher von DM 5. 50 - 20. - (Tretlager)
- Schlüssel und Zangen, DM 7. - - 50. - (Tretlager, Zahnkränze)
- Abnehmer und Schlüssel, DM 5. - - 40. - (Zahnkränze)

Weil bei uns das selbständige Arbeiten am Fahrrad längst nicht so populär ist wie z. B. in den USA, gibt es diese besonderen Werkzeuge auch nicht überall zu kaufen. Du wirst dich schon glücklich schätzen können, wenn du einen Nietendrücker über den Ladentisch geschoben kriegst, und den solltest du als Besitzer einer Kettenschaltung schon haben (Abb. 115).

Ein Hilfswerkzeug zum Bremseneinstellen, die Dritte Hand, haben die Händler meist auch nur für den eignen Gebrauch (aber im Text wird beschrieben, wie man mit zwei Händen auskommt).

Eine Lötlampe oder ein Schweißbrenner gehört natürlich nicht zur Fahrrad-Grundausstattung. Aber wenn du schon etwas ähnliches hast, z. B. einen Campingbrenner mit Gaskartusche, besorg dir einen Lötaufsatz dazu. Durch Warmmachen kriegst du 99% aller festgegammelten Gewinde wieder in den Griff.

SCHMIERMITTEL

- normales Fahrradöl (sehr gut sind Markenöle wie z. B. das Sturmey-Archer-Nabenöl)
- Rostlöser in Sprühdosen. Unentbehrlich im Kampf gegen verrostete Schrauben. Zur Not kann man auch Dieselöl aufpinseln.
- Kugellagerfett würde ich schon allein wegen seiner irren rubinroten Farbe benutzen - man kann allerdings genausogut weiße (technische) Vaseline verwenden.
- Graphit für Gewinde (s. a. "Was hält die Draisine...")
- Talkum solltest du für sämtliche Reifenarbeiten bereithalten.
            (Babypuder erfüllt denselben Zweck)
SONSTIGES

120er Sandpapier, Stahlwolle, Isolierband, Stoffklebeband

Preise

Knochen	(1)	DM	1.50	-	3.50
Schraubenzieher	(2)	DM	0.50	-	3.-
Schlosserhammer	(3)	DM	5.-		
Wasserpumpenzange	(4)	DM	5.50	-	12.-
Montiereisen (3 Stck)	(5)	DM	1.50		
Speichenschlüssel	(6)	DM	0.50		
Konusschlüssel	(7)	DM	0.30		
Torpedoschlüssel	(8)	DM	1.-		
Puksäge	(9)	DM	2.-		
Inbusschlüssel	(10)	DM	0.60		
Dreikantfeile	(11)	DM	2.-		
Dritte Hand	(12)	DM	4.-		

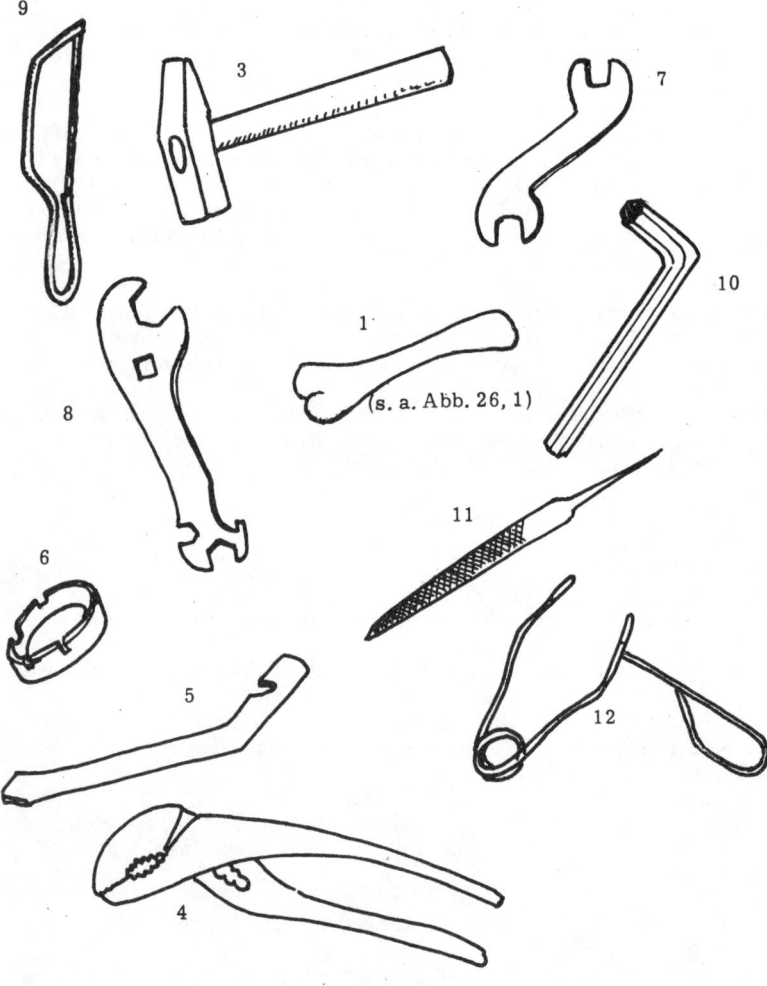

(s. a. Abb. 26, 1)

LENKER

Um sich beim Fahren wohlzufühlen - und Bequemlichkeit ist hier
fast gleichbedeutend mit Sicherheit - gibt es ein paar einfache
Handgriffe zu tun, und zwar
- Sitzhöhe einstellen
- Lenker einstellen
- Griffe und Hebel funktionsgerecht anbringen
   Dies sind wahrscheinlich auch die einzigen Arbeiten, die bei
einer Neuanschaffung vorgenommen werden müssen. Fangen wir
mit dem Lenker an. Es gibt derartig viele Modelle und immer
wieder kommen neue oder angeblich neue hinzu, daß ich keinen
umfassenden Überblick geben kann. Immerhin lassen sich einige
Grundtypen unterscheiden, z. B.

"Gesundheits"-, Touren- oder Hollandlenker.
Griffe zeigen zum Fahrer und sind höher als
das Mittelstück

"Trainingsbügel" wie oben, aber Griffe auf
gleicher Höhe wie das Mittelstück

"Sportlenker" ; Griffe weisen nach außen und
sind meist etwas höher als das Mittelstück

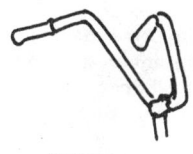

"Hirschgeweih"- oder "Hochlenker".
An Klapprädern, High-Risers oder sonstigen
Easy Riders

"Rennlenker" ; statt Griffen mit Lenkerband
umwickelt. Man faßt am waagerechten Teil
oder an den untenliegenden Bügeln an

Abb. 25
Zur Auswahl kann man nur sagen, "wat den een sin Uhl is den
annern sin Nachtigall" - also such dir aus, womit sich's leben
läßt. Man sollte allerdings bedenken, daß der Lenker zwei Haupt-
funktionen hat, nämlich das Lenken und die Verteilung des Körper-
gewichts (auf Hände und Hintern). Der Rennlenker z. B. bringt es
mit sich, daß du nur ein Minimum an Luftwiderstand bietest.
Du wirst eher dem Rausch der Geschwindigkeit verfallen, aber
andererseits lastet ein großer Teil deines Gewichts auf Hand-
gelenken und Händen; extrem, wenn man in den Pedalen stehend
strampelt. Holpriges Straßenpflaster tritt strafverschärfend hinzu.
Fährst du in der katzenbuckligen Rennfahrerhaltung, geht der
Blick naturgemäß nach unten und das Geradeausgucken strengt an.

Anders der Gesundheitslenker: Bei richtiger Einstellung sorgt er
für gute Gewichtsverteilung und relativ gestreckte Wirbelsäule.
Der Blick schweift frei in die Ferne, der Körper ist voll dem
Fahrtwind ausgesetzt (und eigenartigerweise hat man beim Radfahren fast immer Gegenwind). Zu hoch eingestellt überläßt der
Lenker die Last deiner Pfunde ganz und gar deiner Sitzfläche.
Das erschwert das Pedaltreten; Schnellfahren wird zur herben
Mühsal. Bei manchen Hochlenkern stellt man sich vor, das Gewicht der Arme müßte an den Händen zerren. Immerhin bleibt
der Rücken bolzengrade, aber Erschütterungen werden auch eben
dort über Steißbein und Wirbelsäule abgetragen. Bei Klapprädern
soll der hohe Lenker den niedrigen Radstand ausgleichen.
Und als wir unser Tandem bauten, haben wir für den hinteren
Fahrer (der unbeschwert die Aussicht genießt) einen Hochlenker
gewählt.

LENKERHÖHE EINSTELLEN
(Abb. 26 - 28)

Knochen o. Inbusschlüssel
Hammer
Zeit 5 Min

Den 6Kant - Kopf des Klemmbolzens findest du oben auf dem Lenkerschaft (Abb. 26). Das Ende dieses langen Bolzens ist in einen Konus
geschraubt, das ist ein kegelförmiges Teil. Der Konus hat eine Nase,
die in einem Schlitz des Lenkerschafts geführt wird (Abb. 27).
So kann er, ohne sich zu drehen, im Lenkerschaft rauf- und runter-
gleiten. (Zieht man den Bolzen an, wird der Konus ein Stück in den
Lenkerschaft hineingezogen, weitet ihn auf und klemmt ihn dadurch
im Rahmenrohr fest). Aber wir wollen ihn ja lösen:

1. Klemmbolzen 2 - 3 Umdrehungen lösen
2. Durch einen kräftigen Hammerschlag auf den Bolzen wird unten
   der Konus aus dem Lenkerschaft getrieben. Der Lenker klemmt
   nicht mehr fest und kann mit drehender Bewegung herausgezogen
   oder hineingeschoben werden. (Abb. 26). Solltest du den Bolzen ganz
   herausgeschraubt haben, so ist bei dem Schlag der Konus in das
   Steuerkopfrohr gefallen: Rad umdrehen, Konus herausfallen lassen.

Abb. 26

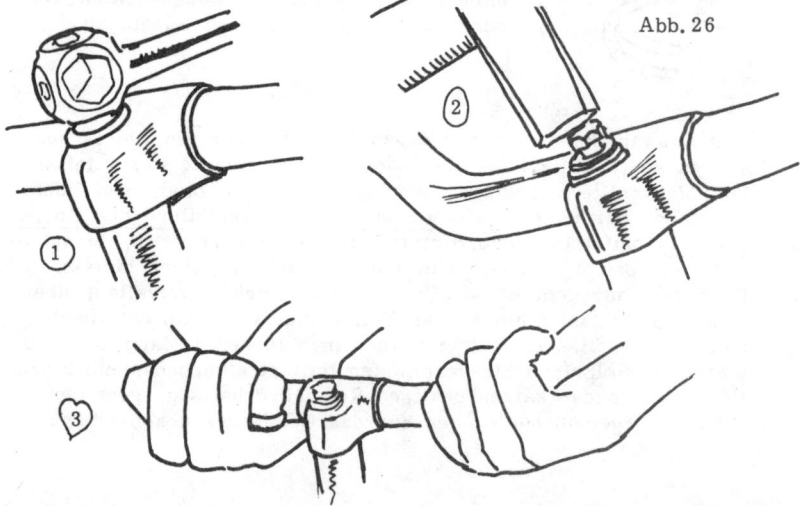

3. Befestigen: Konus mit der Nase in den Schlitz des Lenkerschafts einführen. Bolzen nur soweit hineindrehen, daß der
   Konus hält (Abb. 27). Lenker auf richtige Höhe bringen,
   Bolzen anziehen. WICHTIG: Lenkerschaft muß mindestens
   6.5cm tief im Rahmenrohr stecken. Wenn das für dich zu
   niedrig ist, brauchst du einen längeren Lenkerschaft.

Statt eines 6Kantbolzens werden zunehmend Inbusschrauben verwendet. Sie liegen nicht auf der Manschette auf, sondern sind in
die Oberfläche eingelassen . Diese Lösung ist wahrscheinlich sicherer (obwohl ich mir nicht vorstellen kann, daß der Klemmbolzen
schon viel Herzeleid angerichtet hat); auf jeden Fall eleganter.
   Statt mit einem Konus kann der Lenkerschaft auch durch ein
Schrägstück festgeklemmt sein (Abb. 28); das Vorgehen bleibt aber
dasselbe.

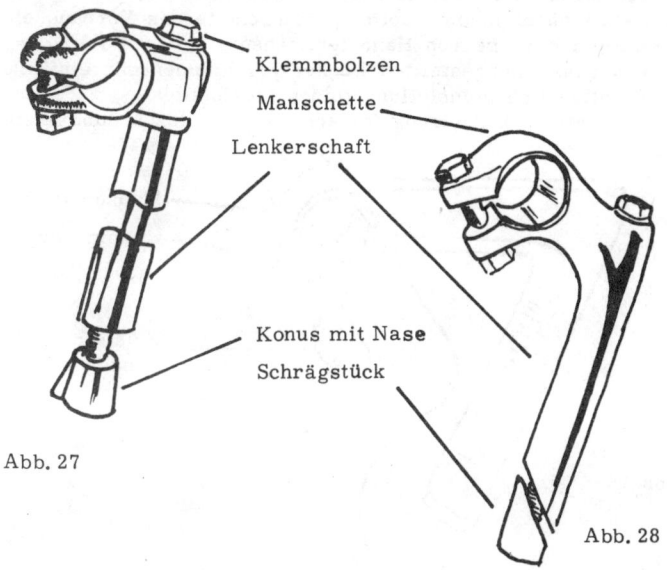

Klemmbolzen

Manschette

Lenkerschaft

Konus mit Nase

Schrägstück

Abb. 27

Abb. 28

ABSTAND SATTEL - LENKER VERGRÖSSERN   Werkzeug s. o.
(Abb. 27 - 29)   Zeit 30 Min

Die meisten Touren- und viele Sporträder werden mit einer Manschette geliefert, die den Lenkerbügel unmittelbar am Lenkerschaft
hält. Für viele ist der dadurch gegebene Abstand Lenker - Sattel
auch bequem genug. Sollte er dir aber zu kurz sein, läßt sich Abhilfe schaffen. Einmal kann der Sattel um einige cm versetzt werden (s. "Sattel"). Wahrscheinlich wird es aber nötig sein, den Lenker
nach vorn zu versetzen. Dazu brauchst du einen Vorbau aus Stahl
oder Leichtmetall, wie er bei allen Renn- und Rennsporträdern und

vielen Sporträdern üblich ist (Abb. 29). Einen Vorbau mit passen-
der Ausladung wirst du sicher finden, denn von 45-140mm gibt's
so ziemlich alles. Auch verstellbare Modelle sind zu haben -
lohnt aber nur, wenn mehrere Leute das Rad intensiv nutzen oder
wenn du noch im Wachsen bist. Außerdem sehen sie potthäßlich
aus. Wenn du ein Tourenrad mit einem Vorbau ausrüstest, bedenke,
daß du dann keine Gestängebremse verwenden kannst.

UMRÜSTEN AUF LENKERVORBAU   Schraubenzieher
(Abb. 29)   Knochen o. Inbusschlüssel
                                    Zeit 30 Min

1. alle Hebel, Handgriffe, Schalter usw. vom Lenkerbügel nehmen
2. Lenkermanschette öffnen, Lenkerbügel herausnehmen. Klemmt?
   Versuch's mit Rostlöser oder halt den Bügel fest und treib
   die Manschette mit Hammer und Schraubenzieher herunter
3. Lenkerbügel in die geöffnete Manschette des Vorbaus einführen,
   Klemmschraube von Hand festziehen
4. neu zusammengestellten Lenker ins Rahmenrohr einführen.
   Richtige Höheneinstellung finden, feststellen
5. richtige Lenkerneigung feststellen, Klemmschraube anziehen

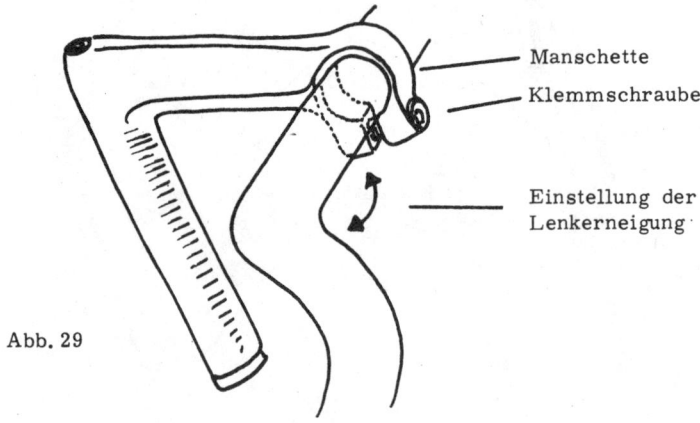

Manschette

Klemmschraube

Einstellung der
Lenkerneigung

Abb. 29

Was für sämtliche Einstellungsarbeiten am Lenker und auch am
Sattel gilt: Vergiß alle schlauen Formeln und Berechnungen und
verlaß dich ganz auf dein Körpergefühl. Durch Ausprobieren und
Korrigieren wirst du sehr schnell herausfinden, welche Lenkerhöhe
und -neigung dir zusagt und in welcher Stellung du die Bremsgriffe mühelos bedienen kannst.
Lenkerbügel, -schäfte und -manschetten gibt es in etlichen verschiedenen Durchmessern, die z. T. nur 2mm auseinanderliegen. Nimm
deshalb zum Kauf von Ersatzteilen immer das alte Stück mit.
Einen zu dünnen Lenkerbügel kannst du provisorisch festklemmen,
indem du einen Blechstreifen zwischen Lenkermittelstück und
Manschette schiebst.

Wenn du den Lenkerbügel vor der endgültigen Anbringung der
Griffe, Schalter, Klingel usw. an den entsprechenden Stellen mit
Stoffklebeband umwickelst, schützt du die Chromschicht vor
Kratzern, Abblättern und Verrosten.

HANDGRIFFE
gab es vor 100 Jahren noch aus erlesenen Materialien:
Aus Horn, Elfenbein, Buchsbaumholz oder Ebenholz.
Auch die Bakelitgriffe aus der Nierentischzeit hatten ihren eigenen
Reiz, obwohl sie leicht zerbrachen. Heute bleibt uns die Auswahl
zwischen Gummi und Plastik. Was auch immer du bevorzugst,
nimm keine glatten, sondern ventilierte Griffe (mit Rillen, Lamellen,
Noppen). Sonst gibt's im Sommer schnell Schwitzehändchen.
Kunststoffgriffe macht man sich gefügig, indem man sie in heißes
Wasser taucht; Gummigriffe lassen sich leichter aufbringen, wenn
man sie innen mit Talkum einstäubt.
Rennlenker bekommen keine Handgriffe, sondern werden mit
Lenkerband umwickelt (damit du sie nicht nur an den Bügelenden,
sondern auch in der Mitte anpacken kannst). Textil - Lenkerband
saugt den Schweiß gut auf (und wird gut speckig). Um Verletzungs-
gefahren bei Stürzen vorzubeugen, werden die Bügelenden mit
Stopfen verschlossen. Der Markt hält alles mögliche für dich
bereit: Schlichtes aus Plastik, Superfeststellklemmbuchsstopfen usw.
Einfache Sektkorken tun es auch.

SEITENRICHTUNG EINSTELLEN   Knochen o. Inbusschlüssel
                                   Zeit   2 Min

Ist dir das schon mal passiert: Du lenkst vermeintlich geradeaus -
das Vorderrad dagegen strebt ganz woandershin, z. B. auf einen
Laternenpfahl zu? In diesem bedauerlichen Fall sitzt der Lenkerschaft lose im Rahmenrohr. Nachdem du dich vom Laternenpfahl
gelöst hast, trittst du entschlossen vor dein Velociped hin.
Klemm das Vorderrad fest zwischen die Beine und rucke den
Lenker wieder in die richtige Position. Jetzt wird der Klemmbolzen festgezogen. Wenn du dabei aber keinen Widerstand spürst,
ist möglicherweise der Konus abgefallen (s. "Lenkerhöhe einstellen").
Sieh dir Lenkerschaft, Manschette und Vorbau genau an. Irgendwo
ein Riß, Knick oder eine Bruchstelle? Fahr auf keinen Fall mehr
damit - Stürze über den Lenker sind kein Zuckerschlecken, selbst
nicht mit Schröters Speziallenkstange (Abb. 30)

Preise	Lenkerbügel	DM	5. - 20. -
	Lenkerband + Stopfen	DM	3. - 5. -
	Vorbau	DM	8. - 30. -
	Paar Handgriffe	DM	1. - 3. -

" ...fliegt dann der Radmann auf seinem blinkenden Stahlroß dahin, dann fühlt er sich frei wie der Vogel in der Luft, er ist Herr seiner Zeit, er kann fahren wohin und bleiben wo es ihm beliebt ..."

" ...nichts ist so heiter und wonnevoll als frei wie der Wind über Berg und Tal zu fahren, mit nichts im Sinn, als frische Luft und Sonnenschein zu trinken, als sich am holden Liebreiz der Natur zu ergötzen..."

" ...wenn der Radfahrer sich in Gottes freier Natur auf seinem Stahlroß tummelt ... geht ihm das Herz auf und er bewundert die Herrlichkeit der Schöpfung..."

Abb. 30   Schröters sich selbstthätig auslösende Lenkstange

SATTEL

Als man noch glaubte, die Draisine sei weitläufig mit dem Pferd verwandt, wurden einige dieser Urfahrräder (auch "Schnellgänger" oder "Stutzerpferde" genannt) konsequent mit Reitsätteln ausgerüstet. Noch 1878 wurde ein Damenfahrrad mit seitlichem Damensattel und Steigbügel geliefert. Für den galanten Sitz mußte die Lady jedoch einen kraftraubenden Antrieb über Handhebel in Kauf nehmen. Ziemlich bald hat man erkannt, daß der Sattel nicht nur den Körper tragen, sondern auch die Stöße des Straßenpflasters abfangen soll. Die Erfinder widmeten sich mit Hingabe der Sattelfederung und es kam zu geradezu lyrischen Bezeichnungen wie "double action arab cradle spring", was soviel heißt wie "Arabische Wiege mit Doppelwirkung" oder "national challenge spring" (die "Nationale Herausforderung"). Aber nicht nur die Namen waren exotisch, sondern die Sättel selbst waren kühne und gediegene Konstruktionen (Abb. 31), wogegen sich die heute erhältlichen Modelle ziemlich kümmerlich ausnehmen.

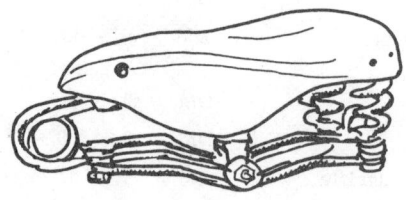
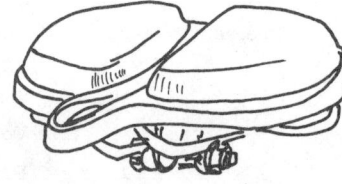

Abb. 31

Rennsattel
immer ungefedert, aber z. T. gepolstert. Leder
reitet sich angenehmer als Plastik (wenn schon
Kunststoff, dann nimm einen Nylonsattel guter
Qualität)

Tourensattel
mit Zug- und Druckfedern, 8 längsgespannte
Unterzugfedern und Schaumgummipolsterung unter
der Satteldecke. Leder, Gummi, Kunststoff

Sportsattel
einfach gefedert (Druckfedern). Sonst ähnlich dem
Tourensattel

Brotscheibensattel
heißt in Wirklichkeit natürlich ganz anders, aber
so sieht er nun mal aus (und ist wesentlich be-
quemer, als es den Anschein hat)

Abb. 32

So schwer kann die Auswahl eigentlich gar nicht sein.
Als Frau brauchst du einen Sattel, der für deine Sitzknochen breit
genug ist. Ob du zu deinem Wohlbefinden einen speziellen Damensattel brauchst, probierst du am besten aus. Der Brotscheibensattel jedenfalls ist ideal für Frauen.
Bei vorwiegendem Interesse für Renn- und Schnellfahrten bist du
natürlich mit einem Rennsattel gut beraten, der auch bei allen
Renn- und Rennsporträdern zur Standardausrüstung gehört.
Sieh zu, daß der Sattel nicht zu hart ist und auf keinen Fall ab-
stehende Kanten hat. Laß dich aber auch nicht von der Vorstel-
lung erschrecken, man würde sich auf einem Rennsattel schnell
wundsitzen. Er wirkt bei schnellen und langen Fahrten weniger
ermüdend als ein Sofasattel.
Neigst du nun eher der Lustfahrt zu, kauf dir einen gut gefederten
und gepolsterten Tourensattel. Bei der Auswahl spielt es eine
Rolle, wie häufig der Drahtesel geritten wird. Bei täglicher Benutzung lohnt es schon, etwas mehr Geld für einen dauerhaften
Sitz auszugeben. Leder ist schon am besten, aber bei Regen
wird es zum Schwamm.

HÖHENEINSTELLUNG   Knochen
(s. a. Abb. 4, 8)   Zeit   2 Min

Ganz simpel geht es los: Der Sattel ist auf einem Rohr, genannt
Sattelstütze oder Sattelkerze, befestigt, und diese wird im Rahmen
(im Sitzrohr) festgeklemmt. Festgerostete Stützen kriegt man durch
Hin- und Herdrehen des Sattels wieder los. Der Bolzen, der die
Sattelstütze im Sitzrohr festklemmt (es ist zu diesem Zweck geschlitzt), hat auf der einen Seite eine Nase, die in eine entsprechende Aussparung im Rahmen faßt. Daher kann sie nicht mitdrehen, wenn du die Mutter löst oder anziehst. Tut sie das den-

noch, ist besagte Nase dem Zahn der Zeit zum Opfer gefallen -
kauf gleich einen neuen Klemmbolzen und du ersparst dir viel
Ärger.   Der Sattel sollte so eingestellt sein, daß die Ferse
bequem auf der untenstehenden Pedale ruhen kann (aber beim
Fahren mit dem vorderen Teil des Fußes in die Pedale treten,
gell?)   Gut ist, wenn du bei dieser Sattelhöhe mit den Fußspitzen den Boden erreichen kannst. In jedem Fall muß die
Sattelstütze mindestens 6.5cm tief im Sitzrohr stecken.
    Höhe eingestellt? Der Sattelklemmbolzen wird wieder ange
zogen. Auch bei festgezogener Mutter muß der Schlitz im
Rahmenrohr noch leicht geöffnet sein, da sonst keine ausreichen-
de Klemmwirkung vorhanden ist. Ein eingelegtes Blechstück
kann nur ein Notbehelf sein. Sattelstützen gibt's in etlichen
verschiedenen Längen und Durchmessern, also auch hier das alte
Stück zum Ersatzteilkauf mitnehmen!

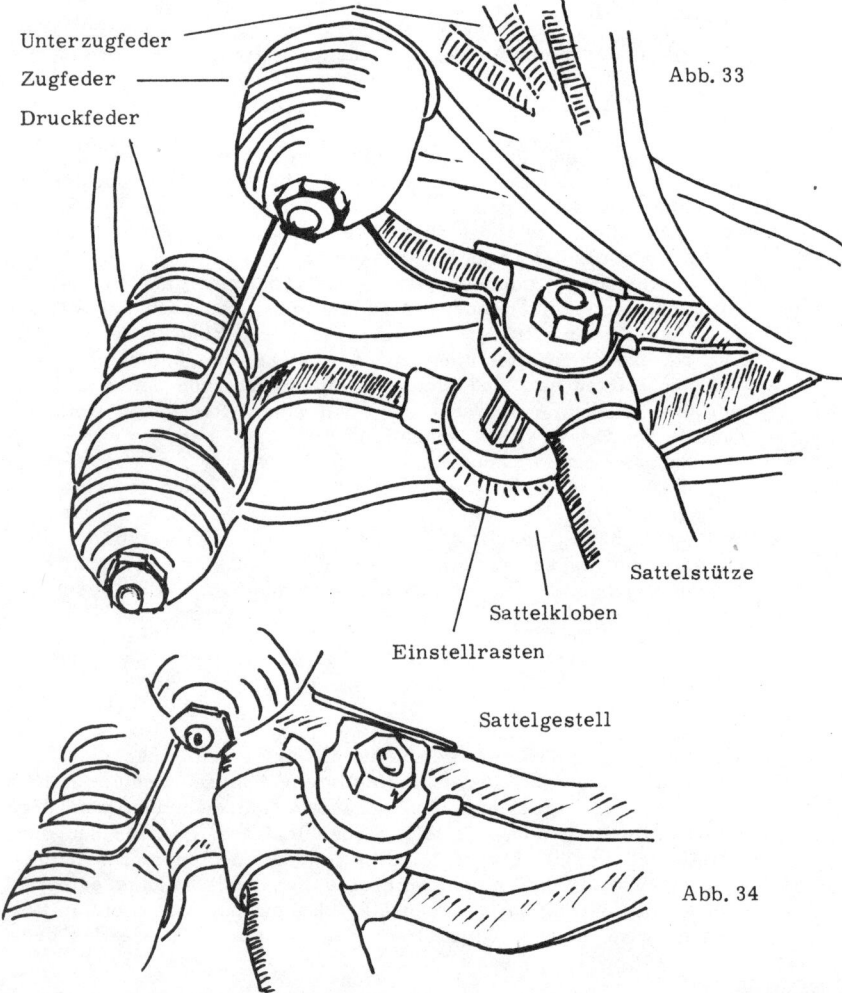

Unterzugfeder

Zugfeder

Druckfeder

Abb. 33

Sattelstütze

Sattelkloben

Einstellrasten

Sattelgestell

Abb. 34

LÄNGSEINSTELLUNG
(Abb. 33, 34)

Knochen
Zeit 5 Min

Wie aus den Abb. 33 und 34 ersichtlich, ist der Sattel mit einem sogenannten Kloben auf die Stütze montiert.

1. Löse die Muttern auf beiden Seiten des Sattelklobens
2. du kannst jetzt den ganzen Kloben mit anhängender Stütze ein Stück auf dem Sattelgestell entlangschieben und damit den Abstand Sattel - Lenker verändern (s. Unterschied auf den Abb. 33 - 34)
3. reicht das noch nicht aus, läßt sich der Sattelkloben um 180° umlegen. Dadurch lassen sich noch ein paar cm gewinnen (s. Unterschied auf den Abb. 33 - 34) Zum Umdrehen muß der Sattelkloben von der Sattelstütze abgezogen werden
4. Beide Muttern am Kloben wieder festziehen

Auf Abb. 33 ist der Sattel soweit wie möglich nach hinten, auf Abb. 34 nach vorn verstellt. Der Unterschied macht bei dem gezeigten Modell 6cm aus.

EINSTELLEN DER SATTELNEIGUNG
(Abb. 33, 34)

Knochen
Zeit 2 Min

Beim Umlegen des Sattelklobens hast du ein markantes Knacken gehört. Das Geräusch wird durch die Einstellrasten in den Backen des Klobens hervorgerufen. Die Rasten erlauben eine Satteleinstellung in nach vorn oder hinten geneigter Position. Da man die Sattelnase wohl kaum zum Himmel oder zum Boden zeigen läßt, kommen eigentlich nur die beiden Einstellungen in Frage, die neben der Waagerechten liegen.

Preise			
	Rennsattel	DM	8. - 65. -
	Sportsattel	DM	8. - 15. -
	Tourensattel	DM	15. - 50. -
	Brotscheibensattel	DM	15. -
	Sattelstütze	DM	4. -
	Klemmbolzen	DM	0. 50
	Sattelkloben	DM	2. - 3. -
	Satelüberzug	DM	2. - 3. -

"...das Knarren des Sattels gehört dazu wie das Klingeln der Sporen..."

Abb. 35

Abb. 36

HANDBREMSEN

Daß selbst bei einem heruntergekommenen Velociped die Bremsen funktionieren müssen, versteht sich eigentlich von selbst. Man kann zwar ohne Reifen fahren, ohne Sattel auch, aber die Bremsen sind einfach durch nichts zu ersetzen, nicht mal durch den Fuß in den Speichen. Die Straßenverkehrsordnung schreibt zwei voneinander unabhängige Bremsen vor (zwei Handbremsen oder Handbremse plus Rücktritt). Und mit dieser Vorschrift ist sicher nicht "Carters Schleppbremse" von 1878 gemeint, bei der sich durch Betätigung eines Hebels zwei Metallanker in den Boden gruben und das Fahrzeug zum Halt brachten (das soll heute mal einer auf Beton versuchen). Auch "Pickerings Sattelbremse" ist ganz aus der Mode gekommen. Bei diesem Modell war der stark gefederte Sattel mit einer Bremssohle verbunden. Der Fahrer mußte nur entschlossen nach hinten hupfen, und schon rieb sich der Bremsschuh knarzend auf dem Hinterrad. Aber die Löffelbremse der Hochräder, die mit einem oder zwei am Lenker befindlichen Hebeln betätigt wurde, hat sich bis heute ziemlich unverändert erhalten, nämlich in der

GESTÄNGEBREMSE

Bei den meisten Tourenrädern gehört sie zur Grundausstattung. Über Hebel und Gestänge wird ein Gummiklotz senkrecht auf den Reifen gepreßt. Die Bremskraft hat sicher nicht dieselbe Wirkung wie bei Felgenbremsen. Aber was geschieht, wenn bei rasender Bergabfahrt zwei Felgenbremsen voll angeschlagen werden? Man begibt sich unter Zurücklassung des Rades auf eine erdnahe Umlaufbahn. Für Tourenräder finde ich die Gestängebremse völlig ausreichend, und immerhin zeigt sie auch bei nasser Straße noch Wirkung. Wie bei allen Handbremsen hängt ihre Leistung entscheidend von der richtigen Einstellung ab.

EINSTELLEN DER BREMSE   Schraubenzieher
(Abb. 37, 38)   Knochen
     Zeit   30 Min

1. Vorderrad herausnehmen
2. alten Bremsklotz entfernen, neuen einführen
   ACHTUNG: Die geschlossene Seite des Bremsschuhs muß in Fahrtrichtung zeigen. Tut sie das nicht, Mittelschraube lösen und Bremsschuh in richtige Position drehen
3. Rad wieder einbauen
4. Schraube a an der Lenkerschelle lösen. Schelle lockern und verschieben, bis das Gestänge senkrecht steht (parallel zum Rahmenrohr). Evtl. mußt du für diese Prozedur die Lampenhalterung lösen, nämlich wenn die Lampe am Lenkerschaft montiert ist.
   Schraube a (und Lampenhalterung) wieder festziehen

5. Mittelschraube am Gestänge lösen. Das Unterrohr mit Bremsklotz müßte jetzt bis auf den Reifen herunterrutschen
(wenn nicht, mit Rostlöser gängig machen).
    Jetzt den Bremsgriff <u>etwas</u> anziehen - also nicht bis an den
Lenker. Bremsgriff in dieser Stellung mit der Bremshand
festhalten; mit der anderen Hand Mittelschraube andrehen.
6. Überprüfe: Die Bremse soll so eingestellt sein, daß der Griff
gut in Reichweite der Hand liegt und daß sie schnell anspricht.
Mit anderen Worten, der Bremsklotz darf nicht erst auf den
Reifen treffen, wenn der Griff schon den Lenker berührt.
Ist die Bremsleistung noch unbefriedigend, kannst du die Mittelschraube nochmals lösen und das Gestänge verlängern.
Man muß kraftvoll "in die Klötze gehen" können. Und zum
Schluß nicht vergessen, die Mittelschraube festzuziehen.

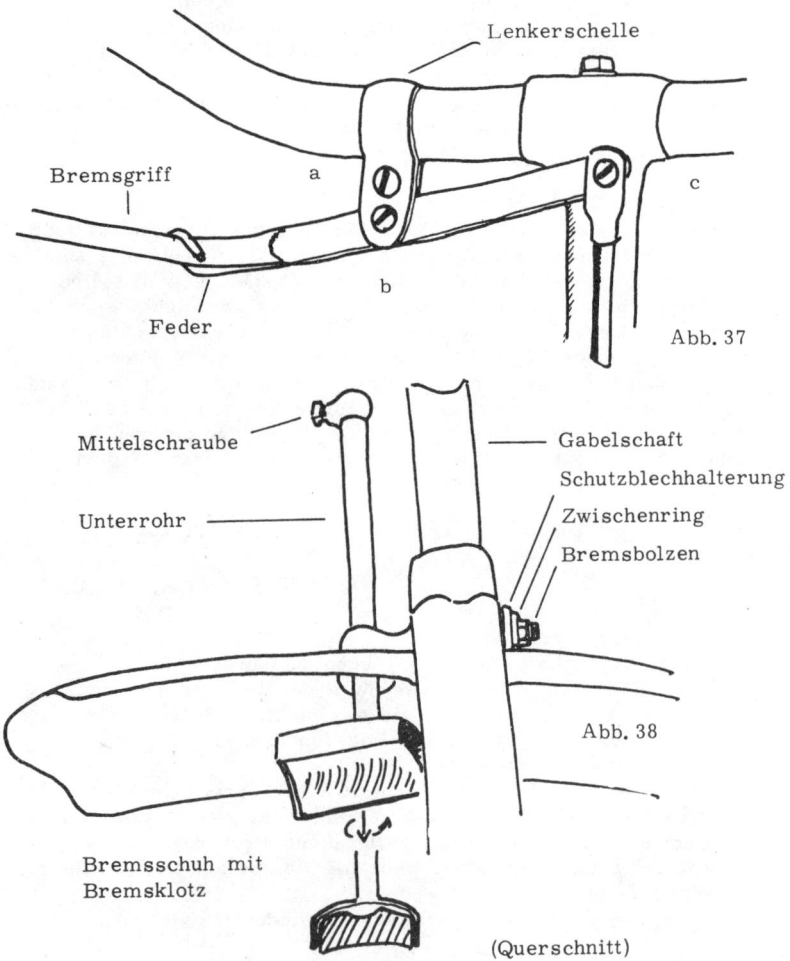

Lenkerschelle

Bremsgriff   a   c

Feder   b

Abb. 37

Mittelschraube   Gabelschaft

Schutzblechhalterung

Unterrohr   Zwischenring

Bremsbolzen

Abb. 38

Bremsschuh mit
Bremsklotz

(Querschnitt)

AUSBAU DER BREMSE
(Abb. 37 - 39)

Knochen
Schraubenzieher
Zeit 15 Min

1. Vorderrad herausnehmen
2. Mittelschraube lösen
3. Unterrohr nach unten herausziehen
4. Mutter am Bremsbolzen lösen, Zwischenring und Schutzblechhalterung abziehen
5. Bremsbolzen aus dem Gabelkopf ziehen
6. Schraube a abschrauben (Gegenhalten nicht vergessen), Feder aushaken und von der Lenkerschelle abnehmen
7. Schraube b lösen, Schelle vom Lenker abziehen
8. Beim Zusammenbau orientiere dich an Abb. 39

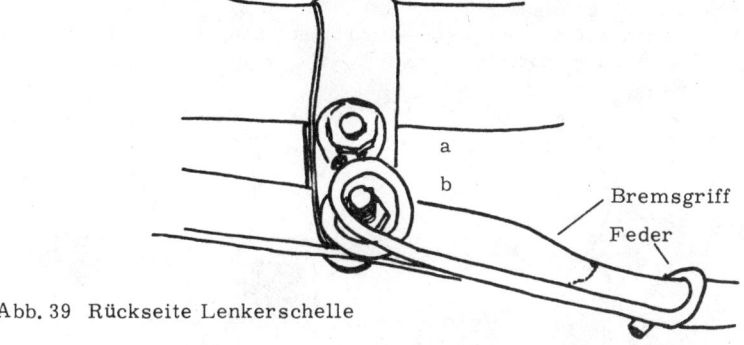

Abb. 39 Rückseite Lenkerschelle

PROBLEM: BREMSGRIFF BLEIBT NACH BREMSUNG OBEN

- Einstellung der Bremse überprüfen
- Schrauben b und c ölen, ebenso den Kopf des Bremsbolzens
- Kein Erfolg? Hak die Feder aus, biege sie kräftig nach unten und hänge sie wieder ein

PROBLEM: BREMSKLOTZ EINSEITIG ABGEFAHREN

Das Übel verbirgt sich entweder im Bremsmechanismus oder im Vorderrad. Überprüfe:
- Kein Bremsteil verbogen? Nur flache oder massive Teile lassen sich auf einer festen Unterlage mit dem Hammer richten. Rohre müssen ersetzt werden
- Einstellung der Bremse korrekt?
- Bremsbolzen fest angezogen, Zwischenring vorhanden?
- Bremsklotz richtig herum im Bremsschuh? (Abb. 38)
Hast du den Fehler bisher noch nicht gefunden, wird es am Vorderrad liegen. Stell die Draisine auf Sattel und Lenker und beobachte den Lauf des Vorderrades. Eiert? Siehe "Vorderrad".

Gerade vor ein paar Tagen hat mir ein Fahrradhändler verraten, die Gestängebremse sei das Nachhausetragen nicht wert. Vielleicht hat er recht, aber ich muß zugeben, daß mich die schlichte Stangenmechanik fasziniert wie die Maschinerie einer alten Dampflok. Deswegen will ich auch noch eine weitere, feine Gestängebremse besprechen, die interessant in ihrer Funktionsweise ist und unbestreitbar effektiv bremst.

GESTÄNGE - FELGENBREMSE

Außer bei einigen Modellen der Firmen Raleigh und Viner habe ich sie nur bei einem alten holländischen Rad gesehen. Anders als bei den üblichen Felgenbremsen wirken die Bremsbacken nicht seitlich auf die Felgenflanken, sondern packen unmittelbar neben den Speichen an. Das leuchtet ein, denn anders als die normalen Felgenbremsen sind diese nicht für Kastenfelgen konziniert (Abb. 40). Klar, auch auf dieses famose Instrument kann man sich nur verlassen, wenn es richtig eingestellt ist.

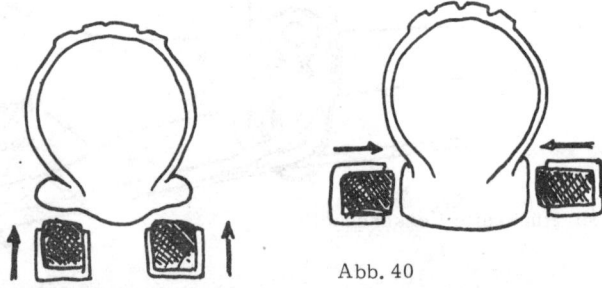

Abb. 40

Funktionsweise von Gestänge-Felgenbremse (links) und normaler Felgenbremse (rechts)

EINSTELLEN DER BREMSE (VORDERRAD) (Abb. 41)

Knochen
Zeit   15 Min

1. Mittelschraube lösen
2. Bremsbügel probeweise hochziehen. Setzen Bremsklötze parallel zur Felge auf (wie in Abb. 40)? Wenn nicht, Bremsschuhmuttern lösen, Sitz der Bremsschuhe korrigieren, Muttern wieder festziehen
3. Unterrohr hochziehen, bis die Bremsklötze beinahe die Felge berühren. Mittelschraube festziehen
4. Probelauf: Läuft das Vorderrad frei? Wenn nicht, überprüfe, ob es korrekt in der Gabel befestigt ist. Eine geringe Unregelmäßigkeit kann ausgeglichen werden, indem du die Mittelschraube löst und das Unterrohr ein wenig senkst. Sieh dich vor, daß die Korrektur nicht auf Kosten der Bremskraft geht.
5. Überprüfe, ob die Zapfen der Bremsschuhe ganz innerhalb ihrer Führungen stecken.

43

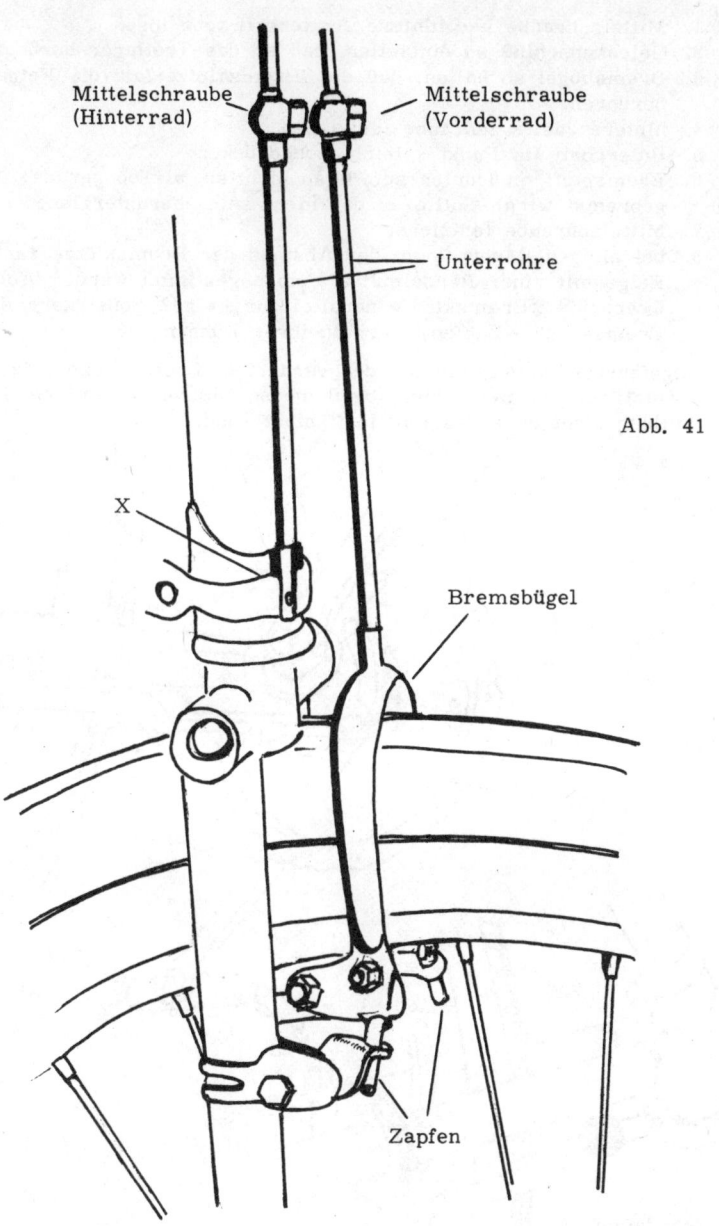

Mittelschraube
(Hinterrad)

Mittelschraube
(Vorderrad)

Unterrohre

Abb. 41

X

Bremsbügel

Zapfen

EINSTELLEN DER BREMSE (HINTERRAD)   Knochen
(Abb. 42, 43)   Zeit 15 Min

1. Mittelschraube und hintere Justierschraube lösen
2. Gelenkanschluß so einstellen, daß er das Tretlager berührt
3. Bremsbügel so halten, daß die Bremsklötze fast die Felge
   berühren
4. hintere Justierschraube festziehen
5. Unterrohr am Punkt x leicht hochdrücken
6. Bremsgriff muß unten sein (also nicht so, als ob gerade
   gebremst wird). Sollte er das nicht sein, herunterziehen
7. Mittelschraube festziehen
8. bei einigen Rädern kann der Abstand der Bremsklötze zur
   Felge mit einer Rändelmutter fein abgestimmt werden (Abb43)
9. Überprüfe : Bremsklötze parallel zur Felge? Sonst korrigieren
   Bremsschuh - Zapfen innerhalb ihrer Führungen?

Abgefahrene, verschmierte oder verhärtete Bremsklötze müssen
ersetzt werden. Bei schief abgefahrenen Klötzen stimmt die Einstellung nicht oder das Rad läuft nicht rund.

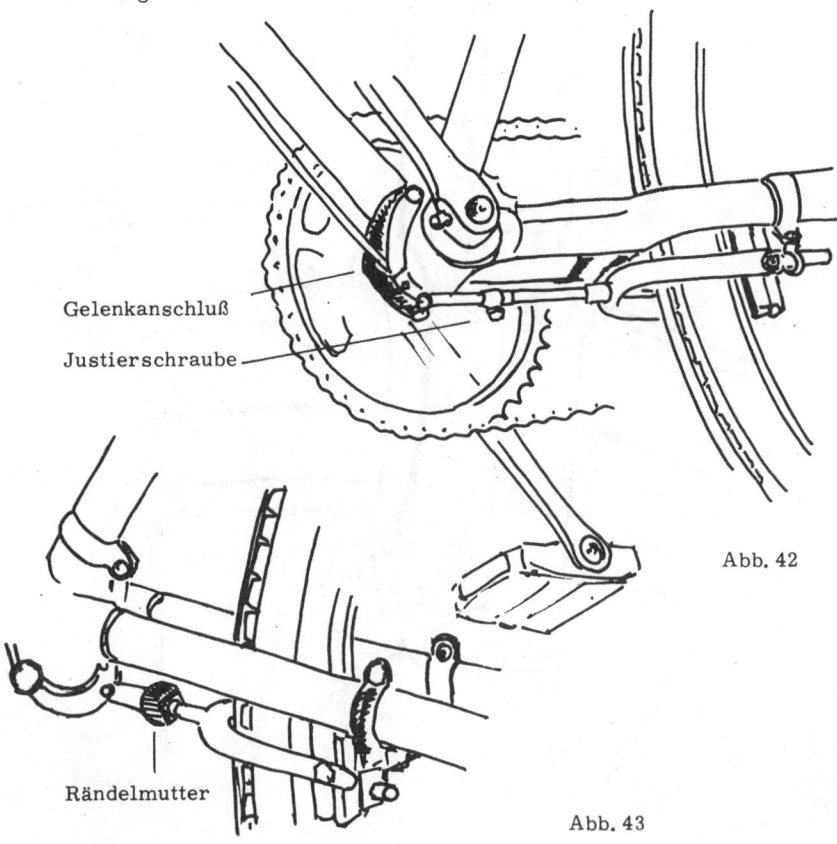

Gelenkanschluß

Justierschraube

Abb. 42

Rändelmutter

Abb. 43

Es ist bedauerlich, daß auch sie hier besprochen werden muß,
aber es gibt sie leider immer noch, die

KABELZUG - DRUCKBREMSE

Ihr einziger Nutzen scheint darin zu liegen, das schlechte
Gewissen einiger Hersteller zu beruhigen, die ja bekanntlich
jedes Rad mit zwei Bremsen versehen müssen. Um wenigstens
alles herauszuholen, was die kümmerliche Konstruktion her-
gibt, werden wir sie optimal einstellen!

EINSTELLEN DER BREMSE   Knochen
(Abb. 44)   Torpedoschlüssel
                                 Zeit   20 Min

1. (Nur, wenn am Griff eine Kabelklemmschraube vorhanden)
   Klemmschraube lösen. Kabelende mit Zange anziehen, aber
   nicht so stark, daß dabei gebremst wird. Klemmschraube
   wieder festziehen
2. Rändelmutter lösen
3. Vorderrad herausnehmen
4. Unterrohr mit Bremsschuh nach unten herauszziehen.
   Nun liegt der Mechanismus in seiner nackten Anmut vor dir:
   Bei Betätigung der Bremse verringert sich der Abstand zwischen Rändelmutter und Haltebügel. Da das Unterrohr mit der
   Rändelmutter verschraubt ist, wird es ein Stück nach unten aus
   dem Haltebügel herausgedrückt und preßt den Bremsklotz auf
   den Reifen. Die Spiralfeder stellt wieder die Ausgangssituation
   her (Abstand Rändelmutter - Haltebügel)
5. Feder und Rändelmuttergewinde leicht einölen
   Der Weg, den der Bremsklotz zurücklegen muß, soll so kurz wie
   möglich gehalten werden. Daher
6. Mutter am Bremsbolzen lockern, Kontermutter mit Torpedoschlüssel lösen. Haltebügel soweit nach unten schieben, daß er
   sich möglichst dicht über dem Schutzblech befindet. Kontermutter festziehen.
7. überprüfe: Haltebügel senkrecht? Dann Bremsbolzen wieder
   festziehen
8. Bremsklotz, wenn erforderlich, auswechseln
9. Unterrohr in Haltebügel einführen und ganz nach oben schieben.
   Beim Aufdrehen der Rändelmutter mußt du etwas Druck aus-
   üben, um die Feder zusammenzupressen. Dabei Vorsicht:
   Wird die Rändelmutter nicht gerade aufgedreht, ramponiert man
   das Gewinde. Außerdem: Beim Aufdrehen darf die Kabelhülle
   nicht mitdrehen. Alles klar? Wenn der alte Bremsklotz einseitig abgeschliffen war, überprüfe:
   - läuft das Rad rund?
   - steht das Unterrohr senkrecht zum Reifen?

Diese Bremse solltest du bei nächster Gelegenheit durch eine
bessere ersetzen.
P. S. Alle anderen sind besser

Kabelzug (Kabelhülle) ——————

Abb. 44

Rändelmutter —————————

Unterrohr ————————

Spiralfeder ————

Haltebügel ————

Kontermutter —————————

Bremsbolzen —————

Bremsschuh m.
Bremsklotz ————

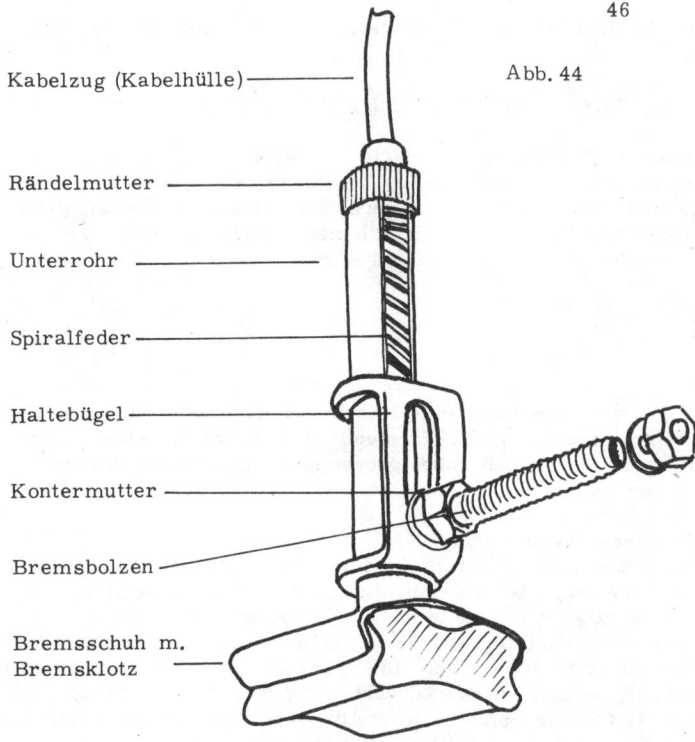

Abb. 45

TROMMEL - ODER NABENBREMSE

Die normalerweise schlanke Vorderradnabe ist hier zu einer
Trommel ausgebildet. Innen am Trommeldeckel befinden sich
zwei halbmondförmige Bremsbacken mit aufgeklebten oder auf-
genieteten Bremsbelägen. Während sich die Trommel selbst
dreht, ist der Trommeldeckel mit dem Bremsarm unbeweglich
am Rahmen befestigt. Wird über Gestänge oder Kabelzug die
Bremse betätigt, verdreht sich innen der Bremsnocken. Er drückt
die Backen auseinander und gegen die Trommelinnenwand.
Durch die großen Reibungsflächen entsteht eine kräftige Bremswirkung. Beim Lösen der Bremse zieht eine Feder die Bremsbacken wieder zurück.

EINSTELLEN DER BREMSE (KABELZUG)   Torpedoschlüssel
(Abb. 46)   (Schraubenzieher)
                                     Zeit   5 Min

1. Bremsarm mit Schelle starr am Rahmen befestigen
2. Kontermutter lösen (Torpedoschlüssel)
3. Einstellschraube drehen, bis Bremsbacken anziehen und Rad
    nicht mehr drehen kann. Dann wieder lösen (ca. 1/2 Umdrehung),
    bis Rad frei läuft
4. Einstellschraube in dieser Position halten, Kontermutter fest-
    ziehen

EINSTELLEN DER BREMSE (GESTÄNGE)   Zeit   2 Min
(Abb. 47)

1. s. o.
2. Rändelmutter andrehen, bis Bremsbacken anziehen und Rad
    nicht mehr drehen kann. Dann soweit lösen, daß Rad wieder
    frei läuft

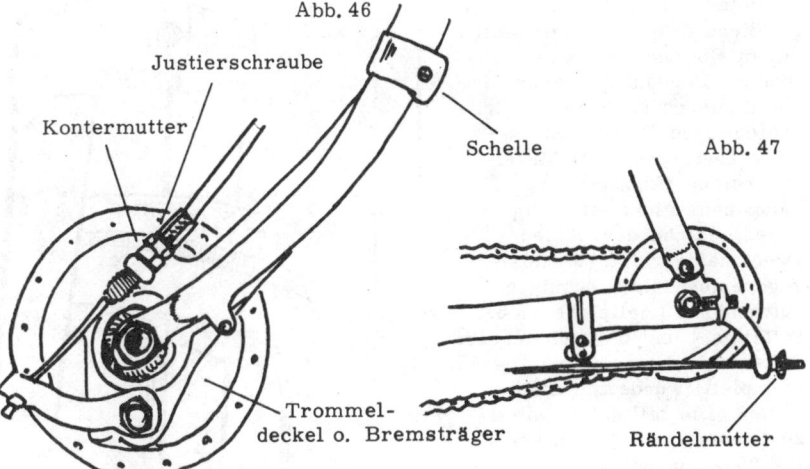

Abb. 46

Justierschraube

Kontermutter

Schelle   Abb. 47

Trommel-
deckel o. Bremsträger

Rändelmutter

SCHEIBENBREMSEN

gibt es nun auch schon für Fahrräder. Sehr gut, sehr schwer,
sehr teuer, sehr überflüssig

FELGENBREMSEN

arbeiten mit 2 Bremsklötzen, die seitlich an die Felgen gepreßt
werde. Daraus ist schon ersichtlich, daß sie nur bei Kastenfelgen Anwendung finden. Sie zeichnen sich durch gute Bremskraft
aus - allerdings nur, wenn sie sorgsam eingestellt und gewartet
sind und wenn es nicht regnet. Auf nassen Felgen haben die
Bremsklötze wenig Reibung.
Nehmen wir an, du willst dir eine neue Felgenbremse zulegen.
Erste Forderung: Sie muß passen. Kurze Modelle sind für Rennräder gedacht, die bekanntlich keine Schutzbleche haben.
So eine Bremse auf ein Sportrad montiert würde auf den Reifen
anstelle der Bremse wirken und ihren Zweck verfehlen. Nun sind
bei allen Felgenbremsen die Bremsschuhe verschiebbar, sodaß
die Standardausführungen für eine ganze Zahl verschiedener Räder
passen. Wenn du es aber genau wissen willst, kannst du dich vor
dem Kauf gründlich vorbereiten und das erforderliche Maß
errechnen:
1. Schutzblech abnehmen
2. Abstand Bremsbolzen - Reifenoberkante messen (s. Abb. 48)
3.   "   Reifenoberkante - Mitte Felgenflanke   "
4. beide Abstände zusammenzählen
Der gefundene Meßwert sollte etwa in der Mitte des Einstellberei-
ches der Bremse liegen. Hast du beispielsweise 62 mm errechnet,
empfiehlt sich eher eine Bremse 53-71 als ein Modell 61-79.

Nicht nur in der Größe gibt
es Unterschiede. Zwar werden
all diese Felgenbremsen mit
einem Bowdenzug betätigt
(sprich: Baudnzuch), aber sie
funktionieren nach zwei unter-
schiedlichen Prinzipien:
Seitenzugbremse und Mittelzugbremse (Abb. 49).
 Man kann nicht eindeutig
sagen, welche der beiden
zweckmäßiger ist. Mittel-
zugbremsen sind technisch
aufwendiger (vielleicht auch
anfälliger) und dadurch teurer.
Seitenzugbremsen unter DM 15. -
(komplett) würde ich nicht
kaufen. Die billigsten Mittelzugbremsen werden für ca.
DM 25. - angeboten.

Abb. 48

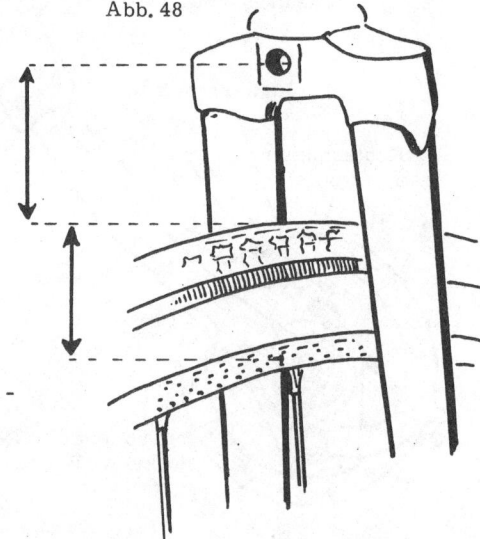

Abb. 49

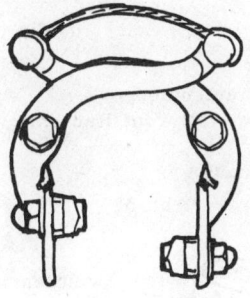
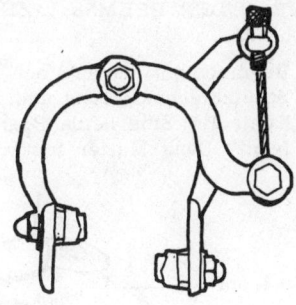

Mittelzugbremse   Seitenzugbremse

Bei der Auswahl einer billigen Bremse sieh dir außer dem eigent-
lichen Bremsteil bitte auch den Bremsgriff genau an. Ist er mass-
iv und endet in einer stromlinienförmigen Hülse? Gut. Oder endet
er in einem schmalen Sockel? Vielleicht auch gut. Ist der Griff
aus einem Stück Blech zusammengebogen? Sei mißtrauisch. Bei
dieser Bauweise ist in der Regel das blanke Kabel (vom Bowdenzug) mit einer schlichten Schraube im Griff befestigt. Nimm lieber eine teurere und bessere Version. Alle anspruchsvolleren Ausführungen haben im Griff eine Aussparung, in die der Nippel des
Bremskabels ohne große Fummelei eingeklinkt wird.
Letzter Test: Ist der Bremsgriff leicht gängig? Gut. Hat er seitliches Spiel, läßt er sich hin- und herwackeln? Vergiß ihn.

Abb. 50

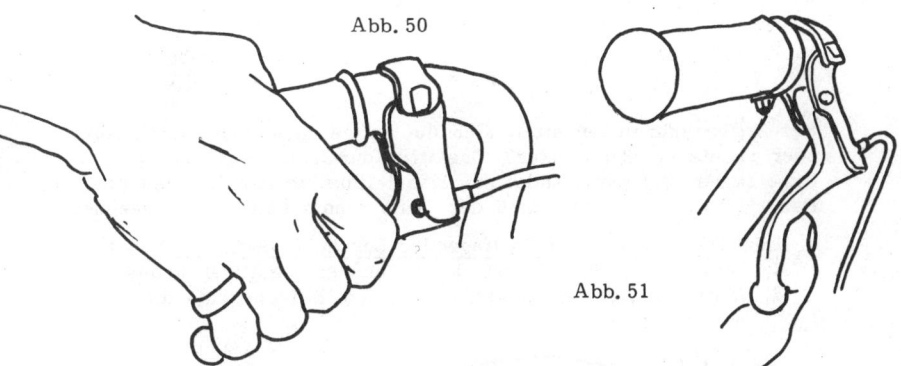

Abb. 51

Läßt sich der Bremsgriff ohne Krampf greifen und betätigen?
Ist er ohne Schwierigkeiten durchzuziehen? (Abb. 50)
Ist er zu den Seiten hin stabil im Gehäuse? (Abb. 51)

Nun hast du endlich die neuerworbene Bremse über die Schwelle getragen. Der Einbau ist nicht schwer.

EINBAU DER BREMSE , ZENTRIEREN   Knochen
(Abb. 52)   Zeit 10 Min

1. Bremsbolzen durch Loch im Gabelkopf stecken
2. Schutzblechhalterung und Zwischenring aufschieben
3. Kontrolle: Sind beide Bremsklötze gleichweit vom Rad entfernt? Dann Mutter fest anziehen

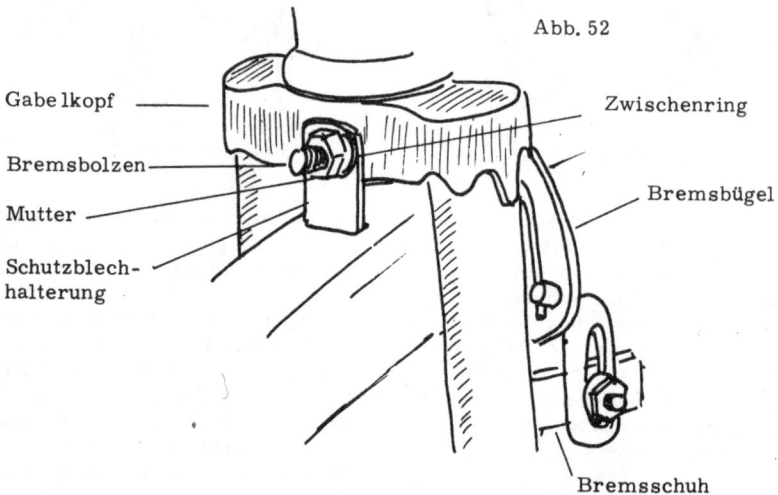

Abb. 52

Gabelkopf

Zwischenring

Bremsbolzen

Mutter

Bremsbügel

Schutzblech-
halterung

Bremsschuh

MONTAGE DES BREMSGRIFFES   Knochen
(Abb. 53, 54)   Schraubenzieher
                            Zeit 15 Min

Bei Seitenzugbremsen stellt sich die Frage: gehört der Griff links oder rechts an den Lenker? Das wird durch die Führung des Kabelzuges bestimmt; endet das Kabel links an der Bremse (in Fahrtrichtung gesehen), muß der Griff rechts sein und umgekehrt.

a. Lenkerbandage mit außenliegender Schraube (Abb. 53)
   1. Griff so hinrücken, daß du ihn bequem betätigen kannst
   2. Mutter festziehen (hast du auch den Zwischenring nicht
      vergessen?)

Abb. 53

Lenkerbandage

b. Lenkerbandage nach außen hin geschlossen (Abb. 54)

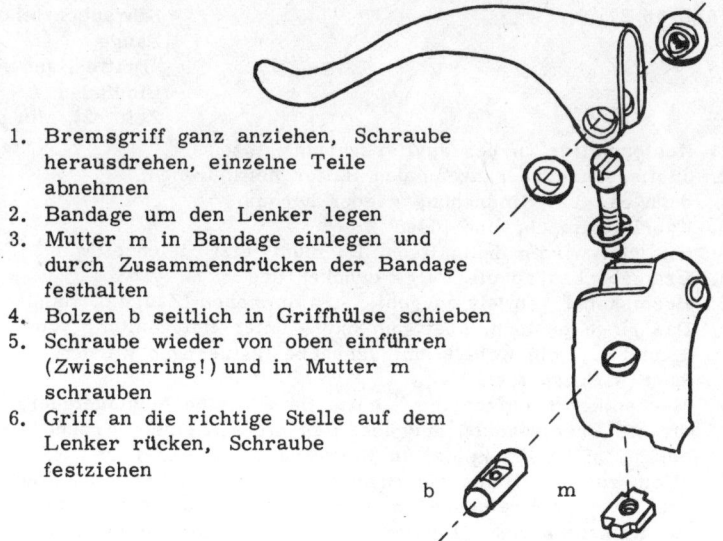

1. Bremsgriff ganz anziehen, Schraube
   herausdrehen, einzelne Teile
   abnehmen
2. Bandage um den Lenker legen
3. Mutter m in Bandage einlegen und
   durch Zusammendrücken der Bandage
   festhalten
4. Bolzen b seitlich in Griffhülse schieben
5. Schraube wieder von oben einführen
   (Zwischenring!) und in Mutter m
   schrauben
6. Griff an die richtige Stelle auf dem
   Lenker rücken, Schraube
   festziehen

b   m

Bei Campagnolo - Bremsen benötigt
man für diese Arbeiten den
Spezial - T - Schlüssel   Abb. 54

KABELHALTER MONTIEREN   Knochen
(NUR MITTELZUGBREMSEN)   Hammer
(Abb. 55)   Wasserpumpenzange
                               Zeit   15 Min

1. Lenkerschaft herausziehen (s. "Lenker")
2. Kopfmutter des Steuersatzes abschrauben (Wasserpumpenzange,
   s. "Steuersatz")
3. Kabelhalter aufschieben (Nase bzw. Abflachung muß genau in
   den entsprechenden Teil des Gabelschaftes passen),
   Kopfmutter wieder festziehen.

Bei der Hinterradbremse wird der Kabelhalter entweder angelötet oder mit dem Sattelklemmbolzen befestigt.

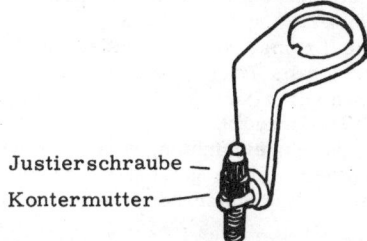

Abb. 55
Kabelhalter f. Vorderrad

Justierschraube —
Kontermutter —

BREMSE EINSTELLEN
(Abb. 56, 57)

Knochen
Schraubenzieher
Zange
"Dritte Hand" oder
Bindfaden
Zeit   25 Min

1. Kontermutter an der Justierschraube lösen
2. Justierschraube ganz an den Halter herandrehen,
   dann ca. 1   Umdrehung wieder heraus.
3. Kabelklemmschraube lösen
   So, jetzt wird's dramatisch. Du mußt jetzt gleichzeitig:
4. Bremsbacken an die Felge drücken und
5. Bremskabel, soweit es geht, strammziehen (Zange o. Hand)
   Das ginge ja noch, aber nun muß - unter Beibehaltung von
6. 4. und 5. - die Kabelklemmschraube festgezogen werden.
   Aber wirklich fest!
   Mechaniker benutzen die "Dritte Hand", eine Montagefeder,
   die die Bremsbacken andrückt. Laß dir von einem Freund
   helfen, und wenn keiner in Rufweite ist, kommst du auch
   allein zurecht: Binde die Bremsbacken mit einem Stück Band,
   das über die Bremsschuhmuttern gelegt wird, fest zusammen.
   Zusammenfassung: Bremsbacken fest an der Felge, Kabel ist
   stramm und wird so von der Klemmschraube gehalten. Gut!
   Halt. Besitzer der Mittelzugbremse haben 4., 5. und 6. stirn-
   runzelnd gelesen und sich gewünscht, noch mindestens eine
   vierte Hand zu haben. Bei dieser Bremse muß nämlich
   zusätzlich noch das Verbindungskabel straff nach oben gehalten
   werden. Aber selbst das schaffst du alleine:
4. Bremsbacken festbinden
5. Bremskabel mit Zange oder Fingern straffen,
6. Handrücken oder Knöchel derselben Hand drücken dabei das
   Verbindungskabel in die Höhe,
7. mit der anderen Hand die Kabelklemmschraube anziehen.
   Hallelujah.
   Nun ist die Bremse zwar befestigt und eingestellt, aber die
   Bremsbacken liegen noch an den Felgen.
8. Zieh einmal den Bremsgriff fest an. Wenn du losläßt,
   lösen sich die Bremsklötze weit genug von der Felge, um das
   Rad freizugeben? Sonst benutzt du für die Feinabstimmung
9. die Justierschraube: In das Gewinde des Halters hineindrehen,
   bis Bremsbacken vom Rad freikommen. Ist das nicht möglich,
10. noch einmal die Kabelklemmschraube lösen und ein wenig
    Kabel herauslassen.
11. Kontermutter fest gegen den Justierschraubenhalter drehen
    Kontrolle: Greifen beide Bremsklötze auf gleicher Höhe und
    gleichzeitig an? Wenn nicht, ist die Bremse schief montiert und
    muß zentriert werden: Bremsbolzen lösen, Bremse ausrichten,
    Mutter wieder anziehen. Hilft noch nicht? Dann kann es nur am
    unregelmäßigen Radlauf liegen (s. "Vorderrad").
    Wenn du an der Bremse die neue Zentriereinrichtung von Weinmann
    hast, kannst du die Fummelei am Bremsbolzen getrost vergessen;
    mit einem Spezialschlüssel geht es im Handumdrehen.

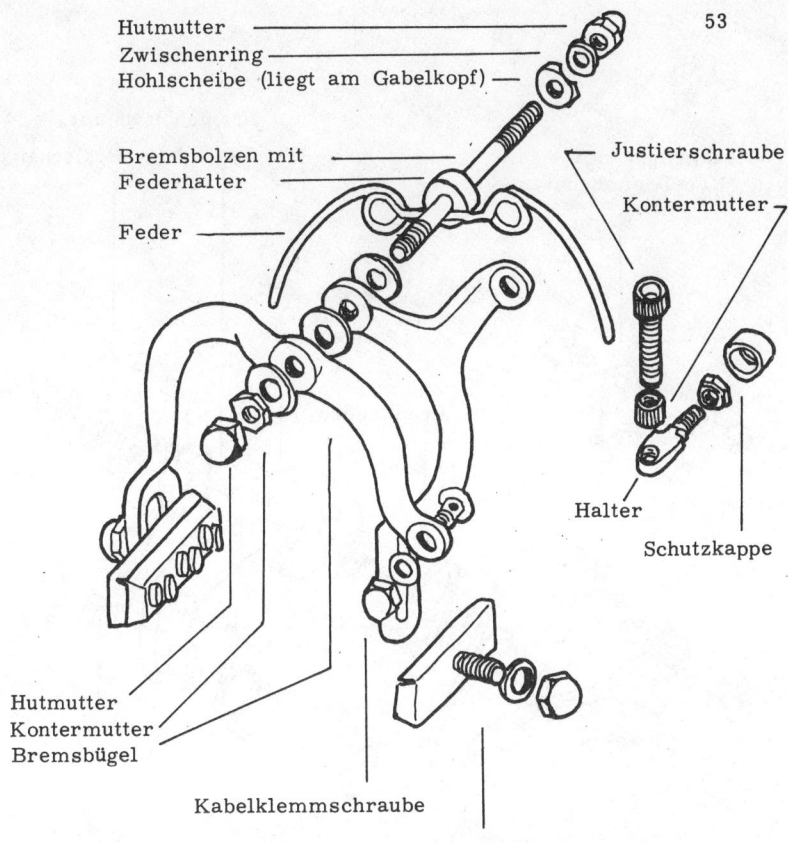

Hutmutter
Zwischenring
Hohlscheibe (liegt am Gabelkopf)
Bremsbolzen mit
Federhalter
Feder
Justierschraube
Kontermutter
Halter
Schutzkappe
Hutmutter
Kontermutter
Bremsbügel
Kabelklemmschraube
Bremsschuh

Abb. 56   Seitenzugbremse

Zwar sind die Einzelteile nicht bei allen Fabrikaten gleichaus-
sehend und in den Abmessungen natürlich unterschiedlich, aber
aus dieser Zeichnung läßt sich erkennen, welche Teile für das
Funktionieren einer Bremse unerläßlich sind.
Du kannst Bremsen einstellen wie ein Weltmeister, aber es nützt
alles nichts, wenn z. B. nur der unscheinbare Zwischenring hinter
dem Gabelkopf fehlt und die Bremse sofort wieder dezentriert
(verrutscht). Achte daher bitte bei allen Montagen und Demontagen
auf die Vollständigkeit der Teile.

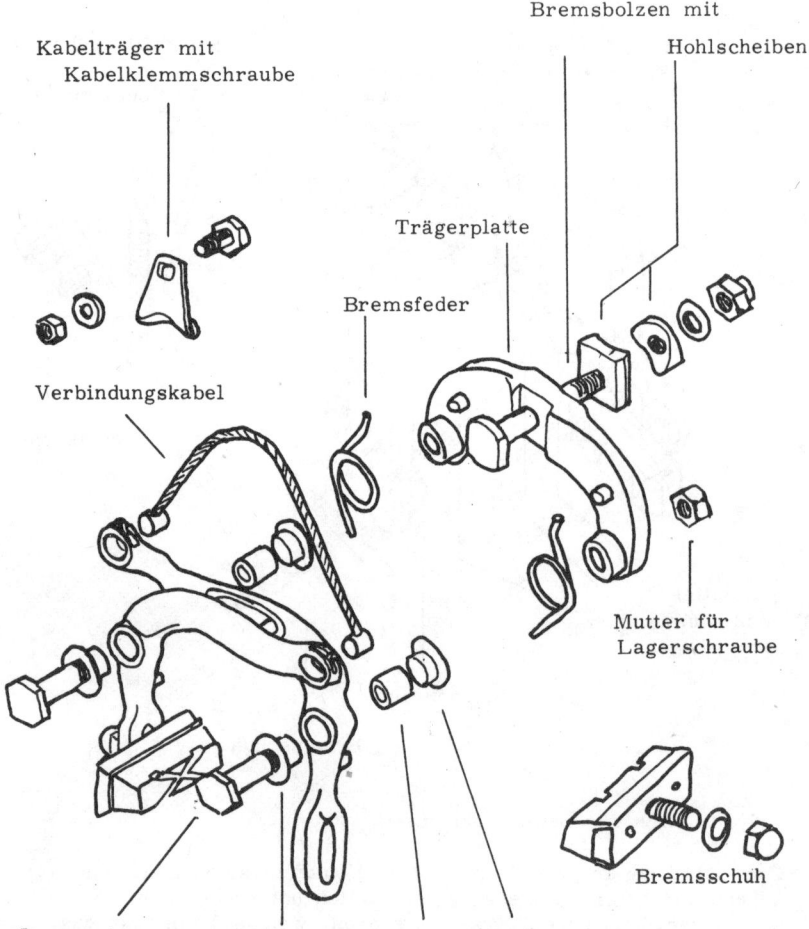

Bremsbolzen mit Hohlscheiben

Kabelträger mit Kabelklemmschraube

Trägerplatte

Bremsfeder

Verbindungskabel

Mutter für Lagerschraube

Bremsschuh

Lagerschraube m. Zwischenring, Hülse, Büchse

Abb. 57 Mittelzugbremse

Angenommen, du bist mit deinen perfekt eingestellten neuen
Bremsen zur Alpenüberquerung gestartet (Hannibal-Gedächtnis-Tour)
und befindest dich jetzt auf der Bergabfahrt. Die Bremsen ächzen
unter dem Dauerstreß. Allmählich mußt du den Griff immer weiter durchziehen, um die nötige Bremswirkung zu erhalten.
Jetzt ist es Zeit zum

NACHSTELLEN DER BREMSEN   (Schraubenzieher)
(Abb. 55, 56)   Zeit   5 Min

1. Kontermutter an der Justierschraube lösen
2. Justierschraube herausdrehen, bis Bremsbacken in ungebrems-
   tem Zustand nur wenig von den Felgen entfernt sind.
3. Kontermutter fest an den Justierschraubenhalter andrehen

Hast du eine alte Bremse ohne Justierschraube, mußt du die
Kabelklemmschraube lösen und das Kabel wieder strammziehen.
Unkompliziert ist dagegen das Nachstellen mit einer Semiauto-
matik, geht in Sekundenschnelle.
Noch einfacher wird es dem Velocipedfahrer durch automatische
Nachstelleinrichtungen im Handgriff (Raleigh) oder im Bremsteil
(Shimano) gemacht. So pfiffig diese vollautomatischen Einrichtun-
gen sicher sind - ich finde, sie verleiten zur Sorglosigkeit bei
den Bremsen, und dazu besteht kein Anlaß. Eines jedenfalls kann
dir keine Automatik abnehmen, das

ÜBERPRÜFEN DER BREMSKLÖTZE

Die müssen ersetzt werden, bevor sie bis auf den Bremsschuh
abgeschliffen sind. Bei einigen Bremsen läßt sich nicht der
Gummi - Bremsklotz, sondern nur der Bremsschuh komplett auswechseln (ist natürlich auch teurer). Beim Montieren darauf
achten, daß sich das Bremsgummi auch hübsch parallel an die
Felge schmiegt. Und den Zwischenring nicht vergessen.
Läßt die Bremse es zu, die Bremsklötze solo auszuwechseln,
dann ACHTUNG: Die geschlossene Seite des Bremsschuhs muß
in Fahrtrichtung zeigen. Sitzen sie falsch herum und du versuchst
eine Vollbremsung, werden die Bremsgummis nach vorn heraus-
poppen wie Sektkorken, und du saust ungebremst weiter.
Sieh dir bitte mal genau an, wie die Klötze abgeschliffen sind.

1. auf einer Seite mehr abgeschliffen als auf der anderen:
   Bremse muß zentriert werden
2. vorne geringfügig mehr abgeschliffen als hinten: macht nichts
3. hinten mehr abgeschliffen als vorn: Bremsschuh verbogen
   (neuen kaufen) oder Bremsbügel (Werkstatt fragen)
4. normal abgeschliffen, aber hart (durch Reibung und Hitze):
   neue kaufen

PROBLEM: BEIM BREMSEN EIN HEFTIGES RÜTTELN

1. Heb das Rad am Lenker hoch, daß das Vorderrad eine Hand-
   breit über dem Boden ist, laß es fallen. Wackelt? Dann ist
   die Gabel lose im Steuerrohr und der Steuersatz muß nachge-
   sehen werden (s."Steuersatz").
2. Mutter am Bremsbolzen fest? Wenn nicht, hat es hieran gelegen
   oder
3. Bremsbolzen verbogen. Unter Umständen läßt er sich auf einer
   harten Unterlagen richten (Hammer, Hartholzklotz zur Scho-
   nung des Gewindes), besser aber du ersetzt das Teil.

PROBLEM: BEIM BREMSEN EIN GEMEINES QUIETSCHEN

Zu deiner Beruhigung - die Bremsfunktion wird dadurch nicht
beeinträchtigt. Wahrscheinlich wird das Geräusch durch einen
Belag auf den Felgen hervorgerufen. Reib sie mit Benzin ab
oder ganz vorsichtig mit feiner Stahlwolle.

PROBLEM: BREMSE SCHLEIFT (bremst weiter, nachdem du den
Griff losgelassen hast)

Die Ursache liegt im Handgriff, im Bowdenzug oder im Bremsteil,
jedoch nicht in übernatürlichen Erscheinungen.
Preß die Bremsbacken mit einer Hand an die Felge und betätige
mit der anderen den Bremsgriff. Läßt er sich leicht bewegen,
lies weiter bei "Fehler im Bowdenzug". Wenn nicht, steckt der

A. Fehler im Handgriff   (s.Abb. 53,54)
Fährst du eine Rennmaschine mit sogenannten "Sicherheits"- oder
Zusatzhebeln? Was man normalen Bremsgriffen gern zugesteht,
nämlich eine funktional gutgelöste Kraftübertragung, kann man bei
diesen Zusätzen bezweifeln. Sie sollen dem Rennfahrer ermög-
lichen, auch dann zu bremsen, wenn er die Hände oben auf dem
Lenker hat. Das beste, was man mit diesem Gedöns machen kann:
1. zusätzliche Bremsgriffe abmontieren. Vielleicht klemmt's jetzt
   nicht mehr, sonst
2. sieh dir an, wo im Bremsgriff bewegliche Teile gegen unbeweg-
   liche reiben. Ein paar Tropfen feines Öl können Wunder wirken.
3. Griff verbogen? Gelegentlich kann er mit den Händen oder mit
   der Wasserpumpenzange geradegebogen werden. Sonst muß ein
   neuer her.
4. Ist der Bolzen (die Achse, um die sich der Bremsgriff dreht)
   verbogen? Ersetz ihn. Für Qualitätsbremsen können alle möglichen Einzelteile geliefert werden, nur sind die Händler oft
   eher daran interessiert, dir gleich eine neue Bremse zu ver-
   kaufen. Vielleicht kannst du durch Argumente überzeugen -
   schließlich zahlt sich guter Kundendienst langfristig für den
   Händler aus.
5. Ist die Griffhülse deformiert und klemmt gegen den Griff?

Schraubenzieher zwischen beide Teile stecken und vorsichtig
hebeln, bis Griff wieder frei beweglich ist.
Allgemein gilt der Grundsatz, daß mehrmals verformte Teile
(also verbogene, die man wieder gerichtet hat), ersetzt werden
müssen, weil Materialermüdung eintritt (gähn).

B. Fehler im Bowdenzug (Abb. 58)

Du hast die Bremsbacken probeweise zusammengepreßt, und der
Bremsgriff ließ sich leicht bewegen. Gehen die Bremsbacken in
die Ausgangsstellung zurück, wenn du losläßt? Wenn nicht, lies
weiter unter "Fehler im Bremsteil".
Gehen die Backen von selbst zurück, dann steckt der Teufel im
Baudnzuch. Hier gibt's zum Glück nur zwei Möglichkeiten.

1. Ist die Bremsanlage neu, laß vorsichtig etwas Öl von oben in
   den Bowdenzug tropfen und greife solange in die Bremse,
   bis sie ohne Aufmucken wieder in die Ausgangsposition gleitet.
2. Ist die Bremse bzw. der Bowdenzug alt, bau ihn aus und
   ersetze ihn (Kabelklemmschraube lösen, Kabel aus dem Griff
   aushaken). Zum Kauf eines neuen den alten mitnehmen und
   genau vergleichen, denn wunderbar vielfältig und artenreich
   ist die Welt der Bremskabel:

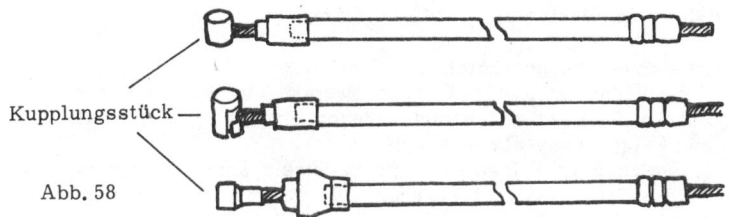

Kupplungsstück —

Abb. 58

P. S. Eine Anschaffung, die sich lohnt: Bowdenzugöler. Werden auf
       die Bremszüge aufgeschoben und sorgen durch Innenschmierung
       für Leichtgängigkeit.

C. Fehler im Bremsteil (Seitenzugbremse)

a. eine Bremsbacke schleift
    1. Mutter des Bremsbolzens lose? Dann Bremse zentrieren,
       also so halten, daß beide Bremsbacken gleichweit von der
       Felge entfernt sind. Zwischenring auf dem Bremsbolzen?
       Mutter wieder festziehen.
    2. Ist die Mutter nicht lose, dann löse sie jetzt und zentriere
       die Bremse (s. 1.). Kein Erfolg? Überprüfe die Vollzählig-
       keit der Teile auf dem Bremsbolzen (Abb. 56).
       Vielleicht ist auch der Bremsbolzen selbst verbogen; das
       kommt häufiger vor als man denkt. Versuch ihn zu richten
       (s. "Problem: Rütteln") oder ersetz ihn besser gleich.
Wenn du den Fehler noch nicht gefunden hast, bau die Bremse aus
(Kabel lösen, hintere Mutter vom Bolzen, Bremse nach vorn
abziehen) und verpetz sie beim Händler.

b. beide Bremsbacken schleifen
1. Sind Hutmutter und Kontermutter gegen die Bremsbügel
   gedreht und klemmen diese fest? Dann hintere Bolzenmutter festziehen. Hutmutter lösen. Kontermutter gegen
   Bremsbügel drehen (Zwischenring?) und 1/2 Umdrehung
   wieder zurückdrehen. Kontermutter in dieser Stellung festhalten (Torpedoschlüssel) und Hutmutter dagegen kontern.
2. Sind die Bremsbügel auf dem Bolzen festgegammelt?
   Sprüh oder pinsel Rostlöser auf. Nimm dir genug Zeit,
   um dir eine Platte anzuhören (Bob Dylan?) oder deinen
   Freund anzurufen.   Geht's jetzt?
3. Reiben beide Bremsbügel gegeneinander? Ist der Zwischenring überhaupt noch da? Wenn ja, versuche, mit
   einem starken Schraubenzieher die Bremsbügel voneinander freizuhebeln (problematisch; meistens schnappen sie
   danach gleich wieder in die alte Stellung zurück).
4. Hast du bisher den Fehler noch nicht gefunden, bleibt nur
   noch eins: Untersuche den Bremsbolzen - verbogen?

Hilft all das nicht, würde ich an deiner Stelle die Bremse mit
einer herben Verwünschung bedenken und eine niegelnagelneue
kaufen.

D. Fehler im Bremsteil (Mittelzugbremse)

a. eine Bremsbacke schleift
   Vermutlich hat sich die ganze Bremse ein Stück um den
   Bolzen verdreht und bringt dadurch einen Bremsklotz näher an
   die Felge heran als den anderen.
1. Bolzenmutter lösen, an Bremsbügeln anfassen und mit ihnen
   die Trägerplatte verdrehen, bis Bremse wieder richtig
2. zentriert ist. Mutter festziehen (ist Herr Zwischenring
   anwesend?)

b. beide Bremsbacken schleifen
1. Lagerschrauben festgerottet. Laß Öl oder Rostlöser ran.
   Bis das Mittel wirkt, hast du Zeit, ein Hirseschnitzel zu
   essen oder einen Brief zu schreiben...
   Um die Bremsbügel jetzt hin- und herbewegen zu können,
   muß die Bremsanlage erst entspannt werden. Entweder hakst
   du das Verbindungskabel aus oder löst die Kabelklemmschraube oder den Schnellverschluß. Und nun bitte kräftig
   mit den Bremsbügeln arbeiten. Wenn das Öl eingedrungen
   ist und du erste Muskelschwäche verspürst, sollte die
   Bremse wieder gängig sein.
2. Bremsbügel klemmen aneinander fest. Bei einigen Modellen
   wird eine Nase an der Innenseite des vorderen Bügels in
   einer Nut (rillenförmigen Vertiefung) des hinteren Bügels
   geführt. Wenn's hier klemmt, sehr vorsichtig mit dünnem
   Schraubenzieher losprokeln.
   Sind die Bügel deformiert und kommen nicht voneinander los,

müssen neue her. Und wenn du schließlich irgendetwas
repariert oder ersetzt hast, muß die Bremse wieder neu
eingestellt werden (s. dort).

3. War dir noch kein Erfolg vergönnt und willst du noch
nicht aufgeben, kannst du die Bremse zerlegen. Breite
einen sauberen Lappen aus und lege die Teile in der
Reihenfolge des Abbaus hin. Orientiere dich auch an der
Abb. 57. Vorweg noch eine Warnung: Es liegt ganz an
deinem Händler, ob du Ersatzteile für die Bremse bekom-
men wirst - erkundige dich vorher.
Nach dem Aushaken des Verbindungskabels werden die
Lagerschrauben entfernt. Dabei fallen evtl. Abstandshalter
zwischen den Bügeln heraus. Der Vorderbügel kann
abgenommen werden. Zum Abziehen der Federn ist eine
Zange das richtige Instrument, denn die kleinen Klabauters
haben reichlich Kraft und sind mit Respekt zu behandeln.
Sollte eine Feder gebrochen sein, so bist du hier auf den
Fehler gestoßen. Die Federn für die linke und rechte
Seite sind übrigens spiegelverkehrt gearbeitet, also nicht
austauschbar. Beim Einbau werden die Federn erst auf
die Buchsen der Trägerplatte gesteckt und dann mit dem
Aufbringen der Bremsbügel auf Spannung gebracht.
Nun liegen die Einzelteile vor dir aus. Nimm die Lagerschrauben, steck sie durch die Bremsbügel und prüfe, ob
sie sich leicht drehen lassen. Wenn nicht, spüre Abnutz-
ungsstellen auf. Ablagerungen können mit Stahlwolle vorsichtig entfernt werden. Teile, zwischen denen Reibung entsteht, werden leicht geölt (bis auf Kunststoffteile, da nimm
Graphit). So, nun wird das Ganze in umgekehrter Reihenfolge montiert. Streikt sie immer noch? Laß dich nicht
länger nerven, kauf eine neue.

RAD AUSBAUEN

Eine richtig eingestellte Felgenbremse muß eigentlich verhindern,
daß man das Rad ohne weiteres herausnehmen kann. Dazu muß
erst die Bremse entspannt werden (oder du läßt die Luft aus dem
Reifen). Von den aufgeführten Möglichkeiten such dir eine aus,
die bei deinem Rad am einfachsten ist.

1. Bremsbacken zusammendrücken, Kabelklemmschraube lösen
2.   "   "   , Kabelverankerung aus dem
Griff lösen
3. Mittelzugbremse: Bremsbacken zusammendrücken, Verbindungskabel aushaken
4. Schnellverschluß, das beste überhaupt - geht sekundenschnell.

Wenn dich die Leistung deiner Bremse im Vergleich zu anderen interessiert, kannst du sie leicht feststellen und bewerten.
Der nachfolgende Test wurde von der Stiftung Warentest bei der Beurteilung von Fahrrädern zu Grunde gelegt.

BREMSTEST

a. Bremsung mit zwei Bremsen:
   unter 5.5m   =   sehr gut

b. Bremsung mit einer Bremse:
   unter 6 m   =   sehr gut
   6 - 8 m   =   gut
   8 - 10 m   =   zufriedenstellend
Bremsklötze mit X-Profil verbessern die Leistung auf nasser Felge

Preise			
	Gestängebremse kpl.	DM	7. -
	Kabelzug-Druckbremse	DM	4. -
	Trommelbremse	DM	25. -
	Felgenbr. (Seitenzug)	DM	10. - 100. -
	" (Mittelzug)	DM	25. - 50. -
	Paar Bremsklötze	DM	. 20 - 0. 50
	Paar Bremsschuhe kpl	DM	1. - 2. -
	Bremsgriff kpl	DM	3. - 15. -
	Bowdenzug	DM	1. - 4. -

Abb. 59

VORDERRAD

Es sieht schlicht und harmlos aus, das vordere Laufrad, aber es steckt schon eine Menge Technik darin und gut 100 Einzelteile. Aber keine Sorge, die meisten werden keinen Kummer machen.

Bestandteile des Vorderrades sind Reifen, Felge, Speichen und Nabe. Letztere gibt es mit Normal- und mit Hochflansch (der Flansch ist derjenige Teil, in dem die Speichenköpfe verankert sind, Abb. 60).

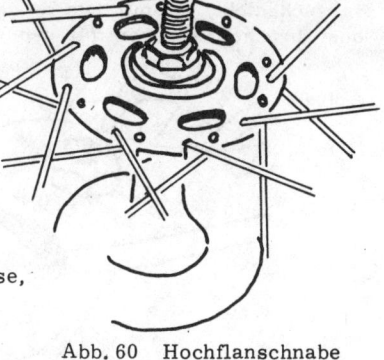

Außerdem kennt man spezielle Naben wie Trommelbremsen-, Dynamo- und Schnellspannernabe. Die Spezialnaben sind im Abschnitt "Einstellen der Nabe" gesondert abgebildet.
Die Schnellspannernabe ist eine patente Sache. Man legt nur einen Hebel um, und schwuppdiwupp fällt das Rad heraus. Um diesen Vorteil richtig auszunutzen, braucht man auch noch einen Schnellauslöser für die Felgenbremse, denn die muß zum Herausnehmen des Rades bekanntlich entspannt werden (s. "Bremsen").

Abb. 60   Hochflanschnabe

Schnellspanner gibt es für Vorderräder; für Hinterräder nur bei Kettenschaltung, in Normal- und Hochflansch-Ausführungen. Bestandteile: Eine Hohlachse, die Teile der Lagerung trägt(s. "Kugellager") und eine in der Hohlachse befindliche Spannachse mit dem Verschlußmechanismus. Einige wenige Naben lassen sich auf Schnellspanner umrüsten. Willst du herausfinden, ob das bei deinem Rad geht, fahr deinen Hühnerschreck zur Werkstatt und informiere dich.

Abb. 61   Schnellspanner

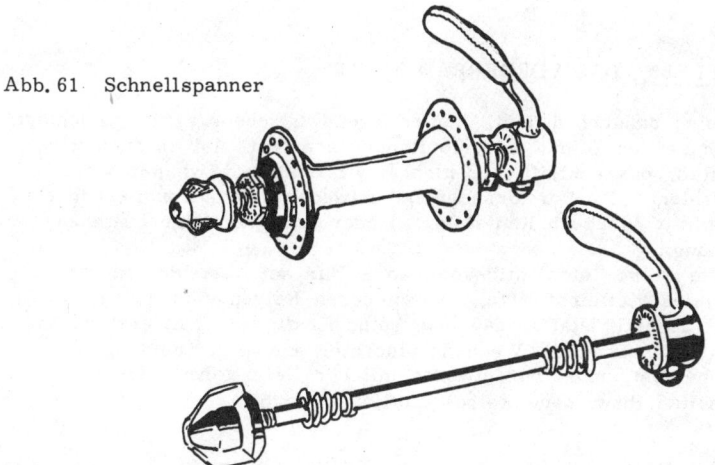

Außer bei Schnellspannern wird das Rad mit Radmuttern in der Gabel gehalten. Dazu dienen einfache 6Kantmuttern, Hutmuttern (mit abgerundeter Haube, die Schmutz abhält und weniger Verletzungsgefahr bieten soll) und Flügelmuttern. Bei letzteren ist meistens ein Zwischenring oder eine Riffelscheibe gleich mit angebracht. Flügelmuttern lassen sich mit der Hand losdrehen (praktisch, finden auch Fahrraddiebe...), für die anderen braucht man den Knochen. Wenn eine Flügelmutter einmal störrisch ist, versuch nicht, sie mit dem Hammer zu zwingen: Flügel verbiegen oder brechen. Besser mit der Wasserpumpenzange wie auf

Abb. 62

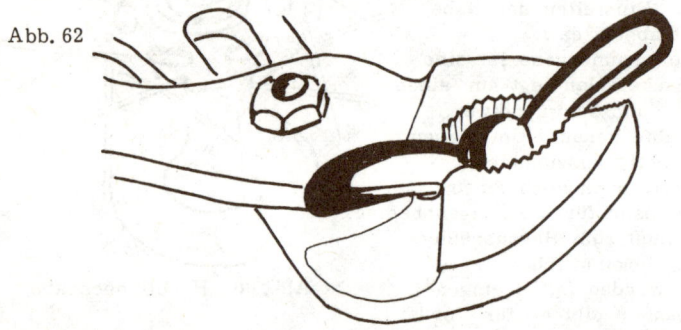

Beim Neukauf leiste dir auf jeden Fall Flügelmuttern in schwerer Stahlausführung, billige aus Spritzguß können unter deinen nervigen Fingern schon beim Aufschrauben zerbrechen.

PROBLEM: DAS VORDERRAD EIERT

was sich dadurch äußert, daß es irgendwo scheuert oder anschlägt. Ein prüfender Blick: Sind die Radmuttern fest? Ist es auch wirklich Rad, das schleift, und nicht etwa Bremse, Dynamo oder Schutzblech? Es ist. Ursache ist entweder eine Deformierung der Felge (mit 80 übern Kantstein...) oder unregelmäßige Speichenspannung.
Hat die Felge "eins mitbekommen"? Nur bei Kastenfelgen hat Ausbeulen vielleicht Erfolg. Die anderen Felgen sind durch ihr Profil derartig stabil, daß man seine Kraft gar nicht erst daran auszulassen braucht. Wenn du also hier schon aus dem Spiel ausscheidest, mußt du entweder mit der Delle leben oder ein neues Rad (bzw. neue Felge) käuflich erwerben.

AUSBEULEN EINER KASTENFELGE
(Abb. 63)
(Ausbeulen hat nur Sinn, wenn es sich
um kleine Verformungen handelt)

Knochen
Montiereisen
2 Hämmer
Zeit 60 Min

Bevor du den Hammer sprechen läßt, bedenke bitte:
Die Felge erhält durch ihr Profil eine beträchtliche Stabilität.
Selbst wenn du die heile Felgenseite auf eine harte Unterlage
legst und dann auf die andere einschlägst, wirst du nichts
erreichen außer interessanten Geräuschen oder der endgültigen
Zerbeulung der Felge. Wichtig ist, daß die Felgenflanke unmittelbar unter der Ausbeulung unterstützt wird. Dazu

1. Rad herausnehmen
2. Mantel, Schlauch und Felgenband abnehmen (s. "Reifen")
3. Hammer oder sonst ein Stück Metall, das möglichst genau in
   die Felge paßt, dort hineinlegen. Damit's richtig paßt, kann man
   von unten Blechstreifen hineinschieben oder etwas anderes
   unterlegen, bis der Felgenkasten an dieser Stelle stramm aus-
   gefüllt ist. Nun das Rad so hinlegen, daß die unverbeulte Seite
   flach auf einer harten Unterlage aufliegt. Jetzt endlich kann der
   Hammer sausen - aber sinnig!
4. Nach dem Ausbeulen wird das Rad in umgekehrter Reihenfolge
   wieder eingebaut.

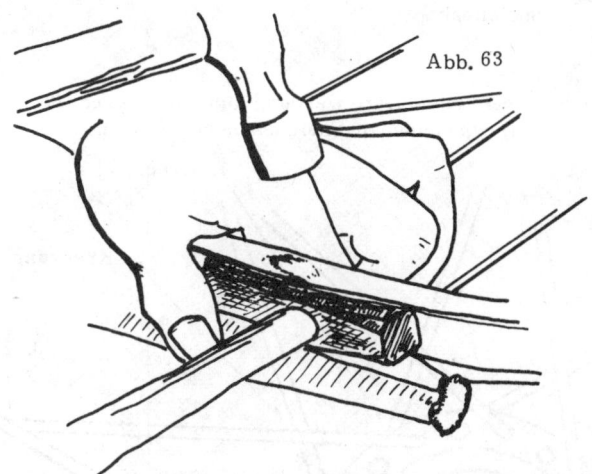

Abb. 63

Zum Ausbeulen ist die Felge hier mit
einem Hammer und einem Meißel stramm
ausgefüttert.

Zeigt das Rad keine Beulen und Dellen, wird das Schlagen (=eiern) an den Speichen liegen. Vielleicht fehlen welche, sind gebrochen oder geknickt? Ob welche locker sind, bekommt man durch systematisches Durchprüfen (an jeder Speiche rütteln) heraus. Sind alle Speichen vorhanden und heil, lies weiter unter "Unregelmäßige Speichenspannung"

PROBLEM: BESCHÄDIGTE ODER FEHLENDE SPEICHEN

Kauf

Zum Speichenkauf schreibst du dir vielleicht die technischen Daten auf, anhand derer der Händler die passenden Speichen heraussucht:

1. Reifengröße in Zoll, steht auf dem Reifen, z. B. 28"
2. Nabenmodell, z. B. Hochflansch- oder Normalnabe
3. bei Hinterrädern wichtig: Angabe, ob Rücktritt- oder Gangschaltungsnabe (Typ?). Bei Kettenschaltungen muß außerdem angegeben werden, ob die Speichen für die rechte Seite (Zahnkranzseite) oder für die linke sein sollen. Auf der linken sind sie länger.

Nur wenn du Besitzer eines Rennrades bist, wirst du Spezialspeichen kaufen mit verdickten Enden.

WICHTIG: Kauf immer 2-3 Speichen mehr, als du brauchst.

Abb. 64

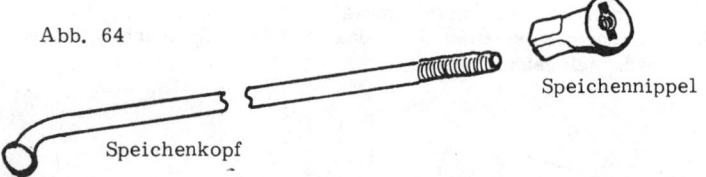

Speichennippel

Speichenkopf

Wie neue Speichen eingesetzt werden, läßt sich durch Betrachtung der schon (noch) vorhandenen Speichen herausfinden.

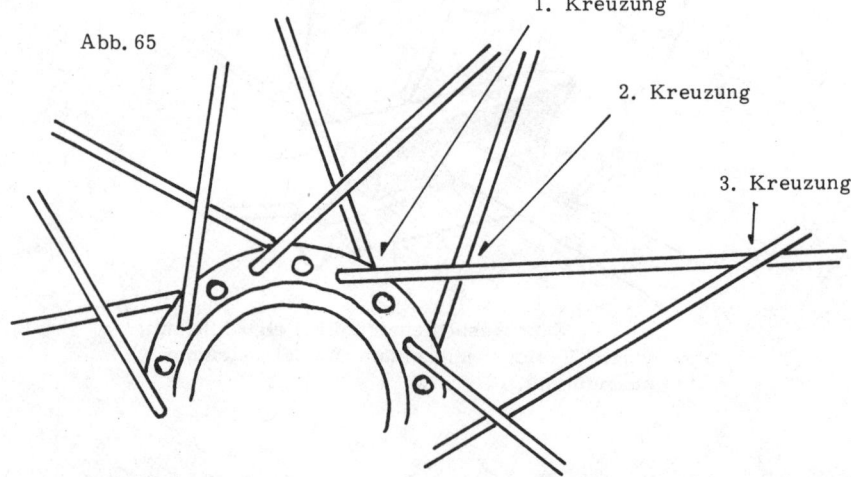

Abb. 65

1. Kreuzung

2. Kreuzung

3. Kreuzung

Zu Abb. 65:
- an der Felge sind die Speichen entweder in einer oder in zwei
  Reihen angebracht
- unabhängig davon führen sie immer abwechselnd zum linken und
  zum rechten Flansch
- betrachtest du jetzt die Speichen, die auf einem, z. B. dem
  rechten Flanschrand enden, dann erkennst du, daß sie immer
  abwechselnd links und rechts an den Flansch führen. Diese
  Art der Anbringung nennt man tangential im Gegensatz zu den
  schweren radialen Speichen, wie sie bei frühen Fahrrädern
  üblich waren (s. Abb. 19). Die Tangentialspeichen sind wieder so
  eine geniale Fahrraderfindung: Sie werden nämlich nicht auf
  Druck, sondern auf Zug beansprucht - nur so ist es möglich,
  daß 36 dünne Speichen die hohen Belastungen geduldig ertragen.

EINZIEHEN VON SPEICHEN   Speichenschlüssel
                                          Zeit mind. 45 Min

1. Reifen abnehmen
2. Am Flansch kannst du aus der Anordnung der anderen Speichen ersehen, ob der Kopf der neuen Speiche innen oder außen
   liegen muß. Entsprechend einfädeln
3. Liegt der Speichenkopf jetzt am Flansch an? Alle Speichen,
   deren Köpfe auf derselben Flanschseite herausgucken, fallen
   in dieselbe Richtung. Hieraus läßt sich schon absehen, in
   welche Richtung die neue Speiche fallen muß
4. Auf dieselbe Weise findest du heraus, wie sie gekreuzt wird,
   denn alle Speichen mit den Köpfen auf derselben Seite kreuzen
   auch gleich, entweder über die Gegenspeiche hinweg oder drunter-
   durch. Zum Kreuzen mußt die neue Speiche leicht gebogen
   werden, aber ACHTUNG sehr vorsichtig - einen Knick bekommst
   du nicht wieder raus
5. Auch zum Einführen des Gewindeendes in das Felgenloch muß
   die Speiche gebogen werden
6. Speichennippel aufdrehen (anfangs evtl. mit Schraubenzieher),
   von außen mit Speichenschlüssel weiter anziehen
7. Ragt das Speichenende jetzt spitzig und vorwitzig hervor,
   wird es später wahrscheinlich den Schlauch löchern. Also
   kneif zu lange Enden ab oder kürze sie mit der Puksäge.
8. Felgenband wird aufgelegt, um Nippel und Speichenenden zu
   verdecken
9. Reifen montieren (s. "Reifen")

   Endgültige Speichenspannung s.
   nächste Seite

Abb. 66

PROBLEM: UNREGELMÄSSIGE SPEICHENSPANNUNG
(Abb. 67, 68)   Speichenschlüssel
                                                 Kreide
1. Rad auf Sattel und Lenker stellen
2. Nimm ein Stück Kreide und halt es dicht neben den Reifen,
   während du das Laufrad in Drehung versetzt. Noch ein Stück
   dichter. Jetzt kommt's: Das Rad wird dort, wo es wegen der
   ungleichmäßigen Speichenspannung ausschlägt, die Kreide
   berühren. (Wenn der Reifen fast überall berührt, mach den Test
   von der anderen Seite). Nun hast du eine brauchbare Markierung
   und kannst den Fehler lokalisieren.
3. Er besteht darin, daß die Speichen auf der anderen Seite des
   Reifens - gegenüber der Kreidemarkierung - zu locker sind.
   Zieh sie mit dem Speichenschlüssel an - aber nur wenig! -
   und überprüfe erneut.
4. Sollte dir das Nachspannen sehr schwer vorkommen und sind
   die Speichen auf der Seite der Markierung schon sehr straff,
   so kannst du diese minimal lockern . Erneut kontrollieren.

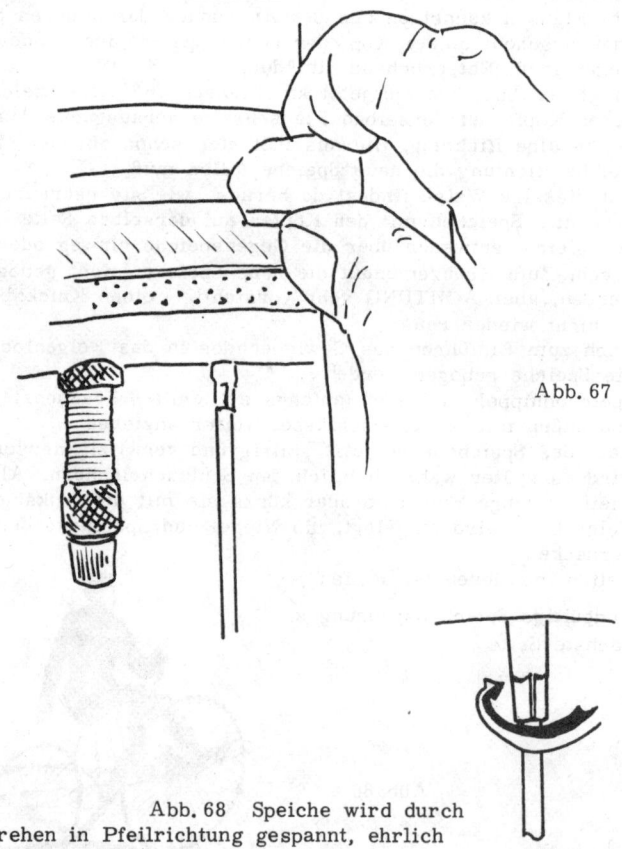

Abb. 67

Abb. 68 Speiche wird durch
Drehen in Pfeilrichtung gespannt, ehrlich

Läuft das Rad wieder rund? Noch nicht ganz? Das wirst du auch
so schnell nicht erreichen, denn es ist eine der schwierigsten
Arbeiten am Fahrrad. Entscheide selbst, ob die Verbesserung,
die du zweifellos erreicht hast, dir ausreicht. Es ist nicht besonders teuer, ein Laufrad in der Werkstatt zentrieren zu lassen.

Vielleicht willst du es wagen, dir zur vorhandenen Nabe eine
neue Felge mit Speichen zu kaufen (oder umgekehrt), um ein Rad
selbst einzuspeichen. Das ist tatsächlich gar nicht so schwer -
ich habe mich auch gerade erst überzeugen lassen, daß Einspeichen
durchaus von Laien vorgenommen werden kann. Auf S. 174 findest
du eine ausführliche Anleitung, die ich von den Profis Herrn und
Frau Meyer gelernt habe. Nach diesem Prinzip haben sie über
100 000 Laufräder eingespeicht !

PROBLEM: VORDERRAD HAT SPIEL
(schlackert hin und her)

Sind die Radmuttern angezogen? Dann mach dich ans

Einstellen der Radnabe   Knochen
(Abb. 69)   Konusschlüssel
                              Zeit 20 Min

Da der rechte Konus oft als Festkonus ausgebildet ist, reicht es
in der Regel aus, die Einstellarbeit auf die linke Nabenseite zu
beschränken. Nur wenn der rechte Konus locker ist, wird er
genauso wie der linke eingestellt.
1. Rad herausnehmen (Unterleg- oder Riffelscheiben o. k. ?)
2. Leg das Rad mit der linken Seite nach oben vor dich hin.
   Die Gewindestange, die aus der Nabe ragt, ist die Achse.
   Auf ihr siehst du eine flache 6Kantmutter, die Kontermutter A.
   Darunter einen Zwischenring. Darunter den Konus B, der nicht
   6kantig ist, sondern rund mit zwei Ansatzflächen für den
   Schraubenschlüssel. Deiner hat gar keine Ansatzflächen?
   Dann dreh das Rad herum - du hast den rechten statt des
   linken Konus vor dir. Den Konus gilt es nun festzuhalten.
   Dazu brauchst du einen flachen Maulschlüssel:
   den Konusschlüssel.
3. Halt den Konus fest, löse Kontermutter A mit dem Knochen.
   Achse dreht mit? Sprühe Rostlöser auf und
      - halt den rechten Konus fest (Konusschlüssel, Wasserpumpen-
        zange)
      - löse die Kontermutter auf der linken Seite (Knochen)
4. Dreh den Konus an, bis das Rad nur noch schwer dreht.
5. Ganz wenig losdrehen. Rad soll leicht laufen, aber kein
   Spiel in der Nabe haben.
6. Konus in dieser Stellung mit Konusschlüssel festhalten, Kontermutter fest dagegenziehen. Rad dreht schwer? Dann wieder-
   hole die Zeremonie. (s. a. "Kugellager")
Wenn die Nabe trotz Einstellen noch Spiel hat, muß der rechte
Konus ebenfalls justiert werden, weil er sich verstellt hat.

Abb. 69

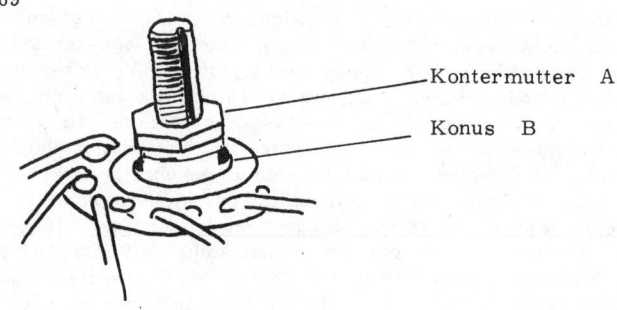

Kontermutter A

Konus B

PROBLEM: VORDERRAD KNACKT

Es knirscht, mahlt und dreht schwer. Hier ist das Innenleben
erheblich gestört; die Nabe muß überholt werden.

Zerlegen der Vorderradnabe
(Abb. 70 , 71)

Knochen
Konusschlüssel
Schraubenzieher
Zeit 15 Min

1. Leg dir einen großen sauberen Lappen hin, z. B. dein altes
   Smokinghemd oder ein Leibchen. Auf einem hellen Tuch sieht
   man nachher die Einzelteile besser. Lege sie in der Reihenfolge der Demontage auf dem Tuch aus.
2. Löse Kontermutter und Konus wie beschrieben.
3. Dreh den Konus ganz heraus.
4. Das Rad befindet sich immer noch auf dem Tuch? Hebe es
   soweit an, daß du die Achse von der Unterseite her aus der
   Nabe ziehen kannst.
5. Mit dem Schraubenzieher vorsichtig den Staubschutzdeckel abhebeln (Abb. 70).
6. Vor deinen Augen nun das Mysterium des Kugellagers. Heraus-
   gefallene Kugeln liegen (hoffentlich) auf dem Tuch. Paß aber
   auf, sie sind scheue Gesellen und versuchen immer wieder,
   sich dem Blick der Menschen zu entziehen. Zähl sie und tu
   sie in einen Behälter.
7. Reinige und überprüfe die Lager nach den Anleitungen im
   Kapitel "Kugellager". Alle beschädigten Teile werden pensio-
   niert. Wenn du neue Kugeln kaufen mußt, nimm gleich ein
   paar mehr zur Reserve.

Abb. 70

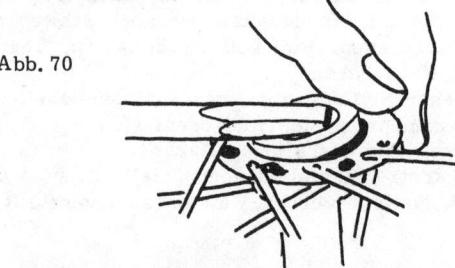

Zusammenbau der Vorderradnabe   Konusschlüssel
(s. a. "Kugellager")   Knochen
                                    Zeit 30 Min

1. Kugeln einlegen. Bei Kugelkäfigen zeigt die geschlossene Seite zum Konus, die offene zur Lagerschale.
2. Staubschutzdeckel einsetzen
3. Halt das Rad waagerecht vor den Bauch. Die Achse mit dem schon befestigten Konus wird vorsichtig von oben in die Naben- hülse gesteckt, sodaß der Konus gegen die Kugeln zu liegen kommt. Die können jetzt nicht herausfallen, denn sie werden durch das Gewicht von Achse und Konus in Schach gehalten. Aber wehe, wenn du das Rad jetzt spontan umdrehen würdest.
4. Du hältst das Rad (immer noch vor dem Bauch) mit einer Hand fest, und zwar an den Speichen dicht bei der Nabe.
5. Die andere Hand ergreift von unten das Achsende und zieht leicht nach unten.
6. Nun das Rad herumdrehen, wobei das offene Achsende - wo noch kein Konus aufgeschraubt ist - angezogen wird.
7. Das Rad liegt jetzt umgekehrt auf dem Boden, ohne daß eine Kugel herausgefallen ist. Jetzt werden sie durch das Gewicht des ganzen Rades zwischen Konus und Lagerschale gehalten
8. Weiterer Zusammenbau und Einstellen s. "Kugellager"

Abb. 71   (ist nicht besonders geworden, oder?)

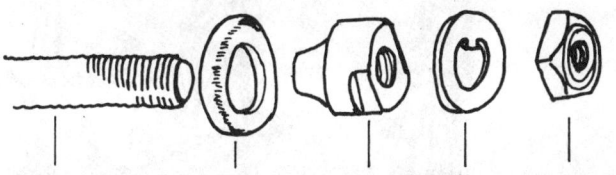

Achse   Staubschutzdeckel   Konus   Zw'Ring   Kontermutter

Einstellen des Schnellspanners   Zeit 3 Min
(Abb. 61)

1. Rad steht auf Sattel und Lenker
2. Hebel in Auslösestellung
3. Flügelschraube am anderen Ende so einstellen, daß sie eben den Rahmen (die Gabel) berührt.
4. Beim Festklemmen mit dem Hebel sollen die geriffelten Auflageflächen fest anpacken und das Rad unverrückbar in seiner Lage halten.

REIFEN

Vorbei die Zeiten, als man noch auf eisenbeschlagenen Holzrädern übers Pflaster rumpelte (gottseidank). Um 1868 versuchte man immerhin schon, Gummistreifen auf die Felge zu nageln. Diese Konstruktion wurde emsig verbessert und ab 1873 fuhr man Vollgummireifen in hohlen Stahlfelgen. Zum Reparaturzeug des Radlers gehörten Lederband zum Festbinden und "rubber cement" zum Aufkitten von abgelöstem Reifengummi. Den luftgefüllten Reifen hat der irische Tierarzt Dunlop entdeckt, als er 1888 ganz im Spaß ein zugebundenes Stück Gartenschlauch um die Felgen am Dreirad seines Sohnes band. Stimmt wirklich. Er hat's auch komisch gefunden, und das Patent mußte man ihm förmlich aufdrängen. Die Vorteile der pneumatischen Reifen sind bekannt; wir wollen uns mit ihren Nachteilen beschäftigen.
Ich kenne ein Fahrradgeschäft, das bietet als Service die Benutzung eines Preßluftschlauches an. Der Druck ist aber stark genug, um einer Kuh die Hörner geradezublasen, und außerdem gibt es keinen Druckanzeiger. So spielt sich immer dieselbe Szene ab:
Der Sportsfreund stülpt erwartungsfroh den Stutzen übers Ventil, legt den Hebel um und

PENG

anstatt stramm zu federn, windet sich der Reifen schlaff um die Felge. Das Flickzeug liegt schon werbewirksam auf dem Ladentisch ...

Abb. 72

Der Reifen besteht aus Mantel (Decke) und Schlauch. Der Ventilstutzen ist in den Schlauch eingearbeitet und kann nicht ausge-
tauscht oder entfernt werden. Der Schlauch wird durch ein Felgenband aus Gummi (Klebeband geht auch) vor den Speichennippeln
geschützt. Der Mantel als Schutz nach außen wird von zwei federnden Drahtringen in den Felgen gehalten (daher auch die Bezeichnung
Drahtreifen). Wenn der Reifen mal platt ist, heißt das noch nicht,
daß ein Loch im Schlauch ist. Bevor du dich an's Radflicken
machst, wirf einen Blick auf das

VENTIL   (Abb. 73, 74)

1. Überwurfmutter fest aufgedreht? Wenn nicht, war das der Grund.
2. Spucketest: Finger mit Spucketropfen auf's Ventil tippen. Luft?
3. Überwurfmutter abnehmen, Ventil herausziehen.
   - Schlauchventil (Dunlopventil)
     Der Schlauch muß vom Wulst bis übers Ventilende reichen
     und darf weder brüchig sein noch Löcher haben. Bevor du
     ein neues Ventilgummi aufschiebst (Talkum), teste mit einer
     Nadel, ob das Loch nicht verstopft ist. Ich würde dir aller-
     dings raten, gleich Blitzventile zu kaufen. Zwei für die Räder
     und eins als Reserve.
   - Blitzventil (Patentventil)
     Nimm das Gewindeende in den Mund und versuche, Luft hin-
     durchzupusten und zu saugen. Pusten muß gehen, ansaugen
     darf nicht. Nimm das andere Ende zwischen die Lippen und
     versuche, ganz sachte durchzublasen. Geht nicht? Gut.
   - Schrader-Ventil
     Pump bei eingebautem Ventil den Reifen auf. Luft darf nur
     kommen, wenn du den Ventilnippel eindrückst.
   - Prestaventil (Sclaverandventil)
     Pump bei eingebautem Ventil den Reifen auf. Luft darf nur
     kommen, wenn du die Kontermutter losdrehst und den Nippel
     eindrückst.

Abb. 73

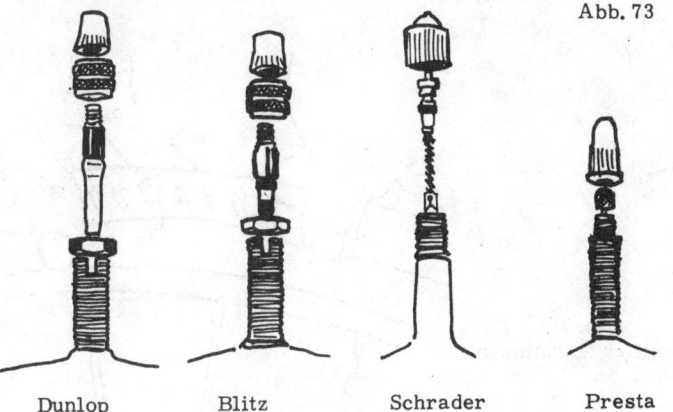

Dunlop   Blitz   Schrader   Presta

Wenn's nicht am Ventil liegt, ist ein Loch im Schlauch. Es kann nichts schaden, erstmal den Reifen von außen zu inspizieren. Vielleicht steckt der dicke Nagel oder ein Glasscherben noch drin und zeigt den Tatort an. Nehmen wir an, der Schaden ist von außen nicht festzustellen:

DER KLASSISCHE REIFENFLICK   Knochen
(Abb. 74 - 80)   Montiereisen
                                          Flickzeug
                                          Zeit 15-40 Min

1. Rad ausbauen (s. a. "Hinterrad", "Kettenschutz")
2. Überwurfmutter abdrehen, Ventil herausnehmen, Rändelmutter abdrehen
3. Mantel seitlich zusammendrücken
4. Wenn der Reifen nicht nagelneu ist, kannst du den Mantel wahrscheinlich ohne jedes Werkzeug abnehmen (Abb. 75-78). Versuche dabei nicht, den Mantel insgesamt hochzuheben. Es geht nur, wenn du ihn gleichzeitig <u>oben</u> auf dem Profil und an <u>einer</u> Seite anpackst und hochziehst.
5. Wenn's nicht mit den Händen geht, greif mit einem Montiereisen unter den Draht, hebel den Mantel über den Felgenrand und veranker ihn mit dem Schlitz in einer Speiche. WICHTIG: Nicht zu tief unter den Mantel greifen, man könnte den Schlauch erwischen. Anstelle der Montiereisen tut es natürlich auch ein Löffelstiel; mit Schraubenziehern muß man allerdings höllisch aufpassen, um nicht den Schlauch zu löchern.
6. Etwa eine Handspanne entfernt zweites Montiereisen ansetzen und hebeln (Abb. 79).
7. Mit der Hand rund um's Rad herum senkrecht auf den Reifen drücken. Der Reifen kommt dadurch überall mit dem Draht von der Felge herunter. Geht es so nicht, ziehst du das zweite Montiereisen nach dem Hebeln einmal im Kreis herum.

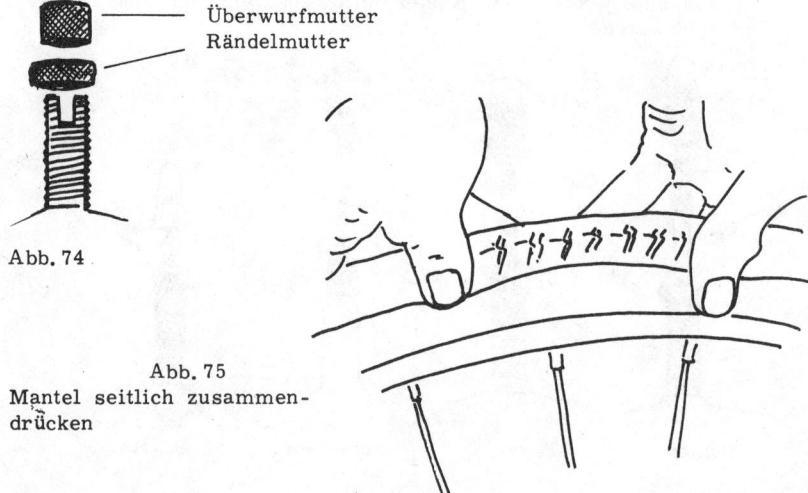

Überwurfmutter
Rändelmutter

Abb. 74

Abb. 75
Mantel seitlich zusammen-
drücken

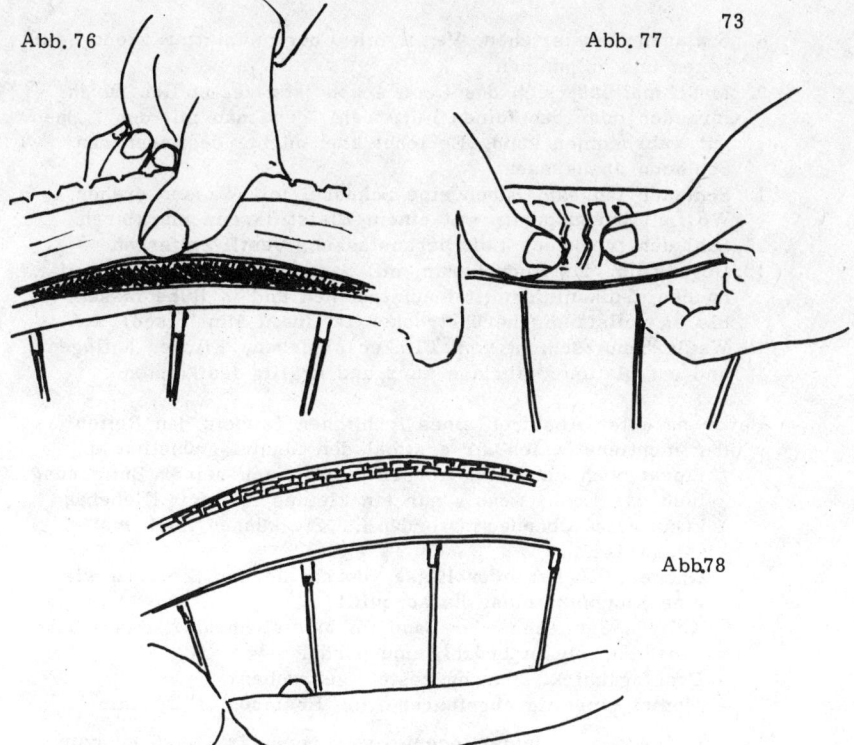

Abb. 76

Abb. 77

Abb.78

Abb. 79

Abb. 76 Mantel hochziehen
Abb. 77 Mantel von der
Felge drücken
Abb. 78 Schlauch heraus-
nehmen
Abb. 79 Mantel mit Montier-
eisen über die
Felge heben

8. Schlauch herausziehen, Ventil mit Überwurfmutter wieder einbauen und aufpumpen
9. Manchmal läßt sich das Loch schon jetzt feststellen durch Geräusch oder den feinen Luftstrahl, den man mit den Lippen gut wahrnehmen kann. Es lohnt aber nicht, deswegen den Schlauch abzuküssen:
10. Schlauch langsam durch eine Schüssel mit Wasser drehen. Wo Luft herausperlt, mit einem Bleistiftkreuz markieren
11. Schlauch trocknen, Luft herauslassen, Ventil entfernen
12. Gegend um das Loch herum mit Sandpapier oder Reibe aufrauhen; Vulkanisiermittel aufstreichen und in Ruhe lassen, bis es vollständig berührtrocken ist (ca. 7 Min 15 sec)
13. Weiße Schutzschicht vom Flicken abziehen, Flicken auflegen und auf glatter Unterlage kurz und kräftig festklopfen.

Bevor du unter Absingen eines fröhlichen Liedels den Reifen wieder montierst, sieh dir erstmal den Mantel gründlich an.
- Steckt noch ein Fremdkörper drin? Nach seiner Entfernung muß das Loch, wenn's nur ein kleines ist, mit Klebeband kreuzweise überdeckt werden (... Sie können mich mal kreuzweise...)
- Größere Löcher oder Risse, durch die der Schlauch wie eine Kaugummiblase herausquillt?
- Kullern Steinchen oder Sand im Mantel herum? Das würde bedeuten, er ist brüchig und porös.
- Draht geknickt, durchgerostet, gebrochen?
- Mantel einseitig abgefahren? (s. "Bremsen", "Dynamo")

Immer, wenn der Mantel löchrig oder porös ist, muß er sofort ersetzt werden - so schnell kannst du gar nicht flicken, wie neue Löcher in den Schlauch kommen. Zum Kauf des neuen Mantels merk dir die Bezeichnung auf dem alten.

MONTAGE DES REIFENS
1. Felgenband unversehrt? Sonst erneuern.
2. Mit etwas Talkum machst du Felgenband, Schlauch und Mantel glücklich .
3. Zieh den Mantel mit einer Seite (einem Draht) auf die Felge.
4. Ventilstutzen durch das Loch in der Felge stecken. Rändelmutter lose aufdrehen. Ventil hinein und Überwurfmutter festdrehen
5. 4-5 Pumpstöße, damit der Schlauch sich etwas füllt.
6. In diesem Zustand kann er leicht unter den Mantel geschoben und in die richtige Lage gebracht werden. Steht der Ventilstutzen senkrecht?
7. Mantel wird mit beiden Händen auf die Felge gezogen (Abb. 80). Evtl. mit Montiereisen nachhelfen.
8. Rändelmutter am senkrechtstehenden Ventilstutzen festdrehen .
9. Reifen halb aufpumpen und durch kräftiges Drücken überprüfen, ob Schlauch ohne Verdrehungen drinliegt. Dann so stramm aufpumpen, daß sich der Reifen mit dem Daumen noch etwas eindrücken läßt.

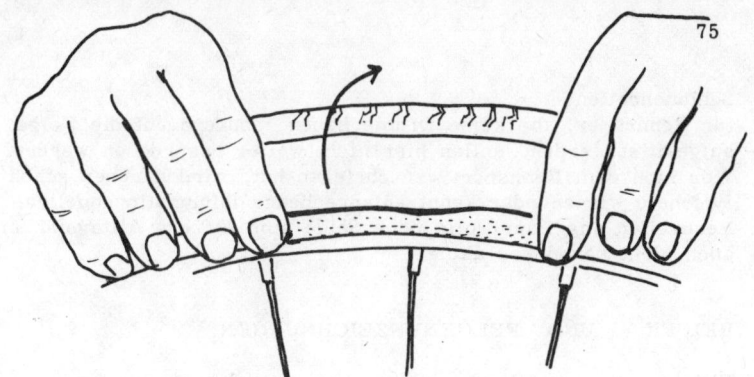

Abb. 80   Aufziehen des Mantels

REIFENFLICKEN BEI EINGEBAUTEM RAD

Montiereisen
Flickzeug
(Gabelaufspreizzange)
Zeit 15 - 25 Min

Du kannst dir die Arbeit des Radausbauens ersparen, wenn du schon weißt, wo das Loch im Reifen ist. Dann brauchst du nur dort den Mantel abzunehmen, den Schlauch hervorzuziehen und zu flicken.   Und du, Besitzer eines Hollandrades - bei einem platten Hinterreifen beginnt dein Martyrium. Das umständliche Gefummel am Kettenschutz (s. a. "Kettenschutz", "Hinterrad") läßt sich umgehen durch eine Gabelaufspreizzange, mit der du das linke Ausfallende soweit von der Nabe wegspreizen kannst, daß Mantel und Schlauch dazwischen herausgezogen werden können. Dieses Werkzeug ist allerdings schwer zu bekommen; es wird hergestellt von ElDi - Werkzeug in Remscheidt - Lüttringhausen.

TIP: Ventile klausicher einbauen   (Abb. 81)

Daß Blitzventile günstig sind, finden außer dir auch Klauer. Dagegen gibt es ein Mittel. Du drehst eine zweite Rändelmutter auf den Ventilstutzen auf, aber nicht fest. Nachdem das Ventil eingesetzt und mit der Überwurfmutter festgezogen ist, drehst du die zweite Rändelmutter wieder hoch.
Überwurf- und Rändelmutter werden
gekontert, d. h. fest gegeneinandergedreht (Zange). Aber nur eben so fest, daß von Hand nichts mehr losgeht.
Bei zu festem Kontern platzt der dünnwandige Ventilstutzen.
P. S. Ventilkappen nicht vergessen!

Abb. 81

Schlauchreifen
für Rennräder, die keine Drähte haben, sondern auf die Felge
aufgekittet werden, sollen hier nicht weiter besprochen werden.
Wer sich dem Rennsport verschrieben hat, wird darüber schon
Bescheid wissen oder kennt entsprechende Informationsquellen.
Rennreifen aus Baumwolle oder Seide sind für uns Alltagsfahrer
auch nicht besonders aktuell.

REIFEN - UND FELGENBEZEICHNUNGEN

Etliche Tabellen, Hinweisblätter und Artikel habe ich durch-
geackert, um hinter das Geheimnis der Maßangaben zu kommen;
trotzdem kann ich nicht sagen, daß sie mir restlos klar geworden
wären. Ich will versuchen, dir eine Übersicht zu geben und das
Rätsel der magischen Zahlen auf dem Reifen wenigstens teilweise
zu lösen. Die allgemeine Verwirrung wird erheblich durch die
Verwendung zweier Maßeinheiten gesteigert: Zoll und mm.
Ein Zoll, etwa soviel wie ein inch, beträgt abgerundet 25 mm.
Die Zahlen, mit denen wir uns befassen, geben
a. Reifennormen und
b. Felgennormen an.
Wir konzentrieren uns erstmal nur auf die

REIFENNORMEN IN ZOLL
Von allen Zahlen, die auf dem Mantel zu lesen sind, stehen die
Reifennormen am Anfang. Da liest du z.B. 28", das sind 70 cm
oder 700 mm. Diese Größe ist gleich dem gesamten Raddurch-
messer bei aufgepumptem Reifen (C in der Abb. 82)

28"	=	700 mm	22"	=	550 mm
27"	=	675 mm	20"	=	500 mm
26"	=	650 mm	16"	=	400 mm
24"	=	600 mm	12"	=	300 mm

Wenn duvon einem 28er-Rad reden hörst, weißt du gleich, es
handelt sich um ein Rad mit großen Laufrädern - den größten, die
es bei Fahrrädern gibt. Nun lautet die Bezeichnung aber nicht nur
28" oder 26", sondern z.B.

28 x 1 1/2

Wie wir schon wissen, beträgt der Gesamtdurchmesser hier 28".
1 1/2 (Zoll) = 38 mm dagegen bezeichnet die Dicke wie auch
die Höhe des aufgepumpten Reifens (A in der Abb. 82)
Hast du etwa einen Reifen vor dir mit der Aufschrift   28 x 1.75
oder, was dasselbe ist, 28 x 1 3/4, dann ist die Reifendicke
1 3/4 Zoll = 44 mm: Das ist ein Ballonreifen.
Nicht genug damit, gibt es oft auch dreiteilige Bezeichnungen wie

28 x 1 3/8 x 1 1/2

Neu für uns ist nur die mittlere. Sie hat etwas mit dem Reifensitz
in der Felge zu tun , du kannst sie getrost vernachlässigen.

Aufgrund der Standardisier-
ungsbestrebungen geht man
dazu über, die Reifen- und
Felgenbezeichnungen in mm
auszudrücken.
Uns interessieren weiter-
hin nur die Reifennormen:

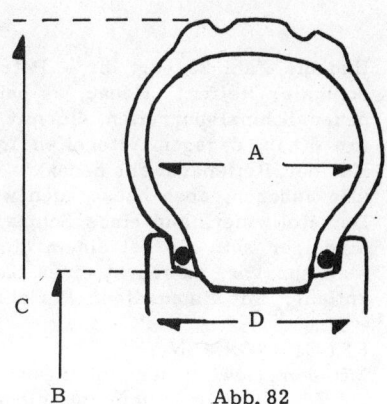

Abb. 82

REIFENNORMEN IN MILLIMETER
Bitte vergiß für den Augenblick alles , was du über die Zoll-
Angaben gelesen hast. Hier sieht's nämlich anders aus.
Eine Reifenbezeichnung kann z. B. so lauten:

28 - 630

Die erste Zahl gibt Reifendicke und -höhe in mm an (A in Abb. 82).
Die zweite Größe ist eine Durchmesserbezeichnung. Im Gegensatz
zum Gesamtdurchmesser (Zollbezeichnung) geht es hier jedoch um
den Felgendurchmesser, gemessen bis zu der Stelle, wo der
Reifen aufsitzt (B in Abb. 82).
Also, noch einmal. Die erste Zahl sagt etwas über die Reifendicke und -höhe aus. Bei einem Reifen 47 - 406 schließt du
demnach messerscharf, daß der Reifen 47 mm dick ist; ein Ballonreifen. Stell dir die Felge vor: 406 mm ist in etwa der Felgendurchmesser. Nun kannst du oben und unten die Reifendicke hinzu-
rechnen, das sind zweimal 47 mm, und du kommst auf insgesamt
500 mm. Das ist ein 20" - Rad, stimmt's?

Nun noch ein paar Umrechnungsbeispiele:

Zoll	mm
28 x 1 1/2	40 - 635
27 x 1 1/4	32 - 630
26 x 1 1/2	40 - 584
26 x 1 3/8	37 - 590

Ist doch gar nicht so schwer, nicht? Darf ich dir jetzt mal einen
Reifen vorstellen namens
25 - 622 ?
Aha, denkst du, 622 + 25 + 25 macht 672, in etwa 675 - das ist
ein 27" - Reifen. Ein ausgewachsener Rennradreifen, denn im inter-
nationalen Reglement sind 27" - Reifen für Rennen vorgeschrieben.

Und die Zahl 25 sagt dir - Potz Blitz nochmal, ist das ein
schmaler Reifen! Genau, es handelt sich um einen der relativ
neuen Schmalspurreifen, die mit hohem Druck gefahren werden
(5 - 8 bar, dagegen Autoreifen 1.2 - 2.5 !)
Bei der Reifenauswahl bedenke: Ballonreifen sind stabiler als
alle anderen, aber haben auch wesentlich mehr Reibung!
Der Rollwiderstand eines Schmalspurreifens kann um die Hälfte
niedriger sein als bei einem dicken Ballonreifen. Andererseits,
stell dir vor, du fährst einen Sandweg in der Lüneburger Heide
entlang. Mit Rennreifen. Bis zur Achse im Sand....

FELGENNORMEN

Mit dem Gewirr der Zollangaben will ich dich verschonen, aber
die Normierung in mm ist leicht zu verstehen. Sie besteht aus
zwei Zahlen, z. B. 17 - 630
Die kleinere Zahl gibt die Innenbreite der Felge an (D in Abb. 82),
die größere den Felgendurchmesser, gemessen am Reifenaufsitz
(B in Abb. 82). Felgenbezeichnungen findest du auf der Felge
selbst oder auch auf dem Reifen hinter der Reifenbezeichnung.

FLICKZEUG

Plastik- oder Blechschachteln mit abgepacktem Flickzeug sind
handlich, klein, kompakt. Sie enthalten Flicken verschiedener
Größe. Sie wären geradezu ideal, wenn sie billiger wären!
Ich stelle mir mein Flickzeug lieber einzeln zusammen:
Eine große Tube Vulkanisierflüssigkeit, ein Stück Sandpapier zum
Aufrauhen, ein großes Flickenstück, das man sich je nach Bedarf
zurechtschneiden kann.

PREISE

Rad m. Normalflanschnabe	DM	18. - 20. -
" " Schnellspanner	DM	60. -
Normalflanschnabe einzeln	DM	6. -
Hochflansch, Schnellspanner	DM	30. -
Mantel (Decke)	DM	13. -
Schlauch	DM	4. -
Felgenband	DM	0. 30
Speiche	DM	0. 15
Felge allein	DM	10. - 15. -
Zentrieren	DM	6. - 10. -
Einspeichen einer Nabe	DM	30. -
(incl. Felge + Speichen)		

KUGELLAGER

1829 erhielt ein österreichischer Domainen - Waldmeister
namens Ressel ein Privileg (das bedeutete soviel wie Patent),
"unter Benützung von Rollen und Kugeln die Reibung der Maschinen-
zapfen und Wagenachsen beinahe auf Null zu reducieren und jede
Schmiere entbehrlich zu machen".
Das sagt auch schon alles aus über den Zweck des Kugellagers,
nämlich die Reibung zu verringern. In Bezug auf die Schmierung
ist man heute anderer Meinung. Die Erfindung wurde allerdings
schon im 18. Jahrhundert gemacht, ähnliche Lagerungssysteme
sind sogar schon seit der Antike bekannt. Nachdem man Kugellager für Karussels, Möbelrollen, Mühlsteine usw. erfolgreich
anwendete, kam das Fahrrad erst 1869 an die Reihe, als ein
französischer Privatmann zum erstenmal sein Velociped damit
ausrüstete. 1873 konnte man ein Hochrad mit Kugellagern erst-
malig bei einem Radrennen bewundern, und von da an begann es
sich durchzusetzen. Bei unseren neumod'schen Rädern gibt es
12 - 14 Kugellager - alle arbeiten nach demselben

PRINZIP
Die Kugeln befinden sich in einer Lagerschale. Sie werden durch
einen Konus - ein Gegenstück zur Lagerschale, das ebenfalls der
Größe der Kugeln und der Gesamtgröße des Lagers angepaßt ist-
in der Schale gehalten. Bei den meisten Lagern ist der Konus
schraubbar. Indem er näher an die Lagerschale herangedreht oder
von ihr entfernt wird, läßt sich das Spiel des Lagers einstellen.
Es gibt auch den umgekehrten Fall (z.B. bei einigen Tretlagern),
wo die Konusse ausgeschmiedete Teile der Welle sind und die
Lagerschalen zum Einstellen schraubbar sind ("Schraubschalen").
Wichtig ist: Ein Teil des Lagers ist fest, das andere zum Einstellen des Spiels beweglich. Die Kugeln selbst liegen kreisförmig
angeordnet um eine Achse oder Welle (eine Achse dreht sich nicht, eine
Welle dreht sich). Sie dürfen nicht aneinandergepreßt liegen, weil
damit wieder Reibung erzeugt würde. Sie dürfen auch nicht soviel
Zwischenraum haben, daß das ganze Lager sich lockern könnte.

Abb. 83

Lagerschale   Kugelkäfig   Schraubkonus

Faustregel
Für Lager mit losen Kugeln gilt: Lege soviel Kugeln in die Lagerschale, wie hineinpassen. Geht die letzte Kugel gerade noch hinein,
nimm sie wieder heraus. Paßt sie aber leicht hinein und läßt noch
ein wenig Spielraum, dann ist es genau richtig .
Man geht immer mehr dazu über, anstelle loser Kugeln sogenannte
Kugelkäfige zu verwenden. Das sind ringförmige Hülsen, in denen
jede einzelne Kugel ihren Platz hat. Kugelkäfige haben eine offene
und eine geschlossene Seite. Die offene - auf der die Kugeln ganz
sichtbar sind - zeigt in der Regel zum Konus hin, die geschlossene
zur Lagerschale. Die Kugeln lassen sich aus dem Käfig entnehmen
und wieder einsetzen. Die

ÜBERHOLUNG DES KUGELLAGERS
ist eine Arbeit, um die du beim Fahrrad garnicht herumkommst.
Aber ich finde den Umgang mit den unscheinbaren Kugeln und
Schalen ganz faszinierend; besonders , wenn man ein defektes
wieder heilgemacht hat.
1. Kontermutter abdrehen und Zwischenring (wenn vorhanden)
   abnehmen. Meist wird es sich dabei um einen Zwischenring
   handeln, der nicht auf der Achse drehen kann (Abb. 69, 71)
2. Vorm Abschrauben des Konus hat man tunlichst schon ein
   großes sauberes Tuch untergelegt, denn lose Kugeln kommen
   gern überraschend hervor und verschwinden spurlos.
   Der Konus ist also abgenommen, die Kugeln gezählt und in
   einer Dose verstaut.
3. Lagerschale, Konus, Kugeln und Käfig werden jetzt blitzblank
   geputzt. Auf jeden Fall erst die Schmiere im Benzinbad entfernen,
   dann mit einem sauberen Lappen trockenwischen. Mit der folgenden
   Untersuchung der Teile mußt du es peinlich genau nehmen,
   kannst dich sogar einer Lupe bedienen. Lagerschale und Konus
   zeigen durch ein hellglänzendes ringförmiges Band den Sitz der
   Kugeln an. Die kleinste Unebenheit auf dieser Fläche bewirkt
   Störungen. Wenn du nur die geringste Narbe oder Kerbe entdeckst,
   ersetze den betroffenen Teil ; besser noch das ganze Lager.
4. Natürlich werden auch Kugeln und Kugelkäfig gründlich nach-
   gesehen und, falls nötig, ersetzt.
Sind alle Teile einwandfrei, geht es an den
Zusammenbau:
5. Lagerschale und Kugelkäfig werden eingefettet, und zwar mit
   dem prachtvoll roten Kugellagerfett oder notfalls auch mit
   weißer (technischer) Vaseline. Bei losen Kugeln trägst du eine
   dicke Fettschicht auf die Lagerschale auf und steckst die
   Kugeln hinein (Abb. 84). Auch die Lauffläche des Konus kriegt
   ihr Fett.
6. Der Konus wird von Hand aufgeschraubt. Soweit andrehen, daß
   das Lager klemmt. Nun etwas losschrauben, bis das Lager
   leicht dreht. Es darf aber nicht soviel Spiel haben, daß es
   schlackert. Das ist die ganze Kunst beim Einstellen des Lagers:
   Fest genug, daß keine Kugel aus der Reihe tanzen kann; locker
   genug, daß das Lager frei spielen kann.

7. Kontern: Dazu muß der Konus in genau der Position gehalten
   werden, die du als optimal erkannt hast (Konusschlüssel).
   Ist ein nicht drehbarer Zwischenring vorhanden, erleichtert das
   die Sache. Denn jetzt wird von oben die Kontermutter aufgeschraubt und fest angezogen. Bei einem Zwischenring wie oben
   beschrieben ist es theoretisch möglich, die Kontermutter ohne
   Gegenhalten des Konus festzuziehen. Manchmal dreht er aber
   doch ein Stück mit. Das merkst du spätestens bei der Kontrolle.
   Dreht das Lager leicht, ohne zuviel Spiel zu haben? Nein?
   Dann noch einmal Kontermutter lösen, einstellen, kontern.
   Das dauert höchstens beim ersten mal etwas länger, aber
   dann wirst du den Bogen schnell heraushaben.

Abb. 84

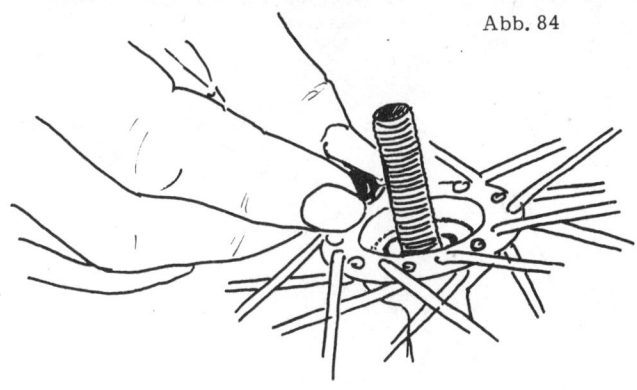

"...die Wirkung des Velo-
cipedfahrens ist fast ganz die
gleiche wie die der Massage,
und sollten Stubensitzer, Kon-
toristen etc., da sich bei
ihnen leicht Darmträgheit und
Stockungen im Unterleib ent-
wickeln, das Velocipedfahren
recht fleißig benutzen..."

Abb. 85

GABEL UND STEUERSATZ

Die Gabel ist der Teil, in dem (unten) das Vorderrad gehalten
wird und in dessem Schaft (oben) der Lenker festgeklemmt wird.
Der Steuersatz besteht aus zwei Kugellagern, die den Gabelschaft leicht drehbar im Rahmen halten. Die Ausfallenden der
Gabel nehmen die Vorderradachse auf. Die Gabel selbst ist mehr
oder weniger nach vorn gebogen. Mehr bedeutet stärkere Feder-
wirkung und weicheres Fahren, aber auch Energieverlust.
Renngabeln dagegen sind steiler und härter, sie verschwenden
wenig Muskelkraft an die Federung. Ähnlich verhält es sich mit
der Bauweise der Gabeln: Rohrgabeln sind flexibler; massive
sind härter und stabiler. Bei der Auswahl achte auf Haltbarkeit -
möglichst große Rohre oder aber massive.

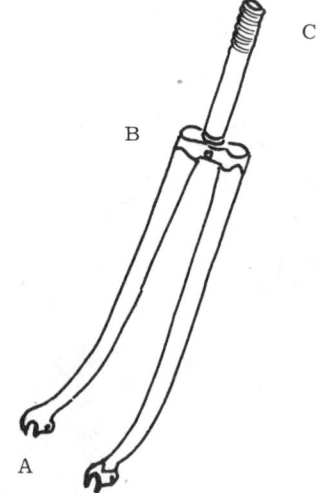

Abb. 86
Die Gabelenden A treffen
sich im Gabelkopf B mit
dem Gabelschaft C

PROBLEM: GABEL SCHLACKERT ,

wenn du über Unebenheiten fährst. Hej. Halt an. Das verdient
eine Untersuchung. Ist es wirklich die Gabel oder vielleicht das
Rad? Heb das Fahrrad am Lenker hoch und beobachte die Gabel.
Rutscht sie ein Stück nach unten? Läßt sie sich nach oben / unten
verschieben? Halt das Rad immer noch am Lenker, stoß es fest
auf den Boden. Klackert und klunkert? Dann hat sich der Steuersatz gelockert. Lies weiter ab Nr. 15 der folgenden Anleitung.
Vorher riskiere aber noch einen Blick: Sind die Kugellager überhaupt noch drin? Sollten sie schon herausgeklötert sein, geht es
ab Nr. 10 weiter. Ist dein Rad nicht ganz neu, empfehle ich dir
aber, einen neuen Steuersatz zu kaufen und eine Generalüberholung
vorzunehmen (s. nächste Seite).

PROBLEM: GABEL VERBOGEN

Wenn es soweit gekommen ist, versuche gar nicht erst, sie
wieder in Form zu bringen. Höchstens bei massiver Bauweise
hat's Sinn, sie von einem Fachmann richten zu lassen.
Rohrgabeln würden durch das Hin- und Herbiegen keine ausrei-
chende Materialfestigkeit mehr haben ; sie würden zu Sargnägeln.
Es muß also eine neue Gabel her. Lies dazu die Anleitung im
nächsten Abschnitt, wobei du Nr. 7 auslassen kannst.

PROBLEM: GERÄUSCHE BEIM LENKEN

Beim Drehen des Lenkers verspürt man Widerstand und hört
knirschende und knackende Unmutsgeräusche. Nachdem du dich
routinemäßig vergewissert hast, daß es nicht am Vorderrad liegt,
mach dich an die

Generalüberholung   Knochen
(Abb. 87 - 91)   Hammer
                                   Schraubenzieher
                                   Wasserpumpenzange
                                   Sandpapier
                                   Zeit 60 Min

1. Lenker und Rad herausnehmen (s.a."Lenker", "Vorderrad")
2. Kopfmutter abschrauben (Wasserpumpenzange). Bei manchen
   alten Rädern ist diese Mutter noch nicht als 6Kant ausgebildet,
   sondern rund mit seitlichen Aussparungen. Die kriegst du
   entweder mit einem speziellen Hakenschlüssel (wie ein Torpedoschlüssel in groß) , mit der Wasserpumpenzange oder mit
   Hammer und Schraubenzieher auf. Es kann nicht schaden,
   vorher Rostlöser aufzusprühen. (Abb. 87)

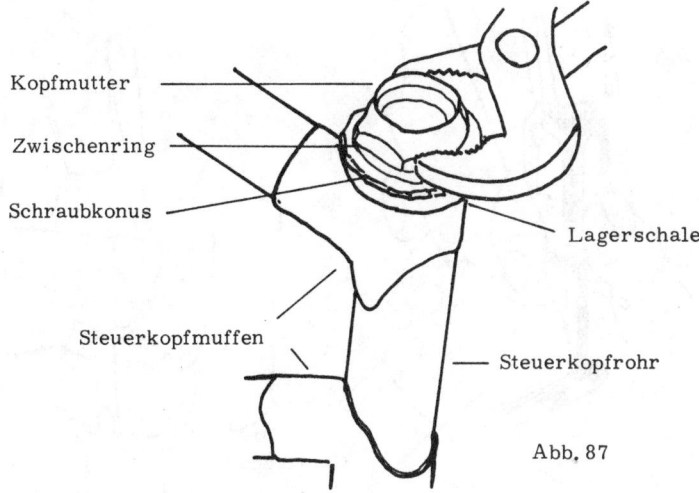

Kopfmutter

Zwischenring

Schraubkonus

Lagerschale

Steuerkopfmuffen

Steuerkopfrohr

Abb. 87

3. Bremskabelhalter (Mittelzugbremse), wenn vorhanden, abnehmen.

4. Zwischenring abnehmen. Er hat innen entweder eine Nase oder eine gerade Fläche, die in eine Rille bzw. zu einer Abflachung des Gabelschafts paßt. Oder aber er ist mit einem Gewinde versehen und geriffelt, sodaß du ihn abdrehen mußt.

5. Konus abschrauben (von Hand oder vorsichtig mit der Zange).

6. Um die Kugeln nicht unkontrolliert aus dem Lager purzeln zu lassen, halt die Gabel so an den Rahmen, wie Abb. 88 zeigt. So kannst du die Kugeln bzw. Kugelkäfige nacheinander herausnehmen.

7. Nachdem die losen Teile des Steuersatzes abgenommen sind, geht es den Lagerschalen an den Kragen. Sie sind im Rahmenrohr nur festgeklemmt und sollten ohne Schwierigkeiten herauszuholen sein. Dazu setzt du einen kräftigen Schraubenzieher möglichst senkrecht auf den Rand der Lagerschale und klopfst leicht mit dem Hammer darauf (Abb. 89). Dasselbe nun im Kreis herum, damit nichts an einer Stelle verbiegt, und so lange, bis die Lagerschale herausklötert. Wenn der Rand so schmal ist, daß du den Schraubenzieher dort nicht unterbringen kannst, schlag die Lagerschalen mit einem langen Schraubenzieher oder einem Meißel von innen heraus.

Abb. 88

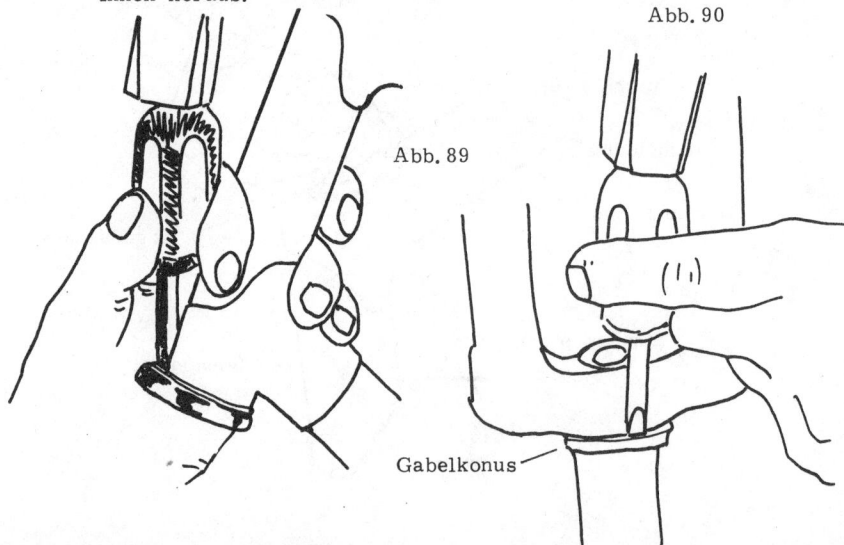

Abb. 90

Abb. 89

Gabelkonus

8. Der unscheinbare Gabelkonus sitzt stramm auf dem Gabelkopf auf. Gabel auf den Schaft stellen und so festhalten. Von unten setzt du dort, wo der Konus über den Gabelkopf hinausguckt, den Schraubenzieher an und treibst ihn mit leichten Hammerschlägen, abwechselnd vorn und hinten, herunter (Abb. 90). Ragt er jedoch nicht über den Gabelkopf hinaus, kannst du ihn vielleicht mit einem dünnen Schraubenzieher abhebeln.

9. Säubere und prüfe die Teile des Lagers wie im Kapitel "Kugellager" beschrieben. Meistens lohnt sich die Ausgabe für einen neuen Steuersatz.

Zusammenbau von Steuersatz und Gabel

10. Der Gabelkonus, den du eben entfernt hast, hat sich auf einer Verdickung des Gabelschafts befunden. Der neue muß ebenda wieder rauf; das wird dir allerdings kaum gelingen, wenn du diesen Wulst nicht vorher reinigst und evtl. Rückstände entfernst. Wenn du dazu Sandpapier nimmst, schmirgel nicht zu viel - der Preßsitz muß sein! Wo du gerade dabei bist, reinige doch gleich die ganze Gabel, besonders den Schaft mit Gewinde.
Den neuen Konus kannst du profimäßig aufbringen, wenn du ein passendes Stück Rohr hast. Es muß länger sein als der Gabelschaft und gerade über diesen hinüberpassen. Hiermit und mit ein paar Hammerschlägen treibst du den Konus auf seinen Sitz. ACHTUNG: Das Rohr darf auf keinen Fall auf der Lagerfläche (dort, wo die Kugeln liegen werden) des Konus aufliegen, sondern nur auf dem innenliegenden Rand. Hast du kein Rohrstück, setzt du einen langen Schraubenzieher auf diesen Rand, hämmerst wechselseitig leicht darauf und bringst den Konus so an Ort und Stelle. Schraubenzieher nicht abrutschen lassen!

11. Daß der Kugelkäfig zwei verschiedene Seiten hat, weißt du. Ich selbst vergesse immer wieder, wie herum er in die einzelnen Lager gehört. In dem Fall einfach probieren:
Leg den Käfig auf den Gabelkonus und stülpe eine Lagerschale drüber. Dreh sie und dann nochmal dasselbe mit dem Kugelkäfig andersherum. Man merkt sofort, welche Kombination leichter beweglich ist, nicht? Dann den Konus mit einer Schicht Kugellagerfett bestreichen (diese herrliche Farbe!) und den Kugelkäfig auflegen.

12. Beide Lagerschalen werden jetzt ins Rahmenrohr (Steuerkopfrohr) getrieben. Solange du mit dem Hammer abwechselnd auf die eine oder andere Seite der Lagerschale klopfst, geht die andere oder eine tückischerweise wieder hoch. Einfach ist es, die Schale erstmal leicht anzudrücken. Dann legst du ein Brettchen oder sonstwas mit harter, planer Oberfläche darauf und treibst mit leichten Hammerschlägen die Lagerschale bis zum Anschlag ins Rohr. Dasselbe dann mit Schale Nr. 2. Für die Lagerschale gilt dasselbe wie für den Gabelkonus, nämlich daß sie makellos sitzen müssen - auf keinen Fall darf noch Platz zwischen Rohrende und Schalenrand sein (das Lager würde schief sitzen oder sich nach kurzer Zeit lockern). Zum Einbau s. Abb. 91.

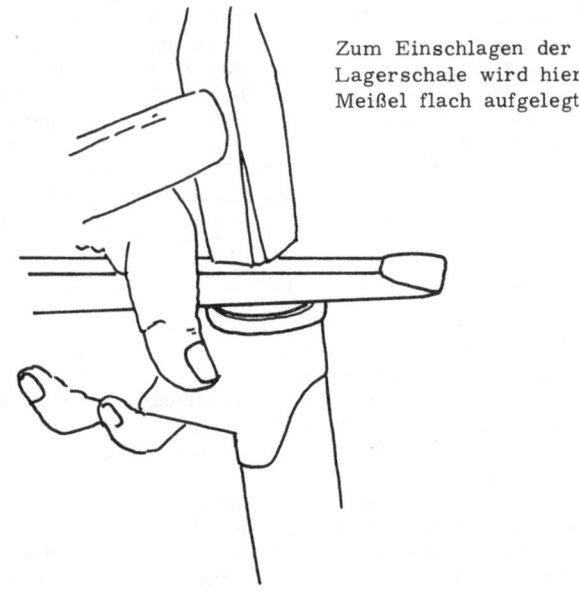

Abb. 91

Zum Einschlagen der
Lagerschale wird hier ein
Meißel flach aufgelegt

13. Wenn keine Kugelkäfige vorhanden sind, bringe nun die einzelnen Kugeln auf (s. "Kugellager") - aber denk dran, sie sind
schon eine haltlose Gesellschaft.
14. Der Gabelschaft wird von unten behutsam in das Rahmenrohr
geführt, sodaß die untere Lagerschale sich sanft auf die Kugeln
bzw. den Kugelkäfig legt. Jetzt nur noch aufpassen, daß die
Gabel nicht herausrutscht - halt sie fest wie in Abb. 88 gezeigt.
15. Bereite das obere Kugellager vor und schraub den Gewinde-
konus auf. Wenn er festgedreht ist, kannst du endlich auch die
Gabel loslassen und die verkrampften Finger massieren - keine
Kugel wird mehr entwischen. Stell den Konus richtig ein
(s. "Kugellager") und
16. Setz den Zwischenring auf. ACHTUNG: Womöglich hast du einen
Gabelschaft mit einer Abflachung statt einer Rille und findest in
deinem Steuersatz (gerade erworben) einen Zwischenring mit
Nase vor, der bekanntlich für das Rillenmodell gedacht ist.
Nicht schlimm, wenn du eine Feile hast. Nimm nur soviel
von der Nase weg, daß diese auf die Abflachung paßt. Kann man
deinen Zwischenring gar nicht aufschieben, weil er ein Gewinde
hat? Schraub ihn auf bis kurz vor den Konus. Wenn du eine
Mittelzug - Felgenbremse hast, schieb jetzt den Kabelhalter auf.
17. Die Kopfmutter wird als letztes aufgeschraubt. Sie ist es auch,
die mit dem Konus gekontert werden soll, um ihn unverrückbar
festzuhalten. Die oben beschriebenen Zwischenringe können sich
theoretisch nicht mitdrehen. Es sollte daher möglich sein, die
Kopfmutter ganz einfach festzuziehen. Kompliziert wird es erst,
wenn du den falschen Zwischenring hast und der sich doch
mitdreht oder wenn du den Zwischenring mit Gewinde hast.

Im ersten Fall mußt du gleichzeitig, während du die Kopfmutter anziehst, den Konus festhalten, ohne ihn zu verdrehen.
Von Hand läßt sich das nicht mehr leisten, eine zweite Zange
bzw. großer Schlüssel und Zange sind nötig.
Im zweiten Fall ist es noch verwirrender. Zuerst hältst du den
Konus fest und konterst ihn mit dem Gewindering. Hat das Lager
genug Spiel, dreht es frei? Halt nun den Gewindering fest und
konter ihn mit der Kopfmutter. Das schaffst du natürlich auch
nur mit Hilfe zweier Zangen. Warum besorgst du dir nicht einen
vernünftigen Zwischenring und verschenkst den Gewindering?

18. Zu guter Letzt wird das überschüssige Fett aus den Lagern
    sorgsam abgewischt, denn sonst sammelt sich hier ungeahnt
    schnell Staub und Sand und ruiniert die neuen Lager.

ANTRIEB

Abb. 92

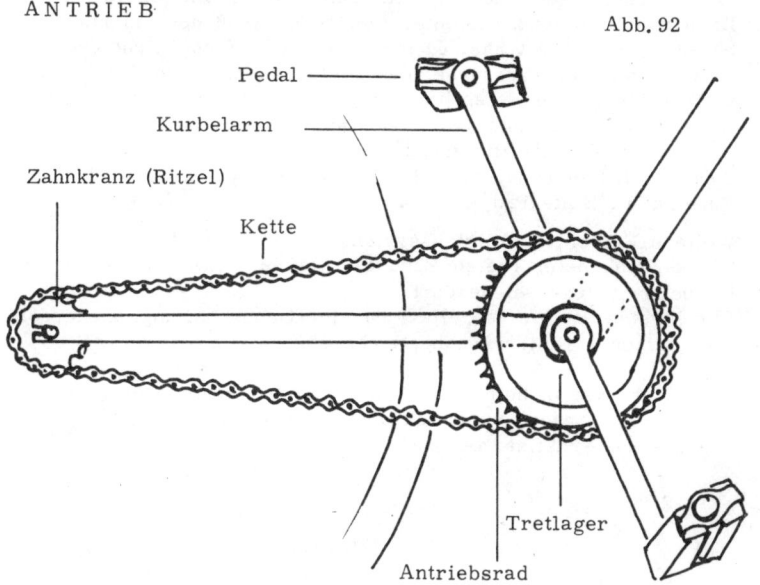

Pedal
Kurbelarm
Zahnkranz (Ritzel)
Kette
Tretlager
Antriebsrad

Der Antrieb besteht aus Tretlager, Kurbelarmen, Pedalen, Antreibs-
rad, Kette und Zahnkranz. Diese Teile wandeln die Strampelbewe-
gung deiner Beine in Vorwärtsbewegung um. Produzieren sie dabei
auch noch Geräusche, geht es mit dem Ärger los:
- Knarren, Krachen, Knacken, Knurren
- gleichzeitig wird das Treten immer mühsamer, kurz, das
  Radfahren wird zum Frust.
Bevor du dich aber blitzenden Auges auf das Tretlager stürzt,
prüf vorsichtshalber den ganzen Antrieb durch; es gibt mehrere
mögliche Fehlerquellen.

WO STECKT DER FEHLER?

0. Mach eine Kniebeuge. Knarrt es dabei? Tja ...
1. Stell das Rad auf Sattel und Lenker. Dreh die Pedale.
   Sie sollen leicht herumwirbeln können. Wenn nicht, lies weiter
   bei "Pedale". Aber erst bitte noch weiterprüfen:
2. Dreh die Kurbelarme, beobachte dabei die Kette. Liegt sie in
   der Bewegung immer flach auf Antriebsrad und Ritzel auf?
   Oder ist sie vom Rost so steif, daß sie sich nicht biegen mag
   und Winkel bildet? Dann siehe weiter bei "Kette".
3. Nimm die Kette ab (s. "Kette") und versetz die Kurbeln in Drehung. Kurbelarme und Antriebsrad müssen leise und leicht
   laufen. Üble Geräusche? Seitliches Spiel? Dann liegt hier der
   Hase im Pfeffer (s. "Tretlager"). Betrachte beim Drehen das
   Antriebsrad von vorn oder hinten. Läuft es rund oder schlägt
   es? (s. "Antriebsrad"). Wenn es Haifischzähne hat (Abb. 93)
   ist das zumindest eine der Fehlerursachen ("Antriebsrad").
4. Dreh das Hinterrad. Leichter Lauf? Das muß noch nichts
   besagen, denn damit hast du nur den Freilauf und nicht den
   Antrieb getestet. Versuche, das Hinterrad mit dem Zahnkranz
   in Drehung zu versetzen (ist etwas schwierig und schmierig).
   Geht es sehr schwer? Dann ist klar, wo der Hund begraben
   ist lies weiter bei "Hinterrad".
5. Sieh das Ritzel genau an - Haifischzähne? Schick es in den
   Ruhestand ("Hinterrad").

Weitere Fehler im Antriebssystem:

6. Klank-Klank beim Treten; dazu das Gefühl, etwas gibt nach:
   Kurbelarme lose, siehe dort.
7. Durchtreten im Antrieb. Hast du eine Gangschaltung, siehe dort.
   Bei einfacher Hinterradnabe, siehe ebenda.

P. S. Antriebssystem heißt auf englisch p'ower train. Gelegent-
   liches Einstreuen von Fachausdrücken kennzeichnet dich als
   gewieften Praktiker (Abb. 94).

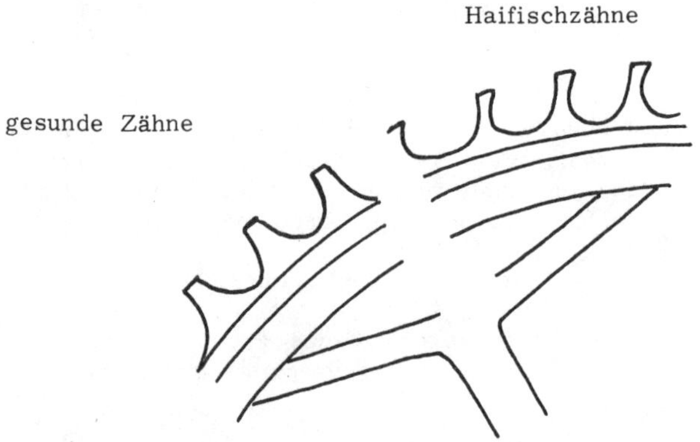

Haifischzähne

gesunde Zähne

Abb. 93

Abb. 94

TRETLAGER

Es verbirgt sich in der Tretlagermuffe (Abb. 95), einem kurzen,
dicken Stück Rohr, das am tiefsten Punkt des Rahmens quer zur
Fahrtrichtung liegt. Auf der rechten Seite sind Kurbel und Antriebsrad montiert, auf der linken eine Kurbel solo.

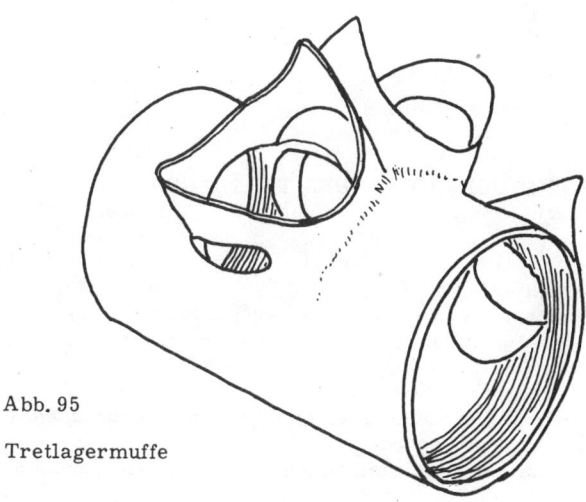

Abb. 95

Tretlagermuffe

Wer einmal mit Tränen in den Augen ein zerstörtes Tretlager in
Händen gehalten hat, kann sich vorstellen, welch gewaltige Kräfte
dort übertragen werden. Ohne Pflege und Wartung kann ein solides
Tretlager zu Mürbeteig gewalkt werden. Bei Basteleien an diesem
Teil wird oft der Punkt erreicht, wo man sich fragt: Ist das Fahrrad tatsächlich das ideale Verkehrsmittel? Manchmal kommt es
einem eher als Geißel der Menschheit vor, mit einem ausgesprochen störrischen Charakter. Aber du wirst sehen, daß man auch
mit dem Tretlager zurechtkommen kann. Es ist gar nicht so
schlimm - man muß nur rechtzeitig aufhören können.

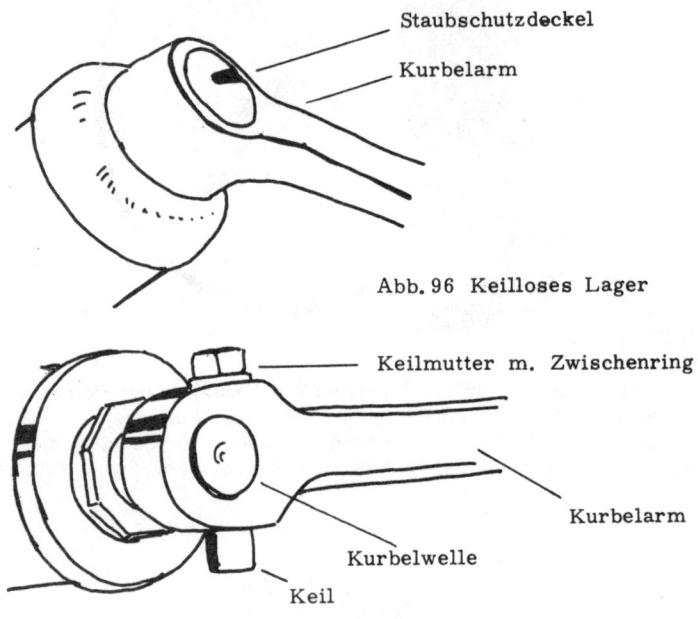

Staubschutzdeckel

Kurbelarm

Abb. 96 Keilloses Lager

Keilmutter m. Zwischenring

Kurbelarm

Kurbelwelle

Keil

Abb. 97 Keillager

EINSTELLEN UND ÜBERHOLEN DES TRETLAGERS
(Keilloses Lager)   Schraubenzieher o.
(Abb. 97 - 99)   Inbusschlüssel
                                           Abzieher o. Hammer
1. Staubdeckel entfernen   und Meißel
2. Hast du jetzt nur das Gewindeende der Kurbelwelle vor dir
   und keine 6kantige Kurbelschraube, gibt es theoretisch zwei
   Möglichkeiten für dich:
   a. Abzieher
      - viele Hersteller haben spezielle Größen, die für andere
        Fabrikate nicht passen
      - diese Abzieher sind meist nicht im Handel zu bekommen

- um sie benutzen zu können, muß das Staubdeckelgewinde
  erstklassig sein
  (wenn diese drei Hürden genommen sind, viel Spaß -
  der Gebrauch des Abziehers ist unter Nr. 3 beschrieben)
b. Herausschlagen
  - nimm einen großen Meißel oder eine Eisenstange sowie
    einen Hammer (je schwerer, desto besser)
  - wenn möglich, glüh die Umgebung der rechten Kurbel
    kräftig durch (s. a. "Was hält die Draisine zusammen?")
  - setz den Meißel an der Innenseite der linken Kurbel an,
    möglichst dicht an der Welle. Versuche, sie mit herr-
    lichen Hammerschlägen von der Welle zu treiben

Klappt nicht? Hör auf und bringe deinen Knochenrüttler zur
Werkstatt.

3. Du hast ein Markenlager, z. B. ein Campagnolo, Shimano,
   Stronglight, Zeus o. ä. Dann erblickst du nach Entfernen des
   Staubdeckels den 6kantigen Kopf der Krubelschraube, die
   jetzt abgedreht werden muß. Hast du Spaß an der Sache,
   besorgst du dir den für dein Modell passenden Abzieher.

A B   C   D E

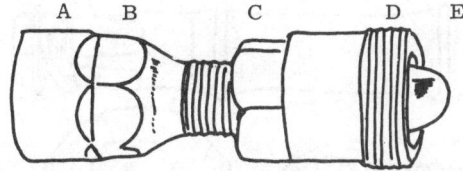

Abb. 98

4. Um die Kurbelschraube zu entfernen, stülpst du den Teil A
   des Abziehers über die Mutter. Zum Abschrauben faßt du B
   mit einem Schraubenschlüssel und drehts ihn ab. ACHTUNG:
   Das Abschrauben erfolgt meist normal im Gegenuhrzeigersinn,
   aber es gibt hier auch Linksgewinde! Dann Abzieher abnehmen.
5. Schraub den Druckbolzen E soweit wie möglich zurück.
   Das Außengewinde D des Abziehers wird dort, wo der Staubdeckel saß, eingeschraubt und mit dem 6kant C fest angezogen.
6. 6kant B mit Schraubenschlüssel fassen und im Uhrzeigersinn
   anziehen. Dadurch kommt der Druckbolzen langsam hervor und
   drückt die Kurbel von der Welle weg. Geschafft!!!
7. Genauso nimmst du die andere Kurbel mit daranhängendem
   Antriebsrad ab.
8. Liegt ein großer sauberer Lappen unterm Tretlager?
   Mach dich an den Ring auf der linken Seite. Er hat vermutlich
   sechs Einkerbungen, für die es einen Spezialschlüssel gibt.
   Der Ring hat die Funktion einer Kontermutter; er hält die
   Lagerschale in ihrer Stellung fest. Du bekommst ihn auch
   los, wenn du nach alter Weise mit Hammer und Schraubenzieher arbeitest - aber sinnig, damit die Kerben nicht ausge-
   schlagen werden (Abb. 99 links).

9. Der nächste Teil ist schon die Lagerschale. Sie ist wahrscheinlich als Schraubschale ausgebildet, d.h. sie ist in das
Innengewinde der Tretlagermuffe eingeschraubt. In der Stirn-
seite der Schraubschale befinden sich zwei oder mehr Bohrungen. Ideal wäre jetzt ein Stirnlochschlüssel, aber du kannst
auch eine Zange mit langen, spitz zulaufenden Backen nehmen
(Telefon- oder Mechanikerzange). (Abb. 99 links).

10. Schon kannst du die Kugeln bzw. den Kugelkäfig entnehmen.
Auch die Welle läßt sich jetzt herausziehen.

11. Die Schraubschale auf der rechten Tretlagerseite ist entweder
mit zwei seitlichen Abflachungen versehen oder mit einem
gekerbten Außenring wie die Kontermutter. Dreh sie <u>nicht</u>
heraus. Reinige sie und leuchte mit einer Taschenlampe ins
Tretlager hinein. Wenn sie eine unversehrte Kugellauffläche
hat, laß sie in Ruhe. Sonst schraubst du sie ab (was meistens
nicht einfach ist).

Hast du nun alle Teile vor dir liegen, kannst du deutlich sehen,
daß - anders als bei den bisher gesehenen Kugellagern - die Konusse
und die Welle aus einem Stück sind. Das Lagerspiel wird also
nicht mit einem Konus, sondern mit einer Schale eingestellt.

Abb. 99

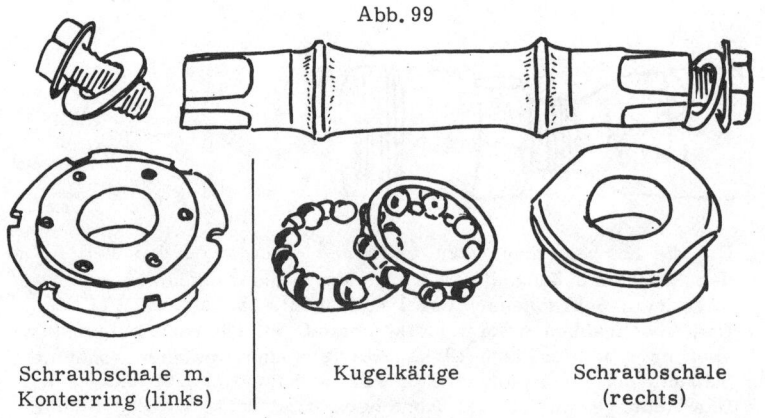

Schraubschale m.　　　　　Kugelkäfige　　　　　Schraubschale
Konterring (links)　　　　　　　　　　　　　　　　(rechts)

Kurbelwelle mit Konussen
und Kurbelschrauben

Das zerlegte Tretlager wird eingehend gereinigt und auf fehler-
hafte Stellen untersucht (s. "Kugellager").

Zusammenbau

1. Falls noch nicht vorhanden, setz eine Schutzhülse in die Tretlagermuffe ein. Sie verhindert, daß Rost und Staub aus dem
Sitzrohr herunterfallen und das Lager verschmutzen.

2. Rechte Schraubschale, falls sie ausgebaut war, einschrauben
(das muß leicht mit der Hand zu machen sein. Erst am Schluß
kräftig mit Zange oder Schlüssel festziehen).

3. Diese Schale von innen mit Fett ausstreichen und Kugeln einsetzen

4. Das eine Ende der Welle ist länger als das andere. Dieses längere Ende wird durch das Loch in der rechten Schale gesteckt; daran wird später Kuddel Kurbel mit dem Antriebsrad befestigt. ACHTUNG: Wenn du die Welle jetzt locker läßt, sagen die Kugeln schnell wieder Adieu. Also am durchgesteckten Ende ziehen und stets strammhalten. Dreh einmal das rechte Wellenende zwischen den Fingern. Geht wie geschmiert? Wenn nicht, nimm sie heraus und sieh dir das Lager nochmal genau an. Vielleicht hast du den Kugelkäfig falschherum eingelegt.

5. Leg den Rahmen auf die (in Fahrtrichtung gesehen) linke Seite auf den Boden, so daß die Welle mit dem rechten Konus die Kugeln gegen die Schraubschale drückt und festhält.

6. In aller Ruhe kannst du dir die zweite Schale vornehmen und die Kugeln bzw. den Käfig einlegen.

7. Mit der einen Hand faßt du das herausragende Ende der Welle (da, wo schon Kugeln drinnen sind) und hebst daran den ganzen Rahmen ein kleines Stück an. Jetzt von unten die zweite Schraubschale über die Welle führen und behutsam einschrauben. Nun endlich kannst du die Welle loslassen; die Kugellager sind gebändigt (bei Kugelkäfigen ist alles ganz undramatisch, denn die können nur komplett herausfallen).

8. Durch Hinein- oder Herausdrehen der Schraubschale (links) stellst du das Spiel ein (s. "Kugellager"). Dann mit Zange oder Stirnlochschlüssel festhalten. Konterring aufdrehen und mit Wasserpumpenzange oder Spezialschlüssel fest gegen die Schraubschale kontern.

9. Kurbeln aufsetzen (geht am besten, wenn Kurbeln und Welle leicht eingeölt sind) und mit den Kurbelschrauben festziehen. Dazu treten wieder die Teile A und B des Abziehers in Erscheinung.

P. S. Da gibt es versiegelte Tretlager, die von der Antriebsseite (der rechten Seite) her in die Tretlagermuffe eingeschraubt werden und von links nur noch gekontert werden müssen. Das Spiel ist bereits eingestellt. Sie sind staubdicht, praktisch unverwüstlich und völlig wartungsfrei. Und kosten reichlich.

morgen wird das
Tretlager überholt,
das schwör ich ...

Abb. 100

EINSTELLEN UND ÜBERHOLEN DES TRETLAGERS
(Keillager)   Knochen
(Abb. 97, 101 - 104)   Hammer, Holzstück
                                               Wasserpumpenzange
                                               Zeit 40 Min

Bei diesen Lagern lohnt es, ein wenig Arbeit zu investieren,
denn mit ihnen kannst normalerweise ohne Spezialwerkzeug und
ohne die Hilfe einer Werkstatt fertigwerden. Der erste Schritt,
das Austreiben des Keils, ist der schwerste; das weitere geht
fast wie von selbst.

1. Mutter und Zwischenring vom Keil nehmen. Versuchsweise
   leicht mit dem Hammer auf's Keilende klopfen. Manchmal
   geht er schon auf diese Weise heraus. ACHTUNG: Ein einziger
   kraftvoller Hammerschlag reicht aus, um das Gewindeende
   aufzustauchen - damit ist es kaputt. Hast du schon den Ersatz-
   keil bereitliegen, macht das eigentlich nichts. Aber technisch
   einwandfrei macht man das mit einem kleinen Hartholzklotz,
   der auf das Keilende gesetzt wird und die Wucht des Hammers
   schonend weitergibt (Abb. 101). Wie ich den Keilcharakter
   kenne, wird der sich beharrlich weigern, herauszukommen.
   Sprüh ihn mit Rostlöser ein und gönn euch beiden eine Pause.
   Dann wieder beharrlich klopfen! Immer noch nicht? Versuch
   nicht, ihn zu drehen. Damit wird alles noch schlimmer.
   Das letzte Mittel, das ich kenne: Lötlampe her und die Umgebung des Keils (also den Kurbelkopf) mit rauschender Flamme
   warmmachen. Solange Keil und Umgebung noch heiß sind, wieder
   kräftig mit dem Hammer draufschlagen. Dann klappt es eigentlich immer. Sonst: Werkstatt.

   Hast du beim besten Willen keinen Hartholzklotz gefunden?
   Es gibt noch eine andere Möglichkeit:

   - Mutter nicht ganz vom Keil schrauben, sondern nur soweit,
     daß der Gewindeteil des Keils eben in der Mutter verschwindet.

   - 1. Hammer flach auf die Mutter setzen (so, als wenn du
     gerade draufgeschlagen hättest)

   - Mit dem 2. Hammer einen kräftigen Schlag auf dem 1.
     Hammer landen.
     Bei dieser Methode mit den zwei Hämmern wird die Wucht
     des Hammerschlages schonend an die Mutter weitergegeben;
     es findet keine Deformierung statt.

   - Nun sollte der Keil sich gelöst haben. Schraube die Mutter ab
     und zieh den Keil heraus.
     Hast du für diese Prozedur nur einen Hammer benutzt, kann
     es sein, daß die Mutter dabei draufgegangen ist - rechtzeitig
     für Ersatz sorgen!

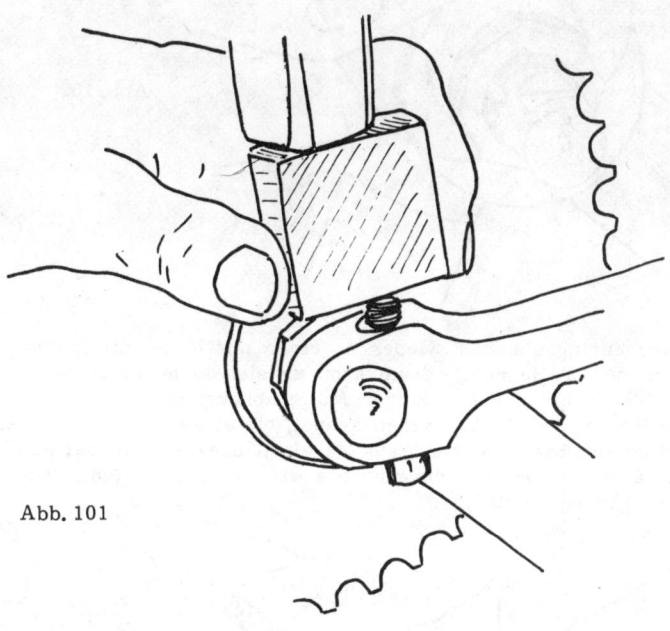

Abb. 101

2. Klirrend fliegt der Keil heraus. Während du die andere Kurbel
   festhältst, kannst du diese nun abziehen oder sie hin- und her-
   wackelnd abdrehen.
3. Die große flache Mutter darunter läßt sich mit einem 25er-
   Schraubenschlüssel, den kaum jemand hat, oder mit einer
   Wasserpumpenzange abschrauben (Abb. 102), aber ACHTUNG:
   LINKSGEWINDE! Zum Abdrehen muß sie also im Uhrzeigersinn gedreht werden. Ich vergeß es auch manchmal. Aber es
   ist ungeheuer befriedigend, wenn man die scheinbar hartnäckige
   Mutter schließlich geistesabwesend in die andere Richtung
   dreht und sie sich spielend leicht löst.

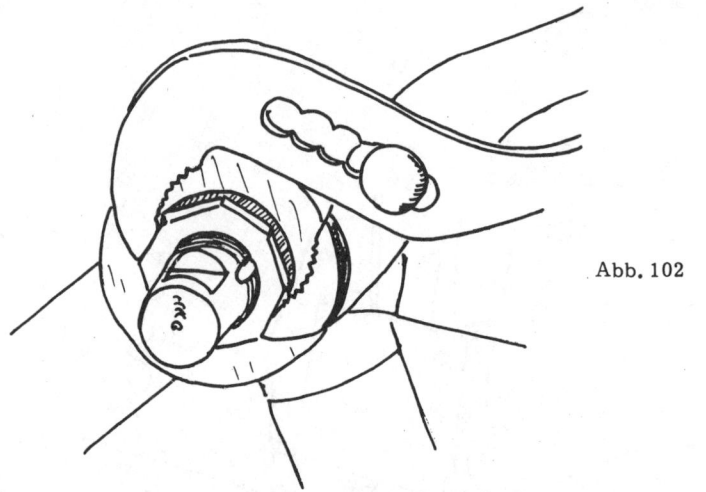

Abb. 102

4. Zwischenring abheben (wieder so einer mit Nase, die in eine Rille der Welle paßt - drum kann er sich nicht verdrehen) und Staubschutzdeckel von der Muffe abheben.

5. Der Konus, den du nun sehen kannst, bietet zwei Aussparungen an, um ihn loszudrehen. Wenn du einen Spezialschlüssel hast, um so besser. Wenn nicht, mach's wie in Abb. 103 (und denk dran, Linksgewinde!)

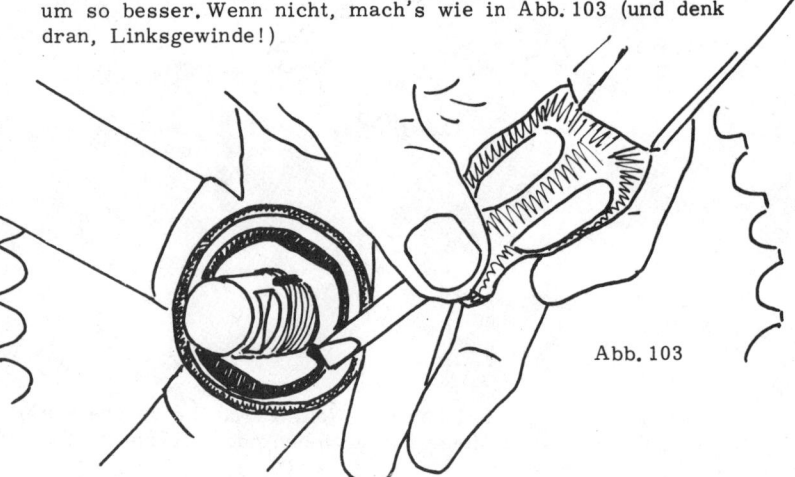

Abb. 103

6. Kugeln (Kugelkäfige) können herausgenommen werden, ebenso die andere Kurbel mit Antriebsrad und anhängender Welle.

Die Teile werden gereinigt, untersucht und gegebenenfalls ersetzt (s. "Kugellager") Ein beschädigter Konus am Antriebsrad zwingt dich zum Neukauf des Tretlagers, es sei denn, du hast ein System mit auswechselbaren Zahnkränzen, Kurbeln usw.

ZUSAMMENBAU DES LAGERS

1. Neue Lagerschalen müssen so eingeklopft werden, daß sie ohne Zwischenraum an der Muffe sitzen (s. a. Abb. 91).
2. Kugeln bzw. Kugelkäfige auf der rechten (Antriebsrad-) Seite einlegen; Welle mit anhängender Kurbel und Antriebsrad einsetzen (wenn das Rad auf dem Kopf steht, wo war noch gleich die rechte Seite?)
3. Konus von der anderen Seite aufdrehen, nachdem auch dort die Kugeln eingelegt worden sind. (Aufdrehen im Gegenuhrzeigersinn!). Lager einstellen (s. "Kugellager").
4. Staubschutzdeckel aufsetzen, er paßt genau - dreh ihn solange, bis er plan auf dem Konus liegt. Zwischenring aufschieben und die flache Kontermutter im Gegenuhrzeigersinn (Linksgewinde) festziehen.
5. Lauf überprüfen: Wenn das Lager noch zuviel oder zuwenig Spiel hat, muß die Prozedur wiederholt werden.
6. Kurbel in richtiger Position aufsetzen
7. Keil einsetzen. ACHTUNG: Liegt die flache Seite des Keils auch auf der ausgefrästen flachen Stelle der Welle? Wenn Kurbel und Welle gut gereinigt und leicht eingeölt sind, zieht der Keil die Kurbel selbst in die endgültige Position. (Abb. 104) Keil leicht einschlagen. Erst dann Zwischenring aufschieben und Keil festschrauben.
8. Kontrolle: Ein Hammerschlag auf das Keilende. Kann die Keilmutter jetzt noch weiter angezogen werden? Solange wiederholen, bis der Keil durch den Schlag nicht weiter herausrückt.

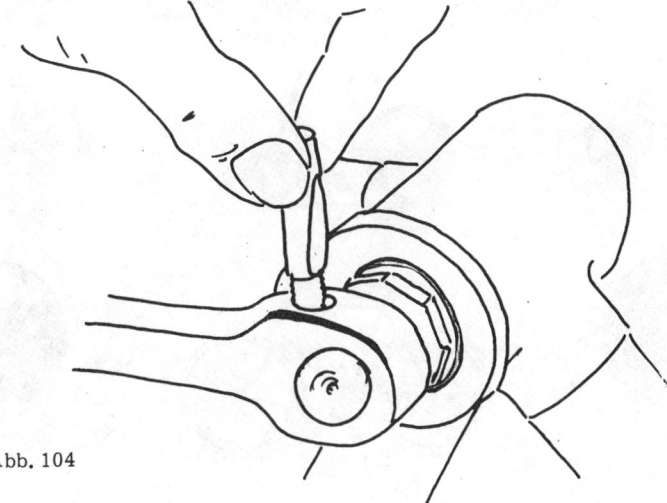

Abb. 104

Beim Kauf von Einzelteilen mußt du die verschiedenen Maße
berücksichtigen, die leider auch hier üblich sind. Tretlager
gibt es in den Breiten 68 und 70 mm. Keile gibt es in zwei
Größen: 9 und 9.5 mm Durchmesser. Linksgewinde am Tretlager
gibt es außer bei deutschen auch bei einigen englischen Fabrikaten; französische und italienische haben auf beiden Seiten
Rechtsgewinde.

PREISE

einfaches Tretlager	DM	20. - 25. -
(komplett m. Kurbeln usw.)		
Marken - Tretlager	DM	10. - 60. -
(nur Innenlager, ohne andere Teile)		
Tretlagerwellen	DM	4. - 30. -
Schmutzschutzhülse für	DM	1. -
Tretlagermuffe		

PEDALE

Auf den ersten Blick lassen sie sich in zwei Gruppen einteilen:
Tourenpedale (mit Gummiblöcken und Rückstrahlern) und Rattrap -
Pedale, was auf deutsch Rattenfallen - Pedale heißt und auch so
ähnlich aussieht (Abb. 105, 106). Rückstrahler sind für den Straßenverkehr übrigens vorgeschrieben (s. a."Beleuchtung"), an die meisten Rattrap - Modelle lassen sich nachträglich noch welche anbringen. Rennfahrer lassen sie natürlich weg, weil sie durch ihr Gewicht das Treten erschweren ...

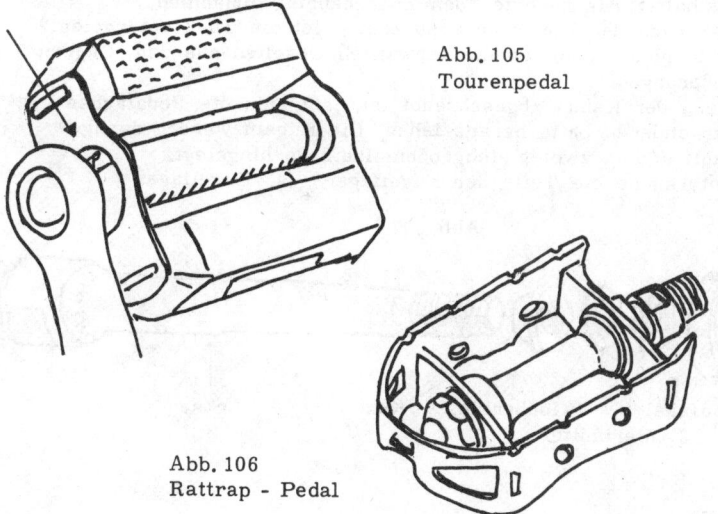

Abb. 105
Tourenpedal

Abb. 106
Rattrap - Pedal

PROBLEM: PEDALE KNACKEN , DREHEN SCHWER ,
          HABEN SPIEL

Erstmal würd ich prüfen, ob die Pedale überhaupt noch die Mühe
wert sind, sie zu überholen. Besonders Tourenpedale mit schief-
getretenen Gummis und kaputten Rückstrahlern solltest du besser
gleich ersetzen. Sind die Pedale aber äußerlich in Ordnung :

Überholen der Pedale   Torpedoschlüssel
(Abb. 105, 106, 107)   Wasserpumpenzange
                                     Zeit 30 Min

1. Pedale von der Kurbel abschrauben (Torpedoschlüssel).
   Die Pedale auf der linken Seite hat ein Linksgewinde (Abschrauben im Uhrzeigersinn), die auf der rechten ein Rechtsgewinde.
   Damit du sie beim Einschrauben nicht verwechseln kannst,
   sind die Pedale mit den Buchstaben L und R gekennzeichnet,
   wie auch auf Abb. 105 zu sehen ist (Pfeil).
2. Staubschutzdeckel entfernen. Bei besseren Rennpedalen sind sie
   von Hand abschraubbar, sonst sind sie normalerweise nur
   aufgesteckt - aber bombenfest. Also zuerst reinigen, damit man
   überhaupt sieht, wo die Fuge ist. Ehe du weitermachst, sieh dir
   den Deckel bitte nochmals an. Hat er keine Ansatzflächen für
   Schraubenschlüssel oder Finger? In dem Fall müßte er natürlich
   abgeschraubt werden. Gut, er hat keine. Erweitere die Fuge mit
   einem dünnen Schraubenzieher oder einem kräftigen Messer.
   Nun kannst du den Deckel schon mit der großen Zange fassen
   und drehend abziehen. Es bietet sich dir genau das Bild, das
   du aus reichhaltiger Kugellager-Erfahrung schon erwartet hast:
3. Die Kontermutter, die du normal abdrehst, wobei du den Konus
   festhältst. Als nächstes den Zwischenring abnehmen.
4. Bevor du den Konus herausdrehst - ist ein Tuch untergelegt?
   Denn gleich kommen die schwarzen Gesellen aus den Lagern
   gesprungen.
5. Wenn der Konus abgeschraubt ist, läßt sich die Pedalachse von
   der anderen Seite herausziehen. Die Kugeln werden nachge-
   zählt und in zwei gleichgroßen Häufchen hingelegt.
6. Untersuche die Teile der Kugellager (s. "Kugellager")

Abb. 107

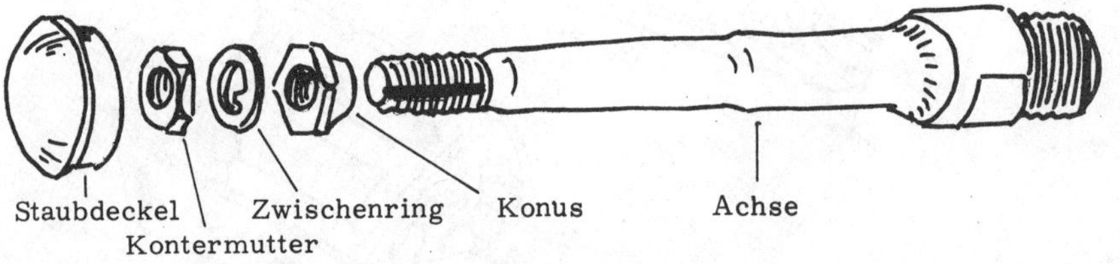

Staubdeckel \ Zwischenring Konus   Achse
   Kontermutter

Einbau

1. Halt die Pedale so, daß die innere Lagerschale nach oben zeigt. Kugeln einlegen (s. "Kugellager"), Achse durchstecken und von der anderen Seite gleich festhalten, auf daß keine Kugeln herausklötern.
2. Nun auch die andere Seite fertigmachen, Lager einstellen und kontern wie im Kapitel über Kugellager beschrieben.
3. Linke Pedale (mit dem L) in die linke Kurbel einschrauben - na klar, im Gegenuhrzeigersinn. Rechts geht's genau umgekehrt. Pedale müssen sehr fest eingeschraubt werden!

Wo du schon dabeibist, könntest du überlegen, ob du es nicht mal mit Pedalhaken probieren willst - das sind Bügel, die den Schuh am Pedal halten. Das ist nicht nur etwas für Rennfahrer; es gibt auch Haken, die auf Tourenpedale montiert werden können.

Mini - Haken gehen nur über die Fußspitzen und bieten nicht soviel Halt wie große Haken, denn die werden zusätzlich noch mit Riemen am Schuh gehalten. Das ist manchem (z. B. mir) etwas unheimlich, weil man notfalls nicht ganz so schnell von den Pedalen kommt, wie man das sonst gewohnt ist. Der große Vorteil der Haken liegt in einer besseren Pedaltechnik - da lohnt das Ausprobieren schon.

Abb. 108

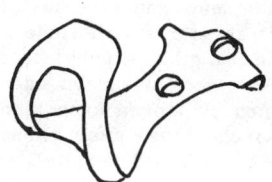

Mini-Haken für Tourenpedale

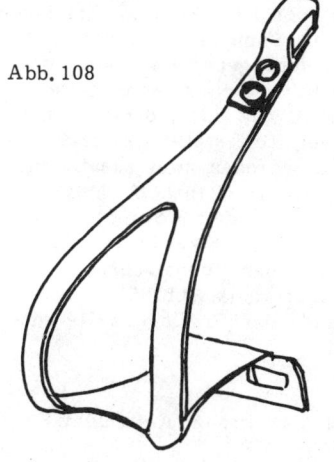

Rennhaken

Preise

Tourenpedale (Paar)	DM	7. -	
Rattrap -Pedale (Paar)	DM	8. -	20. -
Pedalhaken (Paar)	DM	3. -	6. -
Pedalriemen (Paar)	DM	3. -	8. -

KURBELN   (KURBELARME)   (s. Abb. 92, 109)

Die linke Kurbel geht ihren Weg alleine, wogegen die rechte sich
mit dem Antriebsrad eingelassen hat. Kurbeln gibt es in unterschiedlicher Länge. Normal für Erwachsenenräder sind 165 oder
170 mm, Rennfahrer benutzen auch welche bis 175 mm.
Je kürzer die Kurbeln sind, desto mehr Kraft ist beim Treten
erforderlich (ungünstiger Hebel). Bei langen Kurbelarmen
fällt dementsprechend das Treten leichter, dafür muß aber ein
längerer Pedalweg in Kauf genommen werden.
Mit den Kurbeln hat man gewöhnlich kaum Ärger, höchstens hat
man mal das Gefühl, als sei eine

VERDACHT : KURBEL LOSE

1. Setzt dich auf's Rad, lehn dich gegen eine Wand oder einen
   Birnbaum
2. Die Pedale stehen waagerecht. Stell dich auf die Pedale und
   belaste sie ruckweise mit deinem ganzen Körpergewicht.
   Spürst du, daß eine nachgibt?
3. Dreh die Kurbeln um 180° und versuch dasselbe. Wenn dabei
   eine Kurbel den Sitz verändert, ist sie nicht ausreichend mit
   der Kurbelwelle (Tretlagerwelle) verbunden.
4. Bei einem Keillager muß zunächst der Keil raus (s."Tretlager")
   War kein Zwischenring mehr dabei? Dann hat sich der Keil
   wohl deswegen gelockert. Auch ein verbogener Keil oder einer
   mit zerstörtem Gewinde kann die Kurbel nicht mehr halten.
   Endlich gibt es noch die Möglichkeit, daß du in diesem Kurbelarm einen zu kurzen oder zu langen Keil stecken hattest.
   Einen zu langen kann man durch einen oder zwei zusätzliche
   Zwischenring austricksen, aber nur als Notbehelf. Möglich ist
   außerdem, daß der Keil zu mager ist (9 statt 9.5 mm).
5. Bei einem keillosen Lager nimmst du den Staubdeckel ab.
   Hast du den 6kantigen hübschen Kopf der Kurbelschraube vor
   dir, zieh ihn mit dem Abzieher fest an (s. Abb. 98).
   Blickt dich dagegen das Gewindeende der Tretlagerwelle ent-
   schuldigend an, geh zur Werkstatt.

ANTRIEBSRAD   alias Kettenrad, Zahnkranz, Kettenblatt
                    (s. Abb. 92, 109)
Als Normalverbraucher kennt man den fest mit der rechten Kurbel
verbundenen Zahnkranz mit meistens 46 oder 44 Zähnen.
Für Kettenschaltungen werden dagegen anspruchsvollere Modelle
benötigt. Die Kurbel endet in einem drei- oder fünfarmigen Stern,
an dem das Antriebsrad (bzw. die zwei oder drei unterschiedlich
großen Antriebsräder) befestigt ist. Für die Befestigungsschrauben
wird übrigens ein kleiner Spezialschlüssel benötigt. Durch die verschieden großen Kettenräder lassen sich die Übersetzungen vari-
ieren: Ein Antriebsrad mit mehr Zähnen ergibt bei gleicher Tret-
geschwindigkeit einen größeren Streckengewinn als ein kleines
Antriebsrad, dafür muß man mehr Kraft aufwenden.

Abb. 109

rechte Kurbel,
fünfarmig,
mit zwei Antriebs-
rädern

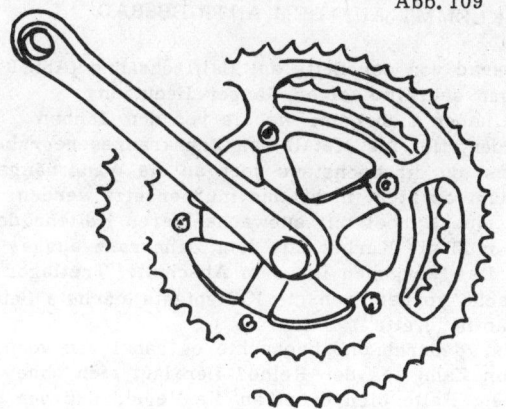

Wenn du einmal feststellst, daß mit dem Antriebsrad etwas nicht in Ordnung ist, kann es sich um zwei Dinge handeln.

PROBLEM: ANTRIEBSRAD SCHLÄGT

d. h. es ist verbogen und schlägt beim Drehen in die eine oder andere Richtung aus. Du hast sicher schon den Sitz des Tretlagers überprüft; daran kann es also nicht liegen.

1. Stell fest, in welcher Weise der Zahnkranz nicht rundläuft - Schlägt er nur an einer Stelle nach außen oder nach innen? Oder ist er so verbogen, daß er nach außen und, an der gegenüberliegenden Seite, nach innen dreht? Im Geiste seh ich schon deine Faust den Hammerstiel umspannen, aber: Das Richten mit dem Hammer hat ohnehin nur Zweck, wenn es sich um geringe Unregelmäßigkeiten handelt.
2. Markiere die Stelle, die gerichtet werden soll.
3. Leg das Rad so auf den Boden, daß die Seite des Antriebsrades, auf die du schlagen willst, oben liegt.
4. Da, wo das Antriebsrad gerade ist, wo du also nicht draufschlagen willst, lege etwas unter - Bretter, Ziegelsteine, Eisenbahnschienen o. ä. Nun ist also nur noch der Teil freischwebend, der bearbeitet werden muß.
5. An der richtigen Stelle mit dem Hammer (mindestens 300 g) wirken. Nur einen Schlag, dann erst wieder kontrollieren.

Antriebsräder, die von der Kurbel abgenommen werden können, montiert man vor dem Richten natürlich ab. Nochmal: Kleine Dellen können so ausgeglichen werde, aber mach dir keine übertriebenen Hoffnungen, einen verbogenen Zahnkranz wieder einwandfrei zentrieren zu können.

PROBLEM: KETTE KLEMMT AUF DEM ANTRIEBSRAD

1. Äuge das Antriebsrad von der Seite an. Haifischzähne (Abb. 93)?
   Das ist ein Zeichen sehr intensiver, langer Benutzung.
   Die Kettenglieder haben sich dort, wo sie von den Zähnen
   transportiert werden, tief ins Metall des Zahnkranzes gegraben.
   Dieses Stück kannst du dir höchstens noch an die Wand hängen;
   zum Radfahren taugt es nicht mehr und muß ersetzt werden.
   Einfach, wenn du eine Kurbel mit auswechselbaren Kettenrädern
   hast. Andernfalls muß die Kurbel mit dem Zahnkranz ausgewechselt werden. Das Vorgehen ist dem Abschnitt "Tretlager"
   zu entnehmen. Mache vorher noch die Kettentests (nächste Seite).
2. Nimm die Kette ab (s. "Kette").
3. Dreh das Antriebsrad durch und beobachte es dabei von vorn.
   Tanzt irgendwo ein Zahn aus der Reihe? Der läßt sich ohne
   große Mühe richten. Halte dich dabei an die Regel, daß der
   Zahnkranz da, wo er nicht gehauen wird, unterstützt werden muß.

P. S. Wenn das Antriebsrad erneuert wird, besorge auch gleich
eine neue Kette und ein neues Ritzel dazu; die drei müssen
sich nämlich aufeinander einspielen.

Preise   Austausch - Kettenräder   DM   8. - 50. -

KETTE

Ob man's nun glaubt oder nicht, eine Kette von der Art unserer
Fahrradketten ist schon seit 230 v. Chr. überliefert. Allerdings
brauchte man sie nicht zum Fahrradfahren, sondern zum Spannen
eine Pfeilgeschützes. Und von Leonardo da Vinci, der immer auf
Deubel komm raus erfinden mußte, gibt es (wen wundert's) auch
eine Zeichnung von einer Gelenkkette. Als Fahrradantrieb hat sie
sich allerdings erst recht spät durchgesetzt. Neben der Kette
gabe es eine ganze Reihe verschiedener Antriebe; faszinierend vo
allem Samuels Dreirad mit Handkurbeln oder der direkte Bein-
antrieb der Draisine, die heuschreckenhaften Trethebel beim
"Xtraordinary" und auch die Kardanwelle vom Pierce Bicycle.
Ab 1900 hat die Kette jedoch alle Konkurrenten überrundet, und
drum müssen wir uns mit ihr beschäftigen.
Fährst du eine Kettengangschaltung, dann hast du eine schmale
Kette mit der Maßbezeichnung 1/2" x 3/32". Sie ist schlanker
als die Standardkette, weil sie zwischen den engstehenden Ritzeln
auf der Hinterradnabe noch Platz finden muß.
Die Standardkette für Rücktritt - und Mehrgangnaben trägt die
Bezeichnung 1/2" x 1/8" .

PROBLEM: KETTE LÄUFT AB

Vielleicht ist die dringendste Frage, wie man sie schnell wieder
hinaufbekommt? Ganz einfach:
1. Lege die Kette auf das Antriebsrad auf
2. Halte sie so auf der Oberseite des Antriebsrades fest,
   daß sie beim Vorwärtsdrehen oder -Treten der Pedale
   ganz hinaufgezogen wird.
Die Maßnahme ist allerdings ausgesprochen kurzfristig; besser,
du gehst der Ursache des Abspringens auf den Grund.

TEST   (Abb. 110,111)
1. Läßt sich die Kette, wenn sie auf dem Antriebsrad aufliegt,
   ein Stück nach vorne abheben?   Dann ist sie ausgeleiert und
   sollte verabschiedet werden (Abb. 110).
2. Zieh die Kette in der Mitte zwischen Antriebsrad und Ritzel
   zur Seite: Das seitliche Spiel darf nicht mehr als ca. 2.5 cm
   betragen (Abb. 111).
3. Zieh an derselben Stelle die Kette nach oben und unten:
   Sie sollte nicht mehr Spiel als ca. 1 3 mm haben, das entspricht
   der Dicke einer Streichholzschachtel. Dieser Test gilt nicht
   für Kettenschaltungen. (Abb. 111).

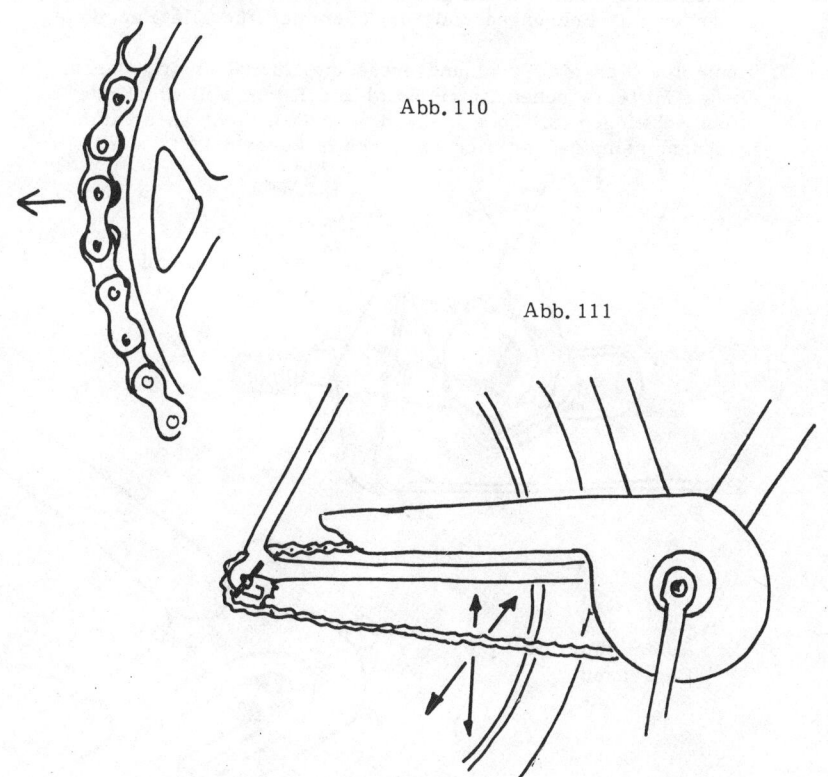

Abb. 110

Abb. 111

PROBLEM: ANTRIEBSRAD ODER RITZEL VERBOGEN

Lies nach unter "Antriebsrad" bzw. "Hinterrad".

PROBLEM: KETTE HÄNGT DURCH

Kette spannen   Knochen
(Abb. 112, 113)   Schraubenzieher
                                        Zeit 10 Min

1. Stell das Rad auf Lenker und Gabel
2. Löse die Hinterradmuttern bzw. die Schnellspannvorrichtung
3. Zieh das Hinterrad soweit zurück, daß die Kette wieder gespannt
   ist und
4. Fixiere das Rad in dieser Stellung. Bei Tourenrädern erreicht
   man das durch Kettenspanner, deren Muttern solange (auf beiden
   Seiten gleichmäßig) angezogen werden, bis die gewünschte
   Spannung erreicht ist (Abb. 112). Bei Sport- und anderen Rädern
   zieht man das Hinterrad einfach in die Ausfallenden hinein
   und klemmt es direkt mit den Radmuttern fest. Damit es bei
   Aus- und Einbau ohne langes Probieren wieder in die richtige
   Stellung eingesetzt werden kann, lassen sich Begrenzer in die
   Ausfallenden einsetzen (es gibt welche zum Schrauben für Ausfallenden mit Bohrungen und zum Klemmen für alle Fabrikate,
   s. Abb. 113).
5. Kontrolle: Faß ein Pedal und drehe die Kurbel kräftig durch.
   In der Mitte zwischen Antriebsrad und Ritzel soll die Kette
   nicht schwingen (s. "Test"). Sie darf jedoch nicht so stramm
   gespannt sein, daß es sich nur schwer kurbeln läßt.

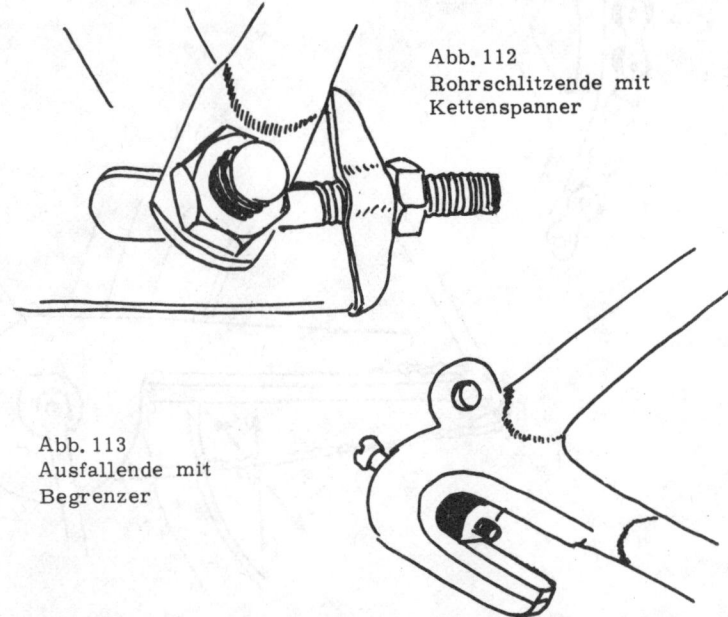

Abb. 112
Rohrschlitzende mit
Kettenspanner

Abb. 113
Ausfallende mit
Begrenzer

Läßt deine Kette sich nicht mehr spannen? Hängt sie trotz zusammengeschraubter Kettenspanner bzw. obwohl das Rad im hintersten Winkel der Ausfallenden sitzt, immer noch schlaff ? Bei einer Kettenschaltung solltest du dich zuerst vergewissern, ob das Problem nicht in der Federung des Derailleurs begründet liegt (s. "Kettenschaltung", Abschnitt Derailleur). Sonst richte dich nach der folgenden Anleitung ab Nr. 3.

KETTE KÜRZEN (ÖFFNEN)
(Abb. 114, 115)

Schraubenzieher
Nietendrücker o.
Feile + Hammer
+ Nagel
Zeit   25 Min

1. Kette öffnen. Bei den breiten Normalketten ist das einfach, sie haben ein Kettenschloß. Es besteht aus drei Teilen und ist in der Kette an seiner eigenartig geformten Feder zu erkennen. Du öffnest das Schloß, indem du einen Schraubenzieher senkrecht vor das offene Federende setzt, ihn mit dem Daumen der anderen Hand abstützt und die Feder herausdrückst (Abb. 114).
   Deckblatt abnehmen, Unterteil herausziehen und voilà - die Kette!

2. Das Nachspannen der Kette hatte nichts gebracht; sie muß um ein Glied verkürzt werden. Das Verkürzen besteht aus der Entfernung einer Niete. Damit nachher das Kettenschloß wieder eingefügt werden kann, muß nicht die erste, sondern die zweite Niete herausgedrückt werden. Nicht alle Ketten sind so leicht gebaut, daß man eine Niete mit Hammer und Durchschlag (oder einem passenden Stahlnagel) heraustreiben könnte. Auf jeden Fall eine passende Unterlage wählen, z.B. den Knochen, sodaß die Niete nach unten heraus kann. Mit einer Feile kannst du den Nietkopf in anderthalb Minuten wegfeilen. Dann ist es ein Kinderspiel, die Niete mit einem einzigen Hammerschlag auf den aufgesetzten Nagel zu verabschieden.

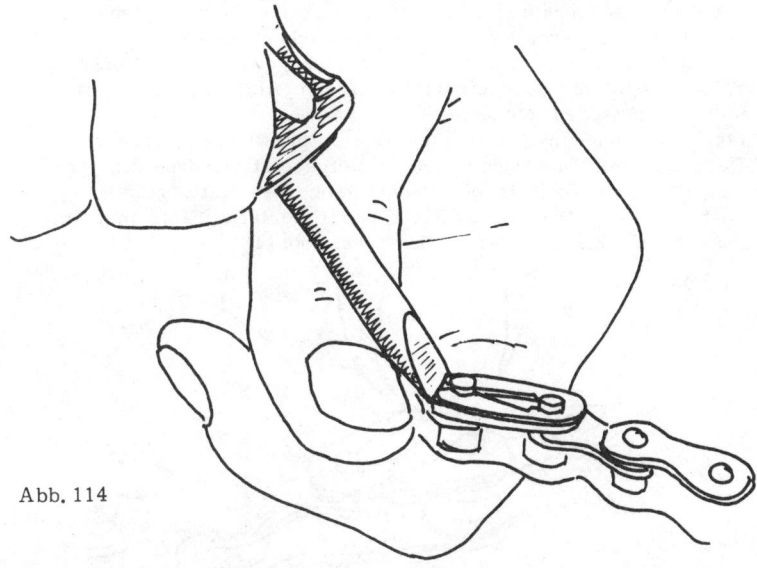

Abb. 114

3. Den Nietendrücker braucht man in jedem Fall, wenn man eine
Kettenschaltung mit Endloskette sein eigen nennt. Aber auch
zum Verkürzen einer breiten Kette ist er das ideale Instrument.
Dazu wird die jeweilige Niete mit dem Stift des Nietendrückers
einfach aus dem Kettenglied herausgepreßt. Soll eine Endloskette geöffnet werden, drückt man die Niete nur soweit heraus,
daß sie noch in der äußeren Lasche hängt. Beim Einbau
der Endloskette läßt sich mit dem Werkzeug wieder ein Nietkopf ausformen und so die **Kette wieder schließen** (Abb. 115).
Auf diese Weise kann man , falls nötig, die Kette auch verlängern (das kann der Fall sein, wenn man sich größere Antriebsräder einbaut). Auch Freunde der Kettenschaltung brauchen
sich jetzt nicht mehr die Arbeit mit dem Nietendrücker zu
machen - inzwischen gibt es Kettenschlösser auch für die schmalen Ketten.

Abb. 115

Nietendrücker

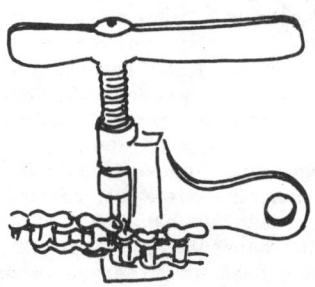

MONTAGE DER KETTE (KETTENSCHLOSS)   Zeit 6 Min

1. Die Kette ist verkürzt und kann wieder montiert werden.
   Schieb das Hinterrad soweit wie möglich nach vorn.
2. Leg die Kette über das Ritzel und ziehe sie so nach vorne, daß
   beide Endglieder nebeneinander auf dem Antriebsrad liegen und
   nicht verrutschen können.
3. Steck von innen das Kettenschloß - Unterteil durch, lege das
   Deckblatt auf. Die Feder muß so aufgesetzt werden, daß ihr
   geschlossenes Ende in die Drehrichtung der Kette zeigt :
4. Zieh die Feder über eine Niete des Unterteils (Niete muß im
   äußersten Ende der Feder sitzen, s. Abb. 116)

Abb. 116

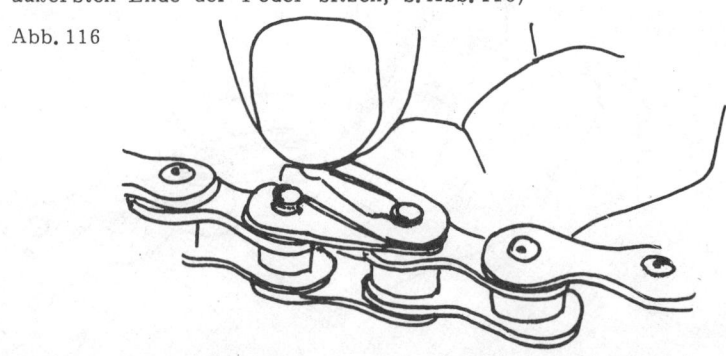

Abb. 117

"... wenn zwei zu gleicher Zeit eine doppelsitzige Maschine benutzen; da hindert keine Entfernung den Austausch der Gedanken, und die Unterhaltung der Fahrenden miteinander ist um so reger, je rascher die landschaftlichen Bilder wechseln. Ungemein wird natürlich der Reiz einer solchen Fahrt auf doppelsitziger Maschine erhöht, wenn zwischen zwei Fahrenden verschiedenen Geschlechts zarte Bindungen bestehen ..."

5. Lege beide Federenden schräg über die andere Niete
6. Drück mit dem Daumennagel erst ein Federende in die Rille
   der Niete, dann das andere (Abb. 118)

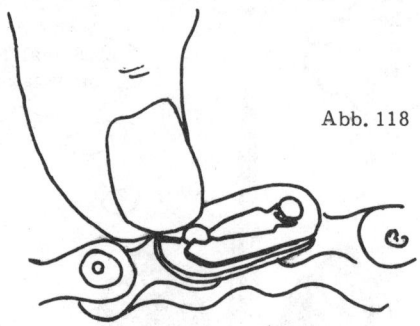

Abb. 118

PROBLEM: KETTE KNACKT

Sind Antriebsrad und Ritzel unversehrt? In dem Fall sind die
Symptome als rheumatische Beschwerden zu deuten. Auf gut
deutsch, du hast die Kette verrosten lassen. Gönn dem Velociped
einen Tag Pause. Solange muß die Kette nämlich eingelegt werden,
am besten in Benzin oder Diesel (Heizöl). Wie du die Kette
abnimmst, kannst du den vorangegangenen Beschreibungen
entnehmen. Im Benzinbad muß die Kette einweichen und gereinigt werden (deine Zahnbürste wäre vorzüglich geeignet...)
Zum Abtropfen auf Zeitungspapier legen. Nach dem Aufsetzen muß
die Kette geölt oder gefettet werden, und zwar jedes Glied für sich.

PROBLEM: KETTE SCHWERGÄNGIG DURCH VERKRUSTUNG

Schmutz- und Schmierablagerungen können ebnfalls im Bad entfernt
werden (s. o.).

P. S. Eine neue Kette läuft am besten auf neuem Antriebsrad und
neuem Ritzel.

Preise

Breite Kette (1/2" x 1/8")	DM	5. - 7. -
Schmale " (1/2" x 3/32")	DM	5. -15. -
Kettenschloß	DM	0. 50
Nietendrücker	DM	5. - 7. -

KETTENSCHUTZ

Er gehört einfach dazu. Und das nicht nur, weil die Kette bei
Schlechtwetterfahrten heftig mit Schlamm um sich wirft.
Wem schon einmal bei Volldampf voraus das Hosenbein in die
Kette geraten ist, weiß, was ich meine. Das kann zu üblen Stürzen
führen, weil einem das rechte Bein von der Pedale gezogen wird
und man mit dem linken Fuß allein nur noch schwer treten kann.
Da hilft nur: Cool bleiben und geradeaus lenken. Versuchen, die
linke Pedale ganz im Kreis durchzutreten, sodaß das eingeklemmte
rechte Hosenbein um den Zahnkranz mitgenommen wird und dann
(perforiert) wieder freikommt.
Einen Kettenschutz würde ich nach folgenden Gesichtspunkten
aussuchen:
- wirksamer Schutz vor der Kette (jelängerjelieber, denn an einem
  zu kurzen kann Hose oder Schale hängenbleiben)
- keine scharfen Kanten
- stabil
- leicht zu montieren bzw. zu demontieren

Der normale Kettenschutz ist an zwei Stellen mit dem Rahmen
verbunden, und zwar meistens fest an angelöteten Stegen.
Für verstellbar angebrachte Kettenschutzbleche gilt nur die schlichte
Regel, daß man die Rohrschellen anfangs nur soweit befestigt,
daß die Stellung noch korrigiert werden kann. Bei einer Proberunde
vergewissert man sich, daß die Kette nicht am Kettenschutz anschlägt und schraubt diesen anschließend fest.
Immer beliebter wird der geschlossene Kettenschutz, der mit den
Hollandrädern wieder in Mode gekommen ist. Ob er wirklich so
praktisch ist, weiß ich nicht. Vor allem soll das geschlossene Gehäuse die Kette schützen, denn für die Hosenbeine reicht auch der
lange normale Kettenschutz. Offenbar kommt aber trotzdem Sand
und der bleibt dann mit Sicherheit drin. Der bei uns angebotene
Vollkettenschutz aus Plastik schirmt dagegen nur die Außenseite ab.
Er ist einfach zu montieren und läßt die Hinterradnabe frei -
günstig für Reparaturen. Anders der original holländische Kettenschutz aus Moleskin oder Wachstuch. Er schließt die Hinterradnabe ein und ist, so nett er auch aussieht, ein ganz vertracktes
Ding, wenn man an Kette und Hinterrad herumfummeln muß.

HINTERRADAUSBAU BEI HOLLANDKETTENSCHUTZ
(Abb. 119 - 121)   Knochen
                                                    Zange
1. Rad auf Sattel und Lenker stellen   Zeit 20 Min
2. Druckknopf öffnen, Verschlußdraht herausziehen (Abb. 119)
3. Rohrschelle des Bremsarms lösen (s. "Hinterradnabe")
4. Bei Nabengangschaltung: Einstellhülse abschrauben
5. Radmuttern und Kettenspannermutter abschrauben
6. Kettenschutzhülle nach hinten herunterziehen VORSICHT:
   Das Ende ist meist in einen Dorn des Kettenschutzrahmens
   eingehakt; nicht abreißen (Abb. 120)

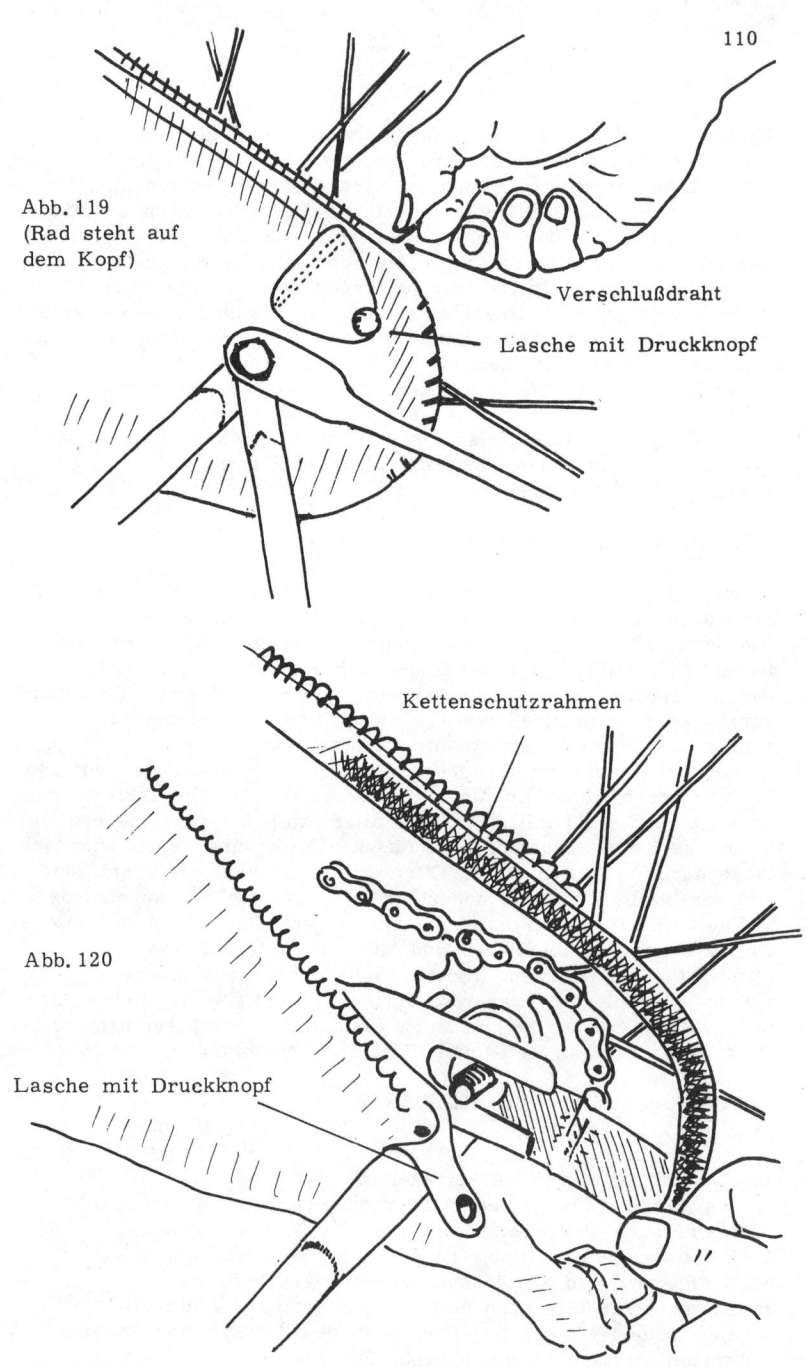

Abb. 119
(Rad steht auf
dem Kopf)

Verschlußdraht

Lasche mit Druckknopf

Kettenschutzrahmen

Abb. 120

Lasche mit Druckknopf

7. Kleine Schraube, die die Kettenschutz - Rahmenbleche mit der Halterung verbindet, herausschrauben (Zange). Es handelt sich um eine Karosserieschraube, d.h. sie hat ein grobes Gewinde, läuft spitz zu wie eine Holzschraube und es ist keine Mutter zum Gegenhalten nötig (Abb. 121)
8. Oberes Rahmenblech aushaken (d.h. dasjenige Blech, das jetzt oben ist - wenn das Fahrrad richtigrum steht, ist es das untere Blech)
9. Hinterrad ganz nach vorn schieben
10. Kette abheben, Hinterrad herausnehmen

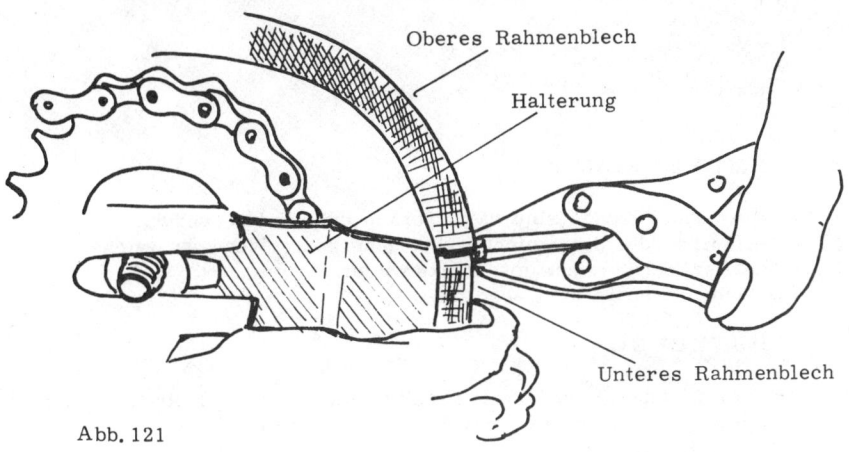

Oberes Rahmenblech

Halterung

Unteres Rahmenblech

Abb. 121

Einbau
erfolgt in umgekehrter Reihenfolge. Bevor du den Verschlußdraht wieder einführst, gönn ihm eine Schmirgelkur und öle ihn leicht ein. Wenn du die beiden Verschlußspiralen gleich zu Anfang richtig ineinanderhältst, bereitet das Einschieben des Verschlußdrahtes keine Schwierigkeiten.
Wie schon beim "Reifenflick" angesprochen, läßt sich der Reifen mittels einer Aufspreizzange auch ohne Demontage des Hinterrads entfernen. Der Vollkettenschutz von Raleigh läßt sich für Reparaturen übrigens leichter öffnen.

Preise

Einfacher Kettenschutz	DM	6. -
Plastik - Vollkettenschutz	DM	10. -

am Hinterrad gehören auch zu den Sicherheitsmaßnahmen.
Sie sollen wehende Kutten von den Speichen fernhalten. Du kennst
sicher diese Kleidernetze aus bunt umsponnenen Gummibändern,
die immer so schnell kaputtgehen und in denen sich mancherlei
verhakt. Eh du so ein Netzwerk erstehst, vergewissere dich, ob
im Schutzblech die nötigen Löcher vorhanden sind. Zur Montage
wird der Drahtring auf die Hinterradnabe geschoben und mit der
Radmutter befestigt. Die Gummibänder werden mit Drahthäkchen
in die Löcher des Schutzblechs eingeklinkt.
Solider sind Rockschoner aus Plastik, wie man sie an Hollandrädern sieht. Sie sind mit zwei Spangen und einer Drahtklammer
angebracht und lassen sich in nullkommanix an- und abbauen.

Preise

Kleidernetz   DM 5. -

SCHMUTZFÄNGER

an den Schutzblechen sind nicht gerade dringend notwendig,
es sei denn, die Schutzbleche sind sehr kurz. Wenn du welche
anschaffst, dann welche mit Rückstrahler.
Wirklich notwendig sind aber die

SCHUTZBLECHE

Bei Regen und Schmuddelwetter reißen die Räder den Straßenschlamm im Kreis herum, um ihn dann als schwarze Sommer-
sprossen in dein Antlitz zu schleudern (so wäre es, wenn du
keine Schutzbleche hättest). Rennfahrer müssen das natürlich ab-
können, denn sie geizen ja mit jedem Gramm. Fangen wir an
mit Schutzblechen für Durchschnittsfahrer wie dich und mich.
     Es gibt sie aus Stahl, Leichtmetall, Plastik - lackiert, poliert,
verchromt, verkratzt usw. Die Anbringung ist aber ziemlich
einheitlich. Das heißt leider noch nicht, daß die Montage/Demon-
tage einfach wäre. Naturgemäß sind alle Schrauben an der Innenseite der Schutzbleche von dauerhaften Dreckkrusten bedeckt und
rosten sehr schnell. Eh du allzu stürmisch ans Werk gehst und
Muttern abgniedelst, Gewinde vermurkst oder gar Schrauben ab-
würgst, bitte   - Dreck abkratzen
                        - Rostlöser drauf
                        - Pause (...Brasil schmauchen, Kräutertee
                          schlürfen)
                        - fest gegenhalten und
                        - mit genau passendem Schlüssel abschrauben
                          (schwierig, das in der Innenseite der Bleche
                          hinzukriegen)

VORDERRADSCHUTZBLECH
ANBRINGUNG:
1. Angenieteter Blechwinkel, der am Bremsbolzen aufgehängt ist (Abb. 52)
2. Streben mit Bohrung oder mit gebogener Öse; werden auf Vorderradnabe aufgesteckt und durch Radmuttern festgehalten
   oder
3. Drahtstreben mit geraden Enden. Werden mit Klemmschrauben gehalten, die neben den Ausfallenden angebracht sind
   oder
4. Kombination aus 2. und 3. (Abb. 122)

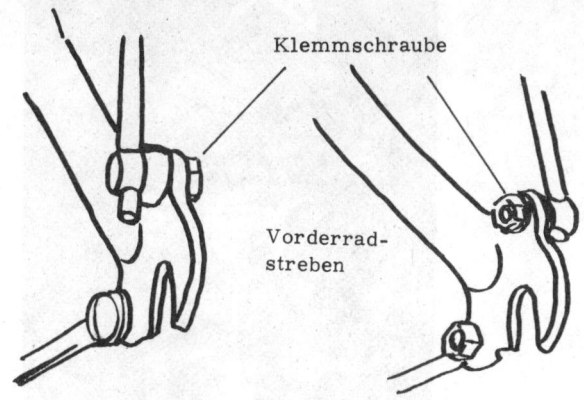

Klemmschraube

Vorderrad-
streben

Abb. 122

AUSBAU DES VORDERRADSCHUTZBLECHS

Knochen
Schraubenzieher
Zeit 8 Min

1. Haltemutter vom Bremsbolzen lösen
2. Radmuttern abnehmen bzw. Klemmschrauben lösen oder Haltemuttern abdrehen
3. Unter Umständen muß vorher das Vorderrad ausgebaut werden. Schutzblech zum Herausnehmen / Einsetzen seitlich verkanten

HINTERRADSCHUTZBLECH
ANBRINGUNG:
1. Befestigung mit Schraube nahe der Tretlagermuffe
2.   "   "   "   an den Hinterstreben des Rahmens
3. wie Vorderradschutzblech Nr. 2 oder Nr. 3

Beim Ausbau macht die Halteschraube, die das Blech in der Nähe des Tretlagers hält, meistens Ärger. Notfalls abmeißeln und neue besorgen - beim Meißeln aber Obacht geben, daß nicht das Schutzblech selbst beschädigt wird.

Preise
Schutzblech   DM 10. - 15. -

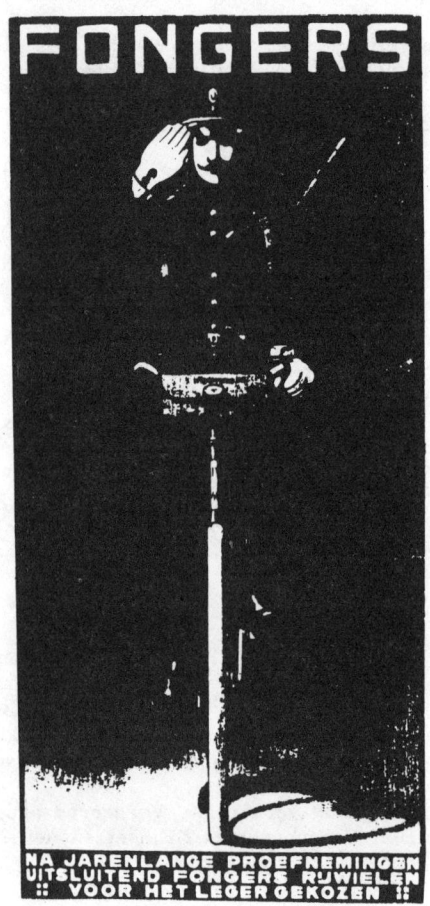

Abb. 123

HINTERRAD

In der Hinterradnabe hast du den vielleicht kompliziertesten Teil deiner Draisine vor dir - und du wirst staunen, wie schnell man damit vertraut werden kann! Außer der normalen Funktion einer Radnabe findest du hier ein Antriebselement vor: Das Ritzel, ein kleiner Zahnkranz, der über die Kette das Hinterrad in Bewegung versetzt. Dann gibt es da noch den Freilauf. Der ist auch schon vor über 100 Jahren erfunden worden, aber man kann sich immer wieder darüber erfreuen. (Stell dir vor, du müßtest bei jeder Geschwindigkeit, in jeder Situation, stets mitstrampeln! Die Urradfahrer müssen einiges gelitten haben ...)
In einer und derselben Nabe findet schließlich auch noch die Rücktrittbremse Platz, die allerdings in anderen Ländern nicht so populär ist wie in Deutschland. Ob deine Nabe einen Rücktritt hat, läßt sich auf einen Blick feststellen. Das typische Merkmal ist der Bremshebel, der mit einer Rohrschelle (Manschette) am Rahmen befestigt ist. Wenn kein Bremshebel vorhanden ist, hast du lediglich eine Freilaufnabe und wirst mit der Hinterradnabe keine Bremsprobleme ausfechten müssen. Das Vorgehen bei der Demontage bleibt trotzdem dasselbe wie nachfolgend beschrieben.
Die folgenden Anleitungen orientieren sich an den Torpedo - Naben. Es ist natürlich gut möglich, daß du eine andere, z. B. Durex oder NSU oder sonstige Nabe im Rad hast. Die Bauweise wird jedoch immer mit der der Torpedonaben vergleichbar sein.

PROBLEM: HINTERRAD EIERT
s. "Vorderrad"

PROBLEM: RITZEL BESCHÄDIGT

Zur Reparatur muß das Hinterrad ausgebaut werden.

Ausbau des Hinterrades   Knochen
(Abb. 124)   Zeit 6 Min
1. Rohrschelle des Bremshebels lösen. Das ist gleich eine gute Gelegenheit, den Sitz der Rohrschelle zu begutachten. Sitzt sie ganz stramm um das Rohr und hält den Bremshebel unverrückbar fest? Wenn nicht, miß die Rohrstärke aus und besorge eine neue Schelle. Diese Maßnahme ist sehr wichtig für eine gute Bremswirkung. Es gibt passende Schellen für jede Rohrstärke; laß dich also nicht mit Halbheiten abspeisen.
Bei manchen alten Hinterradnaben wird der Bremshebel statt mit einer Schraubschelle durch einen Bügel am Rahmenrohr gehalten.
2. Radmuttern lösen, Zwischenring, Unterlegscheiben usw. abnehmen. Kettenspanner ganz zurückschrauben (s. a. Abb. 112), sodaß Hinterrad nach vorn geschoben werden kann (bei Ausfallenden ist das gleich nach dem Lösen der Radmuttern möglich.)
3. Kette vom Ritzel heben, über die Achse wegheben und auf dem Rahmen hängen lassen. Rad herausnehmen.
Ausbau bei Hollandrädern s. "Kettenschutz"

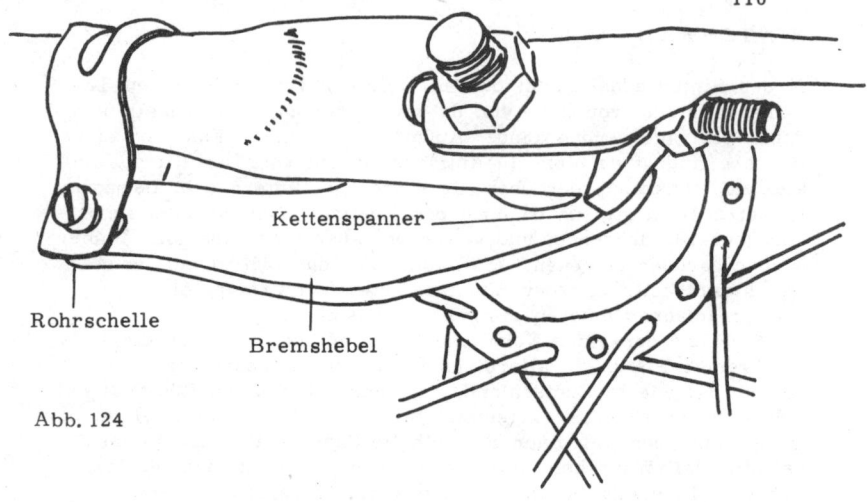

Kettenspanner

Rohrschelle

Bremshebel

Abb. 124

RITZEL (ZAHNKRANZ) AUSWECHSELN
(Abb. 125, 126)

Hammer
Schraubenzieher
Zeit   8 Min

a. Alte Hinterradnabe

Daran zu erkennen, daß über dem Zahnkranz ein Gewindering mit
einer Einkerbung liegt. Er sieht harmlos aus, aber er hat es in
sich: ein Linksgewinde nämlich. Um ihn mit passendem Hakenschlüssel (aber wer hat den schon?) oder mit Hammer und Schraubenzieher loszubekommen (Uhrzeigersinn!), mußt du das ganze Rad
festhalten. Sitzt er sehr fest, versuch es mit Rostlöser; notfalls
mit der Lötlampe warmmachen (Abb. 125)

Abb. 125

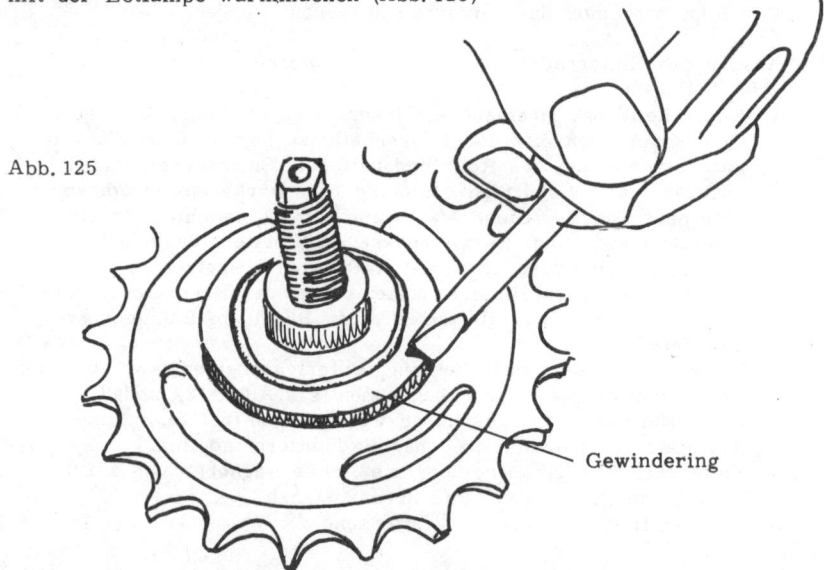

Gewindering

b. Hinterradnabe mit Sprengring

Er schmiegt sich in eine Rille und hält das darunterliegende
Ritzel fest. Auf einer Seite ist er offen. Mit dem Schraubenzieher kannst du ihn im Kreis drehen, daß du an die offene
Seite auch herankommst. Mit einem schmalen Schraubenzieher
kannst du

1. unter den Sprengring fassen und ihn heraushebeln ACHTUNG:
   Unterschätz diesen kräftigen Burschen nicht; er wird versuchen,
   dich anzuspringen. Du hältst ihn unter Kontrolle, wenn du ihn
   auf der gegenüberliegenden Seite - wo du nicht hebelst -
   mit einem Tuch runterdrückst. Das offene Ende hebst du
   also über die Rille hinaus. Bleibt der Ring dort liegen?
   Dann faß jetzt dies Ende mit sicherem Griff und nun kannst
   du ihn ganz einfach abziehen.   (Abb. 126)
2. Das Ritzel läßt sich abheben, aber HALT, erstmal genau hinsehen. Ist es flach oder gewölbt? Und wenn es gewölbt ist,
   sind dadurch die Zähne nach innen oder nach außen versetzt?
   Schließlich werden sich über oder unter dem Ritzel oft noch
   Distanzringe finden. Sie sollen, genau wie die Wölbung des
   Ritzels, dafür sorgen, daß Ritzel und Antriebsrad fluchten
   (d. h., in einer Linie liegen und nicht seitlich versetzt sind).
   Diese Distanzringe legst du am besten in der Reihenfolge des
   Ausbaus auf einem Tuch aus.

Abb. 126

Ring mit Tuch festhalten

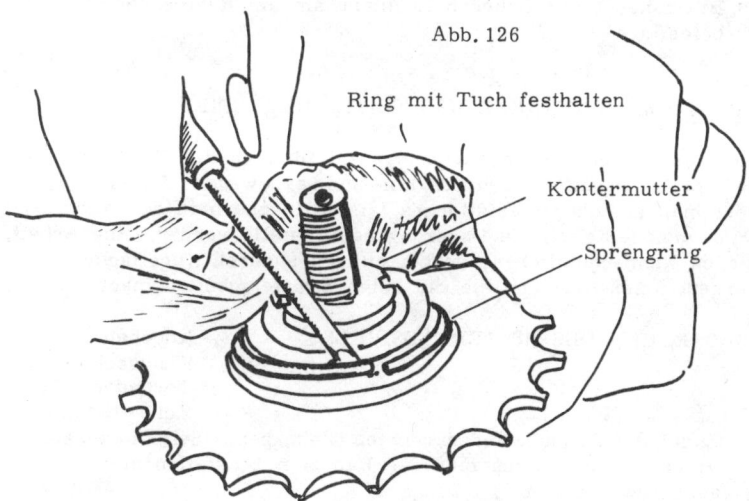

Kontermutter

Sprengring

Beim Abhebeln eines Sprengrings immer vom Körper weg arbeiten!

Bevor du ein neues Ritzel kaufst - warst du bisher mit der
Übersetzung zufrieden? Wenn dir das Treten insgesamt zu
anstrengend vorgekommen ist, dann nutz die Gelegenheit, gleich
ein Ritzel mit <u>mehr</u> Zähnen zu kaufen. Das erleichtert die
Pedalarbeit, aber <u>dafür</u> legst du bei einer Kurbelumdrehung weniger Weg zurück. Oder ging das Treten allzuleicht und mußtest
du beim Schnellfahren zu sehr strampeln? Dann nimm besser
ein Ritzel mit weniger Zähnen. Es gibt etliche zur Auswahl,
sodaß du schon das passende finden wirst. Unter Umständen
kann es nötig sein, nach dem Einsetzen eines kleineren Zahnkranzes die Kette zu kürzen. (s."Kette").
Das neue Ritzel wird nun genauso eingesetzt (Reihenfolge der
Distanzringe beachten!), wie das alte vorgefunden wurde.
3. Sprengring mit einem offenen Ende in die Rille legen und
   dort festhalten. Das andere Ende kannst du nun leicht in
   die Rille hebeln.
4. Rad einsetzen - Bremshebel soll dabei schon in der Nähe der
   Schelle liegen
5. Kette auf's Ritzel heben
6. Rohrschelle am Bremshebel befestigen, aber noch nicht fest
   anziehen
7. Rad nach hinten ziehen, bis die Kette richtig gespannt ist
   und das Rad gerade im Rahmen hängt
8. Kettenspanner anziehen (bei Ausfallenden evtl. Begrenzer
   einstellen, s.Abb.113)
9. Radmuttern anziehen
10. Bremshebel mit Rohrschelle starr am am Rahmenrohr
    befestigen

PROBLEM: HINTERRAD HAT SEITLICHES SPIEL

Sind die Radmuttern fest angezogen? Läßt sich das Rad, wenn
du am Reifen anfaßt, deutlich hin- und herbewegen? Dabei
hört man ein charakteristisches leises Knackern in der Nabe.
Dann muß lediglich die Lagerung nachgestellt werden, eine Arbeit,
die du wahrscheinlich schon bei einigen anderen Kugellagern
vorgenommen hast und die dir keine Schwierigkeiten machen wird.

EINSTELLEN DES HINTERRADSPIELS   Knochen
    Konusschlüssel
    Torpedoschlüssel
    Zeit 15 Min
a. Endet die Achse auf der rechten (Zahnkranz-)Seite in einem
   Vierkantstück? Dann muß das Rad zum Einstellen nicht
   ausgebaut werden.
1. Radmuttern lösen
2. Kontermutter links lösen (Torpedoschlüssel). Wie du Kontermutter aussieht, kannst du Abb.126 entnehmen.
3. Setz den Torpedoschlüssel auf das Vierkantende. Drehst du im
   Uhrzeigersinn, stellst du das Lager fester.

4. Spiel überprüfen (s. a. "Kugellager")
5. Kontermutter anziehen, Radmuttern anziehen

b. Sind beide Achsenden rund? Dann
1. Hinterrad ausbauen
2. linke Kontermutter lösen
3. mit dem Bremshebel den direkt dahinterliegenden Konus
   festdrehen (Spiel einstellen, s. "Kugellager")
   Dreht die Achse mit? Dann rechten Konus mit Konusschlüssel
   festhalten. Dreht immer noch mit? Rechten Konus mit Kontermutter kräftig kontern, dann rechten Konus gegenhalten.
4. Überprüfung: Bei festangezogener (linker) Kontermutter muß
   das Hinterrad jetzt ohne Reibung und ohne seitliches Wackeln
   frei laufen können
5. Hinterrad einbauen

EINSTELLEN BEI SPEZIALNABEN

a. Nabenschaltung s. "Gangschaltungen"
b. Hinterradnabe mit eingebauter Dynamoeinheit   (Abb. 127)
   ("Dynohub" von Sturmey - Archer)
   1. Rad ausbauen
   2. Kontermutter lösen
   3. Konus mit geschlitzter Scheibe X einstellen
   4. Kontern, Rad einbauen
c. Hinterradnabe mit Trommelbremse
   s. vorangegangene Beschreibung
d. Kettenschaltungen
   Einstellung des linken Konus genau wie Einstellung der
   Vorderradnabe

Abb. 127

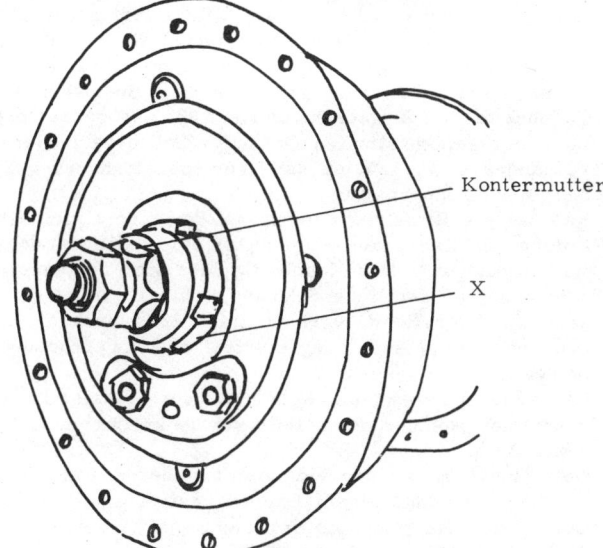

Kontermutter

X

PROBLEM: HINTERRAD KLEMMT

Rad läßt sich nur schwer bewegen. Ist es richtig im Rahmen
befestigt, d. h. klemmt es wirklich in der Nabe und schleift es
nicht etwa am Rahmen? Das Problem ist fast identisch mit dem
vorher beschriebenen: Das seitliche Spiel der Hinterradnabe ist
nicht korrekt eingestellt. Richte dich nach der vorangegangenen
Anleitung. Hast du Zeit, wage dich lieber gleich an die Demontage.

PROBLEM: HINTERRAD KNACKT

und dreht schwer. Wie du inzwischen weißt, liegt das Übel in der
Lagerung - in den Kugellagern. Anfangs wird es sich nur um zu
großes seitliches Spiel gehandelt haben; dann ist irgendwann soviel
Zwischenraum entstanden, daß Kugeln oder Teile des Kugelkäfigs
eingeklemmt wurden und Unheil anrichten konnten. Mit Nachstellen
ist es jetzt nicht mehr getan:

DEMONTAGE DER HINTERRADNABE   Knochen
(Abb. 128, 129)   Torpedoschlüssel
                                           Schraubenzieher
                                           Zeit 25 Min

1. Rad herausnehmen
2. Kontermutter auf der Bremshebelseite abdrehen, Zwischenring
   abnehmen. Wenn du einen Schraubstock hast, kannst du dir die
   Arbeit sehr erleichtern, indem du die Achse auf der Ritzelseite
   mit dem vierkantig ausgeformten Ende einspannst. Aber nicht
   das Gewinde einspannen!
3. Mit einer Hand drückst du das Ritzel fest gegen die Nabenhülse,
   damit beim Lockern nichts herausfällt. Gleichzeitig schraubst du
   mit der anderen das Vierkantende der Achse los (Torpedoschl.).
   Dadurch wird die Achse jetzt aus dem Bremskonus (auf der
   Gegenseite) herausgedreht und entläßt das ganze Innenleben der
   Nabe aus seiner straffen Ordnung. Sollte kein Vierkantende
   vorhanden sein, faßt du am Bremshebel an und schraubst damit
   den Bremskonus heraus.
4. Rad auf die Ritzelseite legen - so kann dort nichts herausfallen.
5. Untersuche Konus und Kugeln auf der obenliegenden Seite
   (s. "Kugellager") Der Kugelkäfig läßt sich übrigens nicht herausnehmen. Sind deutliche Schäden sichtbar, weißt du immerhin
   schon, wo der Hund begraben liegt. Aber auch die andere Seite
   kann beschädigt sein. Leg erstmal den abgeschraubten Konus
   beiseite.
6. Rad anheben, sodaß die Achse auf der Ritzelseite (unten) herausgenommen werden kann. Halt sie senkrecht, dann bleiben alle
   Teile drauf.
7. Nun kannst du sie nacheinander von der Achse pflücken, in Benzin
   reinigen und mit einem Lappen restlos säubern und trocknen.
   Lege die Teile gleich in der richtigen Reihenfolge aus. Vergleiche
   sie mit den Abb. 128 und 129.

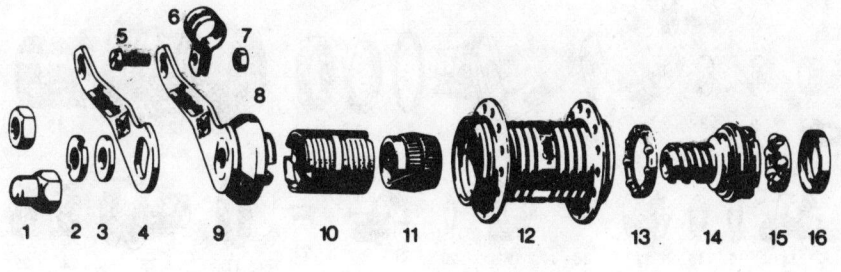

Abb. 128   Torpedo - Komet - Nabe

1   Sechskant - oder Hutmutter
2   Sicherungsmutter (Kontermutter)
3   Sicherungsscheibe
4   Bremshebel
5   Zylinderschraube M5
6   Rohrschelle
7   Sechskantmutter M5
8   Staubdeckel
9   Hebelkonus
10   Bremsmantel
11   Antriebskonus
12   Nabenhülse
13   Kugelhalter (Kugelkäfig)
14   Antreiber
15   Kugelhalter (Kugelkäfig)
16   Staubdeckel
17   Achse
18   Staubdeckel
19   **Ritzel**
20   Beilagscheibe
21   Sprengring
22   Schlüssel

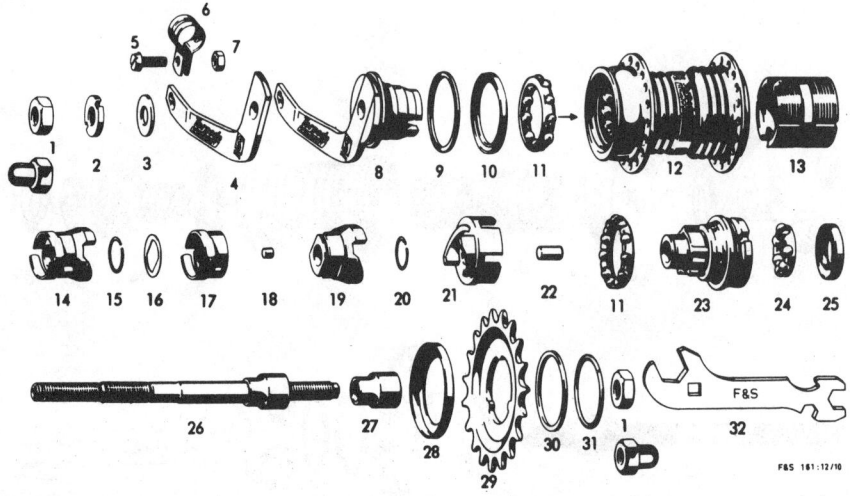

Abb. 129   Torpedo - Freilauf - Nabe

1	Sechskant- oder Hutmutter	24	Kugelhalter (Antreiber)
2	Sicherungsmutter (Kontermutter)	25	Staubdeckel
3	Sicherungsscheibe	26	Achse
4	Bremshebel	27	Festkonus
5	Zylinderschraube M5	28	Staubdeckel
6	Rohrschelle	29	Ritzel
7	Sechskantmutter M5	30	Scheibe
8	Hebelkonus	31	Sprengring
9	Hebelkonusdeckel	32	Schlüssel
10	Einpreßdeckel für Nabenhülse		
11	2 Kugelhalter (Kugelkäfige)		
12	Nabenhülse		
13	Bremsmantel		
14	Bremskonus kpl.		
15	Sprengring		
16	Scheibe		
17	Friktionsfederhülse		
18	Walze		
19	Bremskonus (nackt)		
20	Sprengring		
21	Walzenführungsring		
22	Antriebswalze		
23	Antreiber		

-Bremsmantel.
-Bremskonus mit Friktionsfederhülse
(verschiedene Modelle haben keine solche Friktionsfedern,
sondern ein hervorstehendes Federende am Konus, das in
den Schlitz des Bremsmantels paßt - s. X in der Abb.)
-den Walzenführungsring kriegst du erst herunter, nachdem
du den kleinen Sprengring entfernt hast ACHTUNG: ein
sauberes Tuch unterlegen, denn gleich fallen 5 kleine
Walzen heraus.
-Kugellagerkäfig
-Antreiber mit Ritzel
-drehst du den Antreiber herum, entdeckst du ein weiteres
Kugellager, daß durch einen Staubdeckel geschützt ist.
Letzteren (vorsichtig, damit er nicht verbiegt) mit einem
schlanken Schraubenzieher herausheben. ACHTUNG lose
Kugeln!

Die vorangegangene Beschreibung orientiert sich an der Torpedo-
Freilaufnabe . Beim Zerlegen der anderen Naben (Jet, Komet o. ä.)
entfällt der Walzenführungsring, dafür hat man den Antriebskonus.
Wenn du die Teile in der richtigen Reihenfolge auslegst, wirst du
beim Zusammenbau keine Schwierigkeiten haben: Achse mit Zahnkranz
und Antreiber von rechts einführen, die anderen Teile von links.
Kugelkäfige mit der geschlossenen Seite nach außen einlegen.
Zum Einstellen des Lagers Bremshebel festhalten und Vierkantende
der Achse mit Torpedoschlüssel drehen. Lies dir bei der Montage
aber bitte auch die folgende Anleitung durch, die für das kompli-
ziertere Torpedo - Freilauf - Modell gilt.

ÜBERPRÜFUNG DER LAGER UND MONTAGE DER NABE

Torpedoschlüssel
Knochen
Klebestreifen
Zeit   25 Min

1. Überprüfe Festkonus (bei Beschädigung Achse komplett ersetzen)
2. Achse gerade?
3. Überprüfe Lagerschale des kleinen Lagers im Antreiber (das ist
   der Teil, mit dem du dich zuletzt nach Entfernung des Staubdeckels befaßt hast) sowie die große Lagerschale im Antreiber
4. Sind Achse mit Festkonus und beide Lagerschalen des Antreibers makellos?
5. Kleine Lagerschale mit Fett und Kugeln füllen, Staubdeckel
   aufdrücken.
6. Achse senkrecht halten bzw. Vierkantende im Schraubstock einspannen. Antreiber mit fertigem Kugellager nach unten auf die
   Achse setzen. Dreht leicht? Laß einen Tropfen Öl an der Achse
   herunter in den Antreiber laufen
7. Kugelkäfig heil? Große Lagerschale des Antreibers einfetten,
   Kugelkäfig mit geschlossener Seite nach unten auflegen.
8. Untersuche die zugehörige Lagerschale in der Nabenhülse.
   Beschädigt? Dann muß die Nabenhülse vom Fachmann begutachtet
   und wahrscheinlich erneuert werden.

9. Steck die Achse, so wie sie ist, in die Nabenhülse und prüfe die Leichtgängigkeit. Korrekt? Nimm sie wieder heraus, fette die Lagerschale ein und lege den Kugelkäfig mit der geschlossenen Seite zur Lagerschale auf.

10. Die Montage des Walzenführungsringes und gleichzeitig der Walzen könnte dich Zeit und Nerven kosten. Wird aber durch Anwendung eines kleinen Tricks zum Kinderspiel. Klebe außen um den Walzenführungsring einen Klebestreifen. Leg das gute Stück vor dich auf den Tisch, und zwar mit den beiden gekurvten Steigzähnen nach unten. Drück die sauberen Walzen von innen an den Klebestreifen. Laß das Gerät erstmal so liegen.

11. Sieh dir bitte den Antreiber genau an. Er hat fünf trapezförmige Zähne, zwischen denen die Walzen zu liegen kommen. Bei näherem Hinsehen erweisen sich die Zwischenräume als unregelmäßig. Wichtig für dich: Die Walzen kommen dorthin, wo diese Zwischenräume am tiefsten sind.

12. Dreh nun vorsichtig den Walzenführungsring um. Hängen noch alle Walzen drin?

13. Führe ihn über die Achse. Laß ihn so auf den Antreiber gleiten, daß die Walzen in dem vorher ausgespähten großen Zwischenraum Platz finden. War garnicht so schwer, oder?

14. Ehe die Walzen flüchten können, schieb den kleinen Sprengring auf die Achse und drücke ihn in die Rille des Antreibers. Das läßt sich sogar mit den Fingern machen. Damit sind Walzen und Führungsring gesichert.

15. Achse mit Antreiber in die Nabenhülse setzen (gegenüber dem noch eingebauten Kugellagerkäfig). Die folgenden Teile werden jetzt von der anderen Seite eingesetzt:

16. Bremskonus mit den Steigzähnen gegen die Steigzähne des Walzenführungsrings setzen.

17. Bremsmantel mit den Haltenasen nach oben auf die Friktionsfederhülse (welch ein Wort!) setzen. Mantel fetten (s. Abschnitt "Schmierung" am Ende des Kapitels) und Fettvorrat an den Haltenasen anbringen.

18. Kontrolle: Zwischen Ritzel und Nabenhülse darf jetzt nichts mehr vom Kugellager zu sehen sein. Sollte das aber noch der Fall sein, hilft Hin- und Herdrehen.

19. Bremshebel mit Schrift nach oben (außen) in den Bremshebelkonus einlegen. Konus aufdrehen in Richtung auf das noch in der Hülse befindliche, neu eingefettete Lager. Wie du gesehen hast, sind im Bremshebelkonus zwei Aussparungen, in die die Haltenasen des Bremsmantels fassen. Beim Herunterschrauben kommt das richtige Einklinken meistens nicht gleich zustande. Halt daher den Konus so, daß die Aussparungen genau über den Haltenasen stehen. Jetzt drehe mit dem Vierkantende der Achse (im Uhrzeigersinn) die Teile aneinander heran, bis sie ineinander fassen.

20. Spiel einstellen wie unter "Problem: Seitliches Spiel" beschrieben.

21. Zwischenring und Kontermutter aufsetzen, anziehen.

Kontrolle: Läuft das Rad leicht? Wenn immer noch das entnervende Knacken zu hören ist, gibt es nur zwei Möglichkeiten:
a. Du hast Lagerschalen und Konusse nicht sorgfältig genug untersucht, Riefen oder Narben übersehen oder schadhafte Teile nicht ausgewechselt. Wenn du dir aber ganz sicher bist:
b. Die Lagerschale auf der Bremshebelseite ist beschädigt. Der Kugelkäfig wird hier durch einen Einpreßdeckel am Herausfallen gehindert. Den kriegst du aber nicht heraus - frag einen Fachmann oder eine Fachfrau.

PROBLEM: NABE TRITT IM ANTRIEB ODER BREMSEN DURCH

Sie bremst nicht ausreichend oder schleift.

A. Torpedo - Freilauf oder ähnliche Nabe   Werkzeug s. o.
                                               Zeit 40 Min
1. Demontage wie vorangehend beschrieben (Nr. 1 - 7), aber du brauchst den Walzenführungsring diesmal nicht abzunehmen und kannst auch das kleine Kugellager schlummern lassen.
2. Reinige den kompletten Antreiber und den ebenfalls kompletten Bremskonus in Benzin.
3. Überprüfe die Friktionsfederhülse nach Abb. 130 und biege die Federschenkel gegebenenfalls auf. Der Luftspalt zwischen Federschenkel und Ring muß wenigstens 1mm betragen.
4. Antreiber und Bremskonus mit ihren Einzelteilen werden nur leicht eingeölt. Der Bremsmantel wird mit Spezialfett geschmiert (s. "Schmierung"). Das kleine Kugellager am Festkonus wird gut, das große Lager leicht eingefettet. ACHTUNG: Das richtige Fetten bzw. Ölen ist außerordentlich wichtig, um eine einwandfreie Bremswirkung zu erzielen.
5. Montage wie im vorangegangenen Abschnitt beschrieben.

B. Jet- oder Komet - Nabe o. ä.   (s. Abb. 131, 132)

Vergewissere dich zuerst, ob das Spiel richtig eingestellt ist. Ja? Dann muß die Nabe zerlegt und folgende Teile überprüft werden:
1. Antriebskonus   Sind die Zähne (Riffelung auf Antriebs- und Bremsseite) abgeschliffen?   (Abb. 131)
2. Bremsmantel   -Haltenasen abgebrochen?
                    -Teilriffelung abgeschliffen?
                    -Feder ausgeleiert oder gebrochen? (Abb. 132)
Beschädigte Teile müssen erneuert werden.

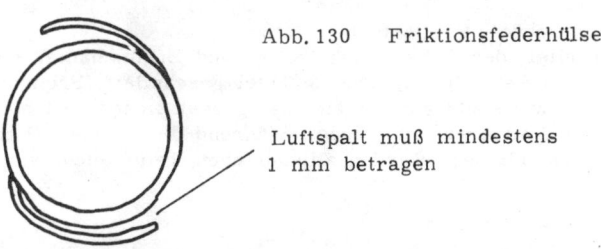

Abb. 130   Friktionsfederhülse

Luftspalt muß mindestens 1 mm betragen

Abb. 131

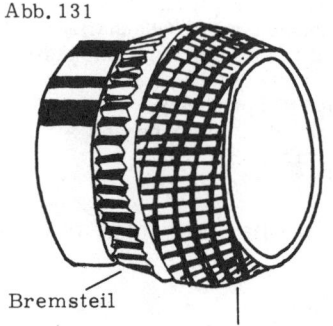

Bremsteil

Zahnung am Antriebskonus

Bremsmantelfeder

Abb. 132

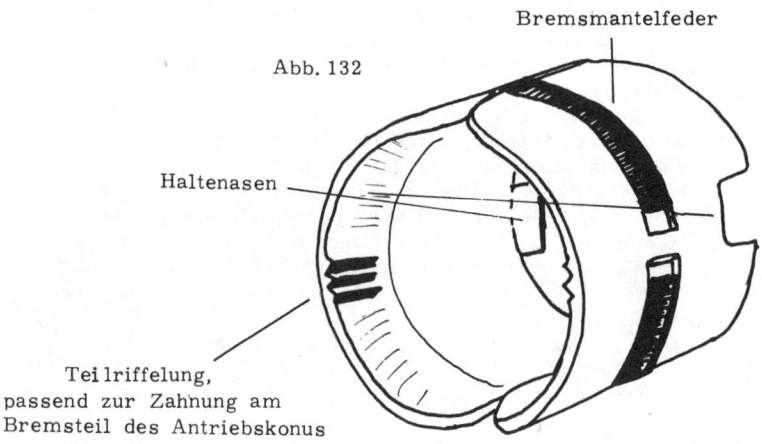

Haltenasen

Teilriffelung,
passend zur Zahnung am
Bremsteil des Antriebskonus

Ist die äußere Schicht des Bremsmantels gelblich - orange?
In dem Fall ist die Bremsschicht aus Messing oder Bronze;
bei silbrigem Glanz aus Stahl.

SCHMIERUNG DER HINTERRADNABE

1. Torpedo - Freilaufnabe
Mittelteil der Achse, Kugelkäfige und Bremsmantel werden mit
Sachs - Fett für Stahlbremsmäntel geschmiert (Bremsmanteloberfläche vollständig und gleichmäßig bestreichen; innen bei den Haltenasen Fettvorrat anbringen). Während die Antriebs/Bremswalzen
trocken bleiben, werden alle üblichen Teile leicht eingeölt.

2. Jet - Nabe , Komet - Nabe o. ä.

Achsmittelteil, Kugelkäfige, Nabenhülse (Bremsfläche) und Bremsmantel mit Sachs - Fett für Jet - Bremsmäntel einfetten. Antriebs-
Konus (Riffelverzahnung) und das Flachgewinde des Antreibers werden
leicht geölt.

WICHTIG: Da unzureichende Bremswirkung meistens auf falsche
Schmierung zurückgeht, lohnt es sich, die o. a. Empfehlungen zu
beachten. Statt der Spezialfette notfalls weiße Vaseline nehmen.
Nicht zuviel Fett und Öl auftragen!

FUNKTION DER FREILAUF - RÜCKTRITTNABEN

Soweit dich die Hinterradnaben mit Rücktrittbremse genauso
interessieren wie mich, kannst du versuchen, aus den folgenden
Beschreibungen klugzuwerden. Sehen wir uns zuerst den

Torpedo - Freilauf bzw. ähnliche Fabrikate

an. Das Ritzel wird über die Kette in Bewegung versetzt. Erinnerst
du dich noch an die seltsame Form des Antreibers? Wenn Ritzel und
damit Antreiber gedreht werden, liegen die fünf Walzen im flachen
Teil ihrer Bettungen und treten deshalb hervor (Abb. 133). Sie klemmen sich innen an der Nabenhülse fest und nehmen sie mit:
Das Hinterrad dreht sich.

Abb. 133

Walzen

Bremsmantel mit
zwei Federn ——

Ritzel

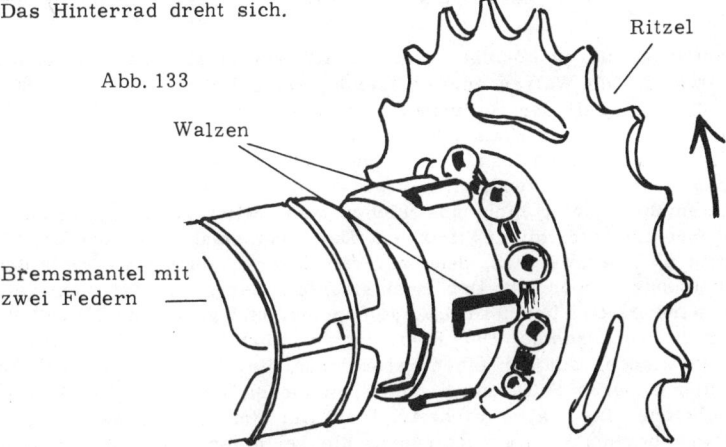

Bei der abgebildeten Nabe handelt es sich um ein älteres
Durex - Modell.

In dem Augenblick, wo man zu treten aufhört, preßt der Antreiber
die Walzen nicht mehr in den flachen Teil ihrer Bettungen.
Sie können jetzt zurückgleiten in den tiefen Teil (Abb. 134). Ab jetzt
treten sie auch nicht mehr aus dem Walzenführungsring hervor und
klemmen nicht mehr an der Nabenhülse fest. Die Nabenhülse und
damit das ganze Rad ist nicht mehr mit dem Antriebsmechanismus
verbunden und kann frei laufen (Freilauf).

Abb. 134   Freilaufstellung

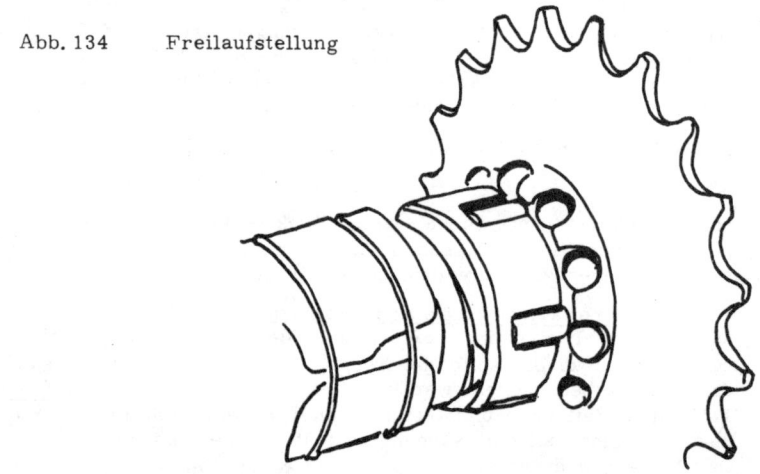

Wenn man, um zu bremsen, zurücktritt, bewegt sich auch das Ritzel
rückwärts. Die Walzen spielen hierbei keine Rolle, sie haben sich in
den tiefsten Teil der Bettungen zurückgezogen und lassen die Nabenhülse in Ruhe. Die Klauen am Ende des Walzenführungsringes
jedoch und am Ende des Bremskonus, die vorher so gut ineinander-
gepaßt haben, drücken sich nun voneinander weg. Während der
Walzenführungsring nicht ausweichen kann, wird der Bremskonus in
den Bremsmantel hineingetrieben. Der Bremsmantel kann diesem
Druck nicht ausweichen, denn auf der anderen Seite ist er mit dem
Hebelkonus verbunden. Der Bremsmantel, der geschlitzt oder geteilt
ist, wird durch diesen Druck aufgespreizt und gegen die Nabenhülse
gepreßt - er bremst. Der Bremsmantel würde am liebsten mitdrehen.
Daran wird er auf der einen Seite durch die Friktionsfeder gehindert,
auf der anderen Seite durch den Bremshebel, der mit dem Bremshebelkonus eine starre Einheit bildet. Am Bremshebel werden also
die erheblichen Kräfte abgetragen, die bei einer Bremsung entstehen.
Der bombenfeste Sitz des Bremshebels ist daher sehr wichtig für
eine gute Bremswirkung. Die Bremsleistung einer Rücktrittnabe ist
unglaublich groß. Die Flächenpressung zwischen Bremsmantel und
Nabenhülse kann leicht 300 kg je cm^{2} erreichen. Bei langanhaltendem
Bremsen können Temperaturen von über 200° auftreten, die jedoch
keine nachteiligen Wirkungen auf die Nabe haben.

Abb. 135   Bremsstellung

gegeneinander versetzte
Klauen

aufgespreizter Bremsmantel

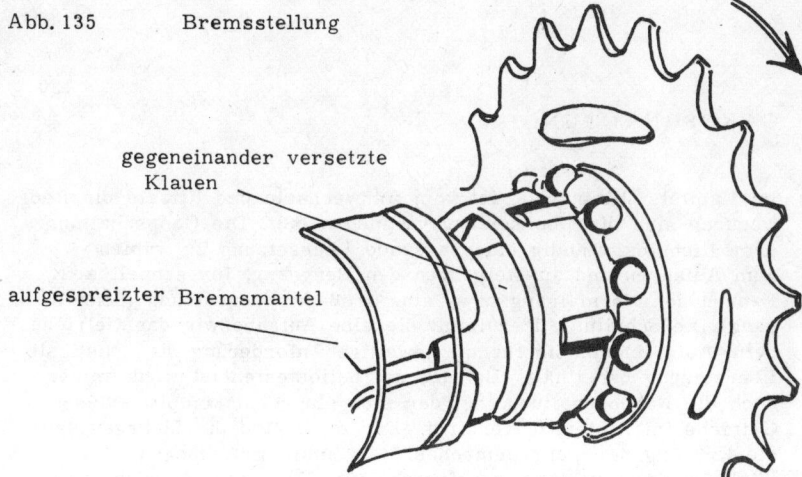

Funktionsweise der Jet - Nabe und ähnlicher Modelle

Mit Drehen des Ritzels bewegt sich auch der Antreiber. Sein
Flachgewinde schraubt sich dabei gewissermaßen in das des
Antriebskonus hinein. Hierdurch wird der Antriebskonus an den
Antreiber herangezogen. Dabei geraten schließlich die Riffelzähne
des Antriebskonus auf eine kegelförmige Fläche innerhalb der
Nabenhülse (kann man auf der Zeichnung nicht sehen). Hört man zu
treten auf, löst sich der Antriebskonus leicht wieder aus dem
Flachgewinde des Antreibers : Die Nabe dreht sich, Antreiber und
Antriebskonus verharren (Freilauf). Tritt man den Rücktritt, werden
Antriebskonus und Antreiber durch die Gewindeverbindung ausein-
andergedrückt. Da der Antreiber nicht ausweichen kann, tut es der
Konus und drückt sich in den Bremsmantel hinein. Auf dieser Seite
wirkt der Konus als Bremskonus, seine Zähne fassen in die Teilriffelung des Bremsmantels (vergl. Abb. 132). Der Bremsmantel
spreizt sich auf und hemmt die Drehung der Nabenhülse, indem er
sich innen an sie preßt wie ein ungestümer Liebhaber.
Beim Lösen der Bremse zieht der Federring des Bremsmantels
diesen wieder in Freilaufposition.

Abb. 136

Bremsmantel

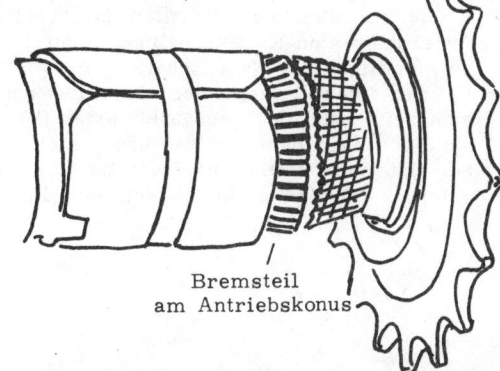

Bremsteil
am Antriebskonus

GANGSCHALTUNGEN

Im Kapitel "Hinterrad" ist vom Auswechseln des Ritzels die Rede, wodurch sich die Übersetzung verändern läßt. Die Gangschaltung ermöglicht es, ständig eine passende Übersetzung zu wählen - zum Anfahren und an Steigungen den Berggang, für schnelles Fahren den Normalgang bzw. eine größere Übersetzung (Schnellgang). Die Schaltung übernimmt dieselbe Aufgabe wie das Getriebe beim Auto, indem sie für die jeweilige Anforderung die günstigste Übersetzung bereithält. Bei uns am beliebtesten ist wohl immer noch die Nabenschaltung, bei der sich ein recht kompliziertes Getriebe im Hinterrad verbirgt. Für mich sind die Mehrgangnaben die Krönung der Fahrradmechanik - geniale Erfindungen, deren Wirkung sich unmittelbar erfahren läßt. Kompakte Bauweise und obendrein so gut wie wartungsfrei. Die Beliebtheit der Getriebenaben läßt sich vielleicht dadurch erklären, daß die Technik abgeschlossen in einem Gehäuse geborgen ist und weitgehend störungsfrei arbeitet. Das soll uns jedoch nicht hindern, auch die Nachteile zu erkennen: Die größte Bandbreite der Mehrgangnaben umfaßt fünf Gänge, meistens sind es aber nur zwei oder drei. Die Übersetzungsvariationen bleiben damit deutlich hinter denen einer Kettenschaltung zurück. Ein weiterer Nachteil ist der Kräfteverlust. Im Räderwerk des Getriebes wird ein erheblicher Teil deiner Muskelkraft abgetragen. In dieser Hinsicht arbeitet die Kettenschaltung wirksamer. Statt eines einzigen Ritzels sind hier mehrere verschieden große auf der Hinterradachse befestigt; statt eines Antriebsrades sind es zwei oder drei. Durch den Schaltmechanismus kann die Kette auf die verschiedenen Zahnkränze gehoben werden und eine ganze Reihe unterschiedlicher Übersetzungsverhältnisse herstellen. Es gibt 5-, 10-, 12- und 15-Gang-Kettenschaltungen, die alle nach demselben Prinzip arbeiten. Wichtig ist allerdings, daß man kaum sämtliche Gänge ausnutzen kann, weil die Kette überstrapaziert würde, wenn sie vom innersten Ritzel zum äußeren Antriebsrad laufen sollte. Als Nachteil wird oft empfunden, daß Kettenschaltungen sich nur während der Fahrt schalten lassen (schlecht vor Ampeln - man muß noch vor dem Anhalten rechtzeitig runterschalten) und daß durch Rückwärtstreten beim Schalten das Schaltwerk kaputtgehen kann. Außerdem sind Kettenschaltungen durch die außenliegende Mechanik störanfälliger als Nabenschaltungen.
Bei der Charakteristik der verschiedenen Schaltungen habe ich mich einerseits nach den gebräuchlichsten Schaltungen gerichtet, außerdem natürlich nach dem zur Verfügung stehenden Informationsmaterial. Sei also nicht enttäuscht, wenn du hier keine Details über die Shimano-Dreigangnabe findest oder über sämtliche Kettenschaltungen.

NABENSCHALTUNGEN

BAUWEISE DER GETRIEBENABEN

Außer den (halb)automatischen Torpedo - Zweigangschaltungen
bestehen alle Nabenschaltungen aus Nabe, Schaltzug und Schalter.
Der am häufigsten anzutreffende Schalter ist der Klickschalter
mit Anbringung neben dem Lenkergriff, Bedienung durch Finger
oder Fingerspitze (alle Hersteller). Der Lenker - Drehgriff
(von Shimano und Sturmey - Archer) wird auf der linken Lenker-
seite als Handgriff angebracht. Speed - Shift nennt man die Hebel,
die irgendwie an Flugzeug - Steuerknüppel erinnern und besonders
bei den Fahrern von High - Risers beliebt sind. Es gibt Ausführungen für Doppelrohr- und einfache Rahmen. Einen Doppelschalthebel gibt es nur für die Fünfgangnabe von Sturmey - Archer.

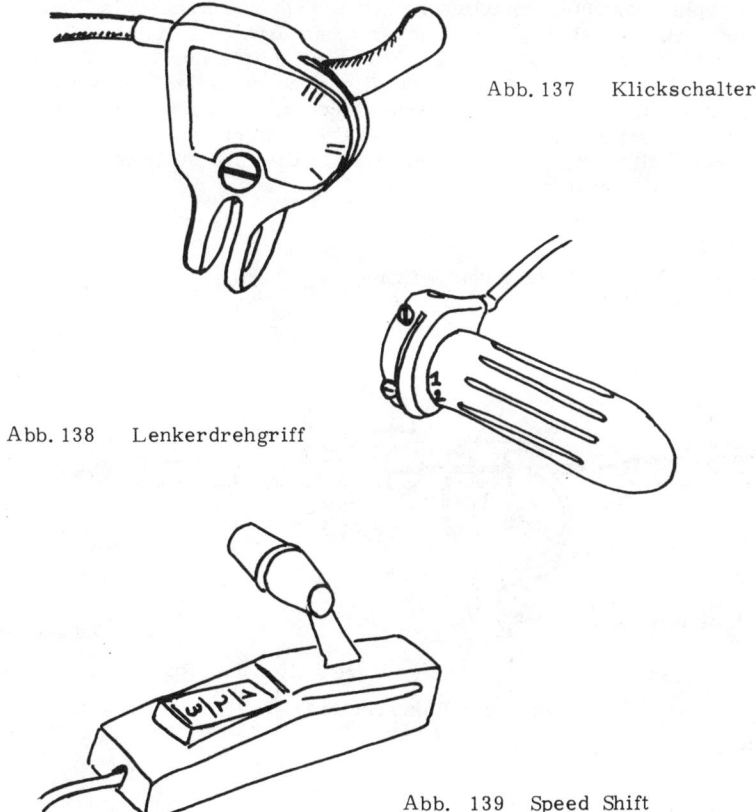

Abb. 137   Klickschalter

Abb. 138   Lenkerdrehgriff

Abb. 139   Speed Shift

Der Seilzug besteht aus einem Kabel, das die Kraftübertragung vom Schalter über das Schaltkettchen in die Nabe hinein vollzieht. Im Schalter wird das Kabel mit einem Kupplungsstück festgehal.-ten. Das erste Stück verläuft das Kabel in einer flexiblen Hülle, die beim Gegenhalter endet. Der weitere Verlauf des Kabels geht über eine oder mehrere Seilrollen. Genau wie der Gegenhalter sind auch die Seilrollen mit Rohrschellen am Rahmen befestigt, und ihr fester Sitz ist für eine einwandfreie Schaltfunktion notwendig. Der Seilzug endet in einer geriffelten Einstellhülse mit Innengewinde. Ein Tropfen Öl in die Hülse sorgt dafür, daß sie gegen den Seilzug drehbar bleibt und ihn nicht aufzwirbelt, wenn sie verdreht wird. Den Übergang vom Seilzug zur Nabe bildet die Zugstange mit dem Kettchen, das in der Kettenleitmutter geführt wird.   Für die oben beschriebenen Teile gibt es natürlich unzählige verschiedene Ausführungen : Seilzüge mit verschiedenen Kupplungen, unterschiedlich langen Kabeln und Kabelhüllen, alle möglichen Spielarten von Schaltkettchen usw. Wie immer gilt daher für den Ersatzteilkauf: Altes Teil mitnehmen!
Unabhängig von der Art des Schalters werden alle Nabenschaltungen (mit Ausnahme der automatischen und halbautomatischen) gleich betätigt:Der Gang wird durch Schalten bei gleichzeitigem Weitertreten mit wenig Druck gewechselt. Schalten im Stillstand ist nicht besonders günstig, aber möglich).

Abb. 140   Verlauf des Seilzuges

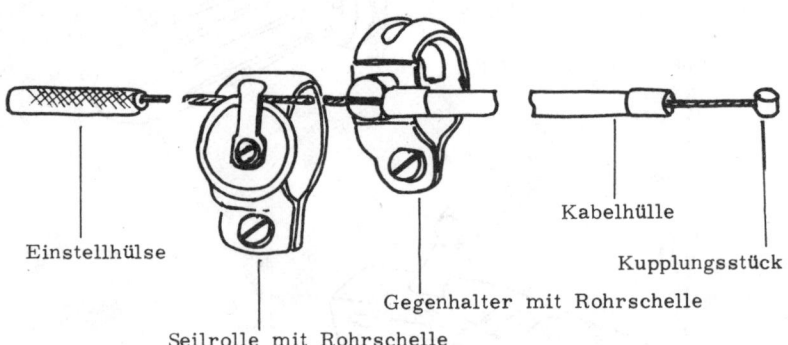

Kabelhülle

Einstellhülse

Kupplungsstück

Gegenhalter mit Rohrschelle

Seilrolle mit Rohrschelle

Bedenke bitte bei allen Reparaturarbeiten an Nabenschaltungen,
daß es sich um eine komplizierte Technik handelt. Die Demontage
der Nabe würde ich daher in jedem Fall einem Fachmann über-
lassen. Schon durch das Anziehen der falschen Mutter können
wichtige Teile brechen, durch Benutzung falscher Schmiermittel
kann die Funktion entscheidend beeinträchtigt werden und so
weiter. Die Montageanleitungen der Hersteller sind z. T. sehr
umfangreich und kompliziert - als Laie kann man jedenfalls eher
Schaden anrichten als Schaden beheben. Bei den nachfolgenden
Anleitungen habe ich mich deshalb auf Arbeiten beschränkt, die
man auch als Laie vornehmen kann. Sollten die beschriebenen
Maßnahmen keine Abhilfe schaffen, überlaß die Reparatur deiner
Werkstatt.

ANLEITUNGEN FÜR ALLE NABENSCHALTUNGEN

Allgemeine Hinweise
1. Zwischen Rahmen und Nabe dürfen keine Beilagen montiert
   werden
2. Nabe vor Wasser schützen (beim Waschen nicht abspritzen)
3. Einbau der Nabe: Die Achse darf sich in den Schlitzen der
   Unterstrebe nicht drehen. Sie ist daher an den Enden mit
   Abflachungen versehen, die genau in den Rahmen passen
   sollen. Zusätzlich wird die Achse durch Riffelscheiben in ihrer
   Lage gehalten (Abb. 141). Die Riffelscheiben müssen scharf
   sein, um sich richtig in die Rohrschlitze bzw. Ausfallenden
   hineinzukrallen, wenn du die Radmutter anziehst (Ausnahme:
   Torpedo - Zweigangnaben).
4. Zugkettchen bzw. Zugstange muß fest eingeschraubt sein.
   Beim Aufdrehen der Einstellhülse wird sie entsprechend nur
   soweit losgedreht, daß sie ohne Schwierigkeiten in Richtung des
   Seilzuges geschaltet werden kann. Beim Aufschrauben der
   Kettenleitmutter das Kettchen straffziehen.

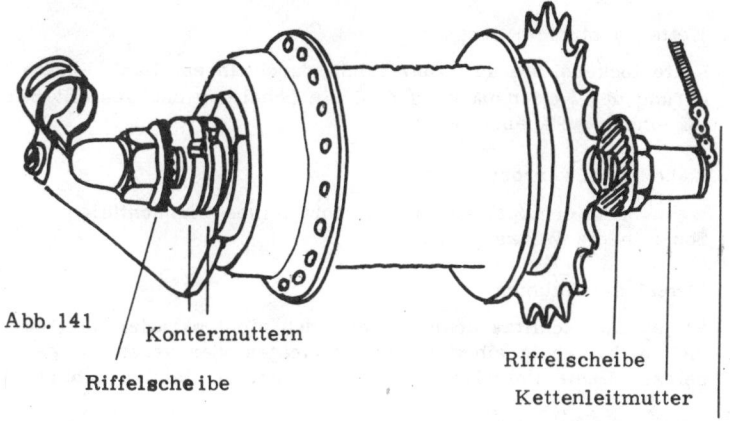

Abb. 141

Kontermuttern

Riffelscheibe

Riffelscheibe

Kettenleitmutter

Zugkettchen mit -stange

PROBLEM: NABE LÄSST SICH SCHWER SCHALTEN

(nicht für Zweigangnaben)
1. Kettenglieder an der Zugstange verbogen oder verrostet:
   mit Öl gängig machen oder ersetzen (s. Abb. 141)
2. Kettchen in der Kettenleitmutter eingeklemmt : s. 1.
3. ungünstige Verlegung des Schaltzugs: Neu verlegen, viele
   und enge Bögen vermeiden (s. Abb. 143 - 145)
4. Zugseil trocken oder verrostet oder ausgefranst: ölen oder
   ersetzen

PROBLEM: PEDALE WERDEN IM FREILAUF MITGERISSEN

A. Lager zu stramm eingestellt (Konus zu fest)

Lager einstellen   Knochen
(Abb. 141)   Torpedoschlüssel
                              Zeit 30 Min
1. Rad ausbauen (dazu Einstellhülse vom Kettchen abschrauben)
2. Kontermutter(n) auf der linken Seite lösen
3. Konus durch Drehen am Bremshebel oder, bei Naben ohne
   Rücktritt, an der Einstellschraube am Konus einstellen.
   (s. "Kugellager"). WICHTIG: Immer nur den Konus auf der
   Bremshebelseite einstellen, also nicht auf der Ritzelseite.
4. Kontermutter(n) kontern
WICHTIG: Das Lagerspiel muß hier besonders sorgfältig
eingestellt werden, da sonst das Einrasten der Gänge beeinträchtigt wird.
5. Rad einbauen, Einstellhülse aufdrehen und Seilzugspannung
   einstellen (wird bei den einzelnen Fabrikaten beschrieben)

B. Kontermuttern lose

Lagereinstellung überprüfen, Muttern fest kontern

C. Kette zu stramm gespannt

Kette lockern, sie soll ganz leicht durchhängen. Nach Verän-
derung der Kettenspannung muß die Schaltung nachgestellt werden
(s. einzelne Fabrikate).

D. Nabe innen verrostet

Wenn Schmiernippel vorhanden, dort feines Öl nachfüllen.
Sonst in die Werkstatt damit!

E. Defekt am Rahmen

Stehen Rohrschlitze oder Ausfallenden nicht parallel, läßt du
sie am besten in einer Werkstatt richten oder versuchst es
selbst : Feste Unterlage, schwerer Hammer, leichte Schläge.

PROBLEM: BREMSWIRKUNG ZU HEFTIG

Nabe bremst ruckartig oder geräuschvoll, klemmt oder blockiert.

1. Bremshebel - Rohrschelle zu groß: Genau passende Schelle anbringen, der Bremshebel muß spielfrei mit der Unterstrebe verbunden sein.
2. Rohrschelle ist an der falschen Bohrung des Bremshebels angebracht (Abb. 142). Wenn möglich, die kleinere Bohrung wählen.
3. Riffelscheiben nicht oder falsch herum montiert, s. "Allgemeine Hinweise".
4. Bremseinrichtung trocken, verrostet oder verschmutzt: Feines Öl einlaufen lassen (nicht zuviel!) in
   a. Schmiernippel oder
   b. die Fuge des Staubschutzdeckels auf der Hebelseite oder
   c. die Bohrungen im Staubschutzdeckel.
   Für b. und c. muß das Rad auf die Seite gelegt werden.
   Wenn die Bremswirkung sich nach dem Ölen nicht deutlich verbessert, muß der Bremsteil in der Werkstatt überholt werden.

Abb. 142   Bremshebel

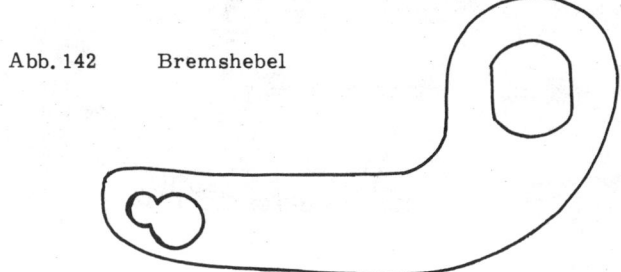

PROBLEM: HINTERRAD SCHLACKERT   s. "Hinterrad"

PROBLEM: HINTERRAD DREHT SCHWER

1. Lager zu stramm eingestellt (s. vorangegangene Seite)
2. Kontermuttern lose (s. ebendort)
3. Lagerung verspannt durch Bremshebel:
   Riffelscheiben überprüfen
   Rohrschelle des Bremshebels passend und in der richtigen Bohrung?
   Evtl. ist die Gabelweite so groß, daß die Nabe nicht fest angebracht werden kann.

PROBLEM: NABE SCHALTET NICHT

1. Schaltung falsch eingestellt (s. einzelne Fabrikate)
2. Zugstange nicht eingeschraubt
3. Schalter defekt: Bewegliche Teile ölen (ersetzen)
4. Schaltzug (Schaltseil) klemmt oder ist defekt:
   ölen oder ersetzen (altes Teil zum Kauf mitnehmen)
5. Gegenhalter oder Seilrollen locker: Befestigen (Abb. 143-145)
   Der Gegenhalter wird stets so angebracht, daß die Kabelhülle
   zwischen ihm und dem Schalter kein Spiel hat.

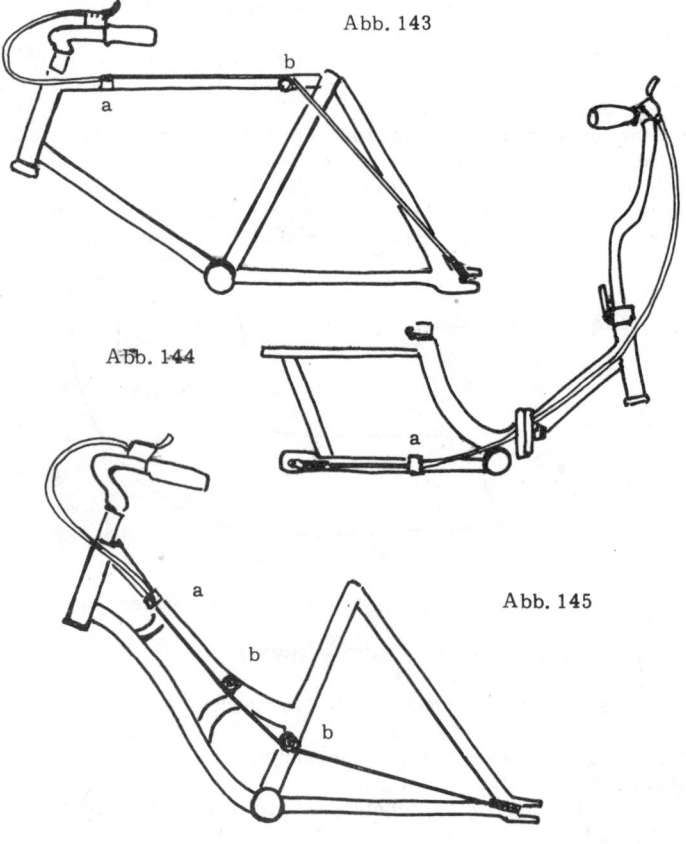

Abb. 143

Abb. 144

Abb. 145

a Gegenhalter
b Seilrolle

Die Abbildungen 143 und 145 sind spiegelverkehrt gezeichnet,
die Seilzüge verlaufen immer auf der rechten Seite des Rades.

ANLEITUNGEN FÜR TORPEDONABEN

DREIGANGNABEN
gibt es mit und ohne Rücktritt. Das ältere Modell, Typ 515 oder
415, hat einen Leerlauf - daran zu erkennen, daß sich auf dem
Schalter zwischen dem 2. und 3. Gang eine keilförmige Markierung
befindet.

EINSTELLEN DER SCHALTUNGEN 415 , 515   Zeit   5 Min
(Abb. 146, 147)

Die Einstellung orientiert sich an der Leerlaufmarkierung.
1. Wenn du den Schalthebel soweit anziehst, daß der Anzeiger
   auf Leerlauf zeigt, müssen sich Kurbel und Kette durchdrehen
   lassen. Ist das nicht der Fall, probiere, wo sich der Leerlauf
   einstellt. Ist es vor der Markierung, also zwischen dem 1. und
   2. Gang ? Dann mußt du das
2. Zugseil entspannen. Dazu drehst du die Kontermutter (eine
   Rändelmutter) los und entspannst das Zugseil durch Verdrehen der
   Einstellhülse. Jetzt Leerlauf erneut kontrollieren. Erst wenn du
   den Leerlauf in Übereinstimmung mit der Kontrollmarkierung
   gebracht hast, drehst du die Rändelmutter wieder fest gegen die
   Einstellhülse.
3. Ist der Leerlauf so verstellt, daß er sich zwischen der Leerlaufmarkierung und dem 3. Gang befindet, muß das Zugseil gestrafft
   werden.

<u>PROBLEM</u>: NABE TRITT IM ANTRIEB ODER RÜCKTRITT DURCH
Die Nabe ist falsch eingestellt, richte dich nach der obigen Anleitung

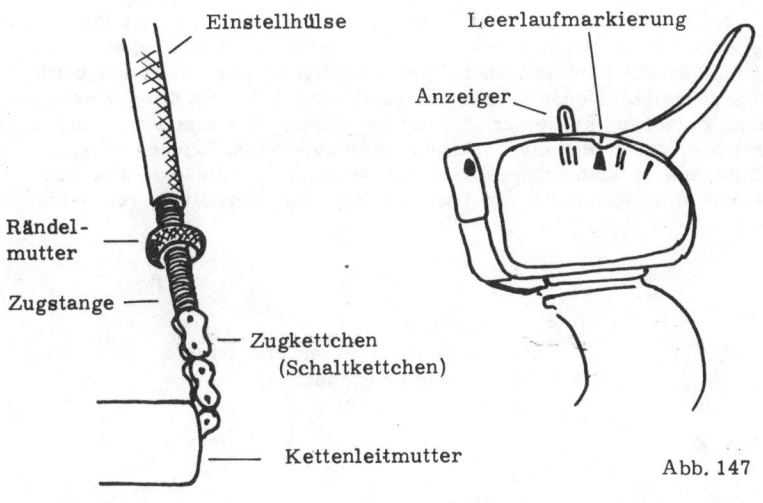

Einstellhülse · Leerlaufmarkierung · Anzeiger · Rändel-mutter · Zugstange · Zugkettchen (Schaltkettchen) · Kettenleitmutter · Abb. 147

Abb. 146

Obwohl man die Schaltung nicht betätigen sollte, solange man mit
voller Kraft in die Pedale tritt, kommt das schon mal vor.
Dabei zeigt der Leerlauf seine fatale Begleiterscheinung:
Beim Schalten vom 2. in den 3. Gang können die Kurbeln plötzlich
und unerwartet durchsausen. Besonders schlimm, wenn man gerade
in den Pedalen stehend gestrampelt hat und unversehens auf das
Oberrohr kracht. Bei der neuen Dreigangschaltung H 3111 gibt es
deshalb keinen Leerlauf mehr und keine Leerlaufmarkierung auf
dem Schalter.

EINSTELLEN DER SCHALTUNG H 3111   Zeit 5 Min
(Abb. 146)

1. Zugseil lockern (Rändelmutter losdrehen, Einstellhülse etwas
   aufdrehen)
2. Schalter auf 3. Gang stellen
3. Durch Drehen an der Kurbel den 3. Gang einrasten lassen
4. Zugseil durch Verdrehen der Einstellhülse leicht spannen.
   Das Kettchen darf sich dabei nicht in der Kettenleitmutter
   bewegen.
5. Einstellhülse mit der Rändelmutter kontern

ZWEIGANGNABEN

dieses Herstellers sind automatisch oder halbautomatisch, d. h. sie
haben keinen Schalter, kein Zugseil - keine außenliegenden Teile!
   Das ältere Modell, Duomatic, schaltet beim Rückwärtstreten
wechselweise in den jeweils anderen Gang um. Da das auch geschieht,
wenn die Rücktrittbremse bedient wird, muß man nach dem Bremsen
nochmals zurücktreten, um im selben Gang weiterzufahren.
Das neuere Modell Automatic ist eine echte Weiterentwicklung, denn
hier wird beim Erreichen einer bestimmten Geschwindigkeit
(16 - 18 km/h) automatisch in den Schnellgang geschaltet und beim
Unterschreiten dieser Geschwindigkeit wieder in den Normalgang.
Beim Anfahren ist immer der 1. Gang drin. Die kleinen Flieh-
gewichte, durch die die Schaltung gesteuert wird, wiegen 41 g,
die daraus entstehenden Fliehkräfte knapp 20 g. Diese Kräfte nun
steuern Antriebskräfte von über 3oo kg - ein Verhältnis von 1:15.000!

P. S.   Merke:
Brennt die Sonn an Peter und Paul
Flucht der Radler seinem Gaul

ANLEITUNGEN FÜR STURMEY - ARCHER - NABEN

DREIGANGNABE MIT UND OHNE RÜCKTRITT

EINSTELLEN DER DREIGANGNABE   Zeit   5 Min
(Abb. 148)

1. Schalthebel in Gangstellung 2 bringen
2. Kontermutter (Rändelmutter) am Zugseil lösen
3. Seilspannung mit der Einstellhülse so regulieren, daß sich das letzte Kettenglied außerhalb des Achsendes befindet. Das läßt sich durch ein Sichtfenster in der Kettenleitmutter beobachten (s. Abb. 148)
4. Einstellhülse soweit drehen, bis das Ende des Zugstängchens genau mit dem Achsende abschließt
5. Einstellhülse in dieser Stellung festhalten und mit der Rändelmutter kontern

Abb. 148   Zugstängchen

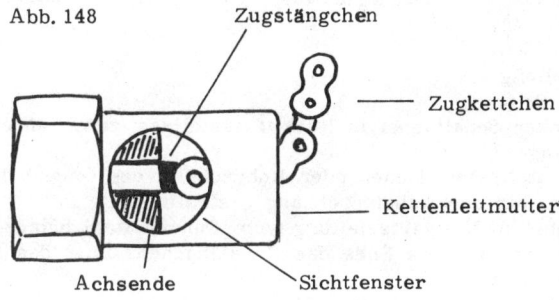

Zugkettchen

Kettenleitmutter

Achsende   Sichtfenster

PROBLEM: 1. GANG RUTSCHT HERAUS

1. Zugstange nicht voll eingeschraubt : Schaltung neu einstellen
2. Kabel rostig, verzogen, ausgefranst: Erneuern

FÜNFGANGNABE OHNE RÜCKTRITT

Dieses Luxusmodell mit aufwendiger Technik ist äußerlich schon daran erkennbar, daß es zwei Seilzüge hat - also auch an jedem Achsende eine Kettenleitmutter. Es gibt zwei verschiedene Doppelschalthebel; für beide gelten unterschiedliche Einstellungsanleitungen.

P. S.   Merke:

Wer den Sabbat radelnd schändet
Ist vom Deubel selbst gesendet

EINSTELLEN DER SCHALTUNG
(Schalthebel am Rahmenrohr) ·   Zeit   8 Min
(Abb. 148)

Rechte Seite:
1. Rechten Schalthebel in Mittelstellung bringen
2. Kontermutter (Rändelmutter) lösen
3. Einstellhülse so verdrehen, daß das Ende des Zugstängchens mit dem Achsende abschließt (Kontrolle durch Sichtfenster der Kettenleitmutter)
4. Rändelmutter mit Einstellhülse kontern

Linke Seite:
1. Linken Schalthebel in Rückwärtsstellung (zum Fahrer hin) bringen
2. Einstellen wie oben

EINSTELLEN DER SCHALTUNG
(Schalthebel am Lenkervorbau)   Zeit   8 Min
(s. Abb. 148)
Rechte Seite:
Einstellung s. o.
Linke Seite:
1. Linken Schalthebel in Rückwärtsstellung (zum Fahrer hin) bringen
2. Einstellhülse drehen oder Rohrschelle des Gegenhalters verschieben, bis der Kabeldurchhang gestrafft ist.
3. Hebel in Vorwärtsstellung (vom Fahrer weg) bringen und sicherstellen, daß das Ende des Zugstängchens über das Achsende hinausragt
4. Rändelmutter mit Einstellhülse kontern

PROBLEM: 2. UND 4. GANG RUTSCHEN HERAUS

Der Kabelzug der linken Seite ist zu straff gespannt: neu einstellen

Sturmey - Archer - Mehrgangnaben sind mit Schmiernippeln versehen.
Wartung: Regelmäßig ein paar Tropfen St. - A. - Markenöl nachfüllen.

        P. S.   Ein Fahrradgedicht

        Nun will der Lenz uns grüßen
        Von Mittag weht es ganz schön lau
        Ums Eck mit schnellen Füßen
        Tritt Robert seine Eisensau

KETTENSCHALTUNGEN

BAUWEISE

Bestandteile aller Kettenschaltungen sind Schalter (Doppelhebel),
Kabelzug, Umwerfer oder Kettenwerfer (am Antriebsrad), Schalt-
werk oder Derailleur bei der Hinterradnabe und ein Sortiment
Ritzel (Abb. 149).

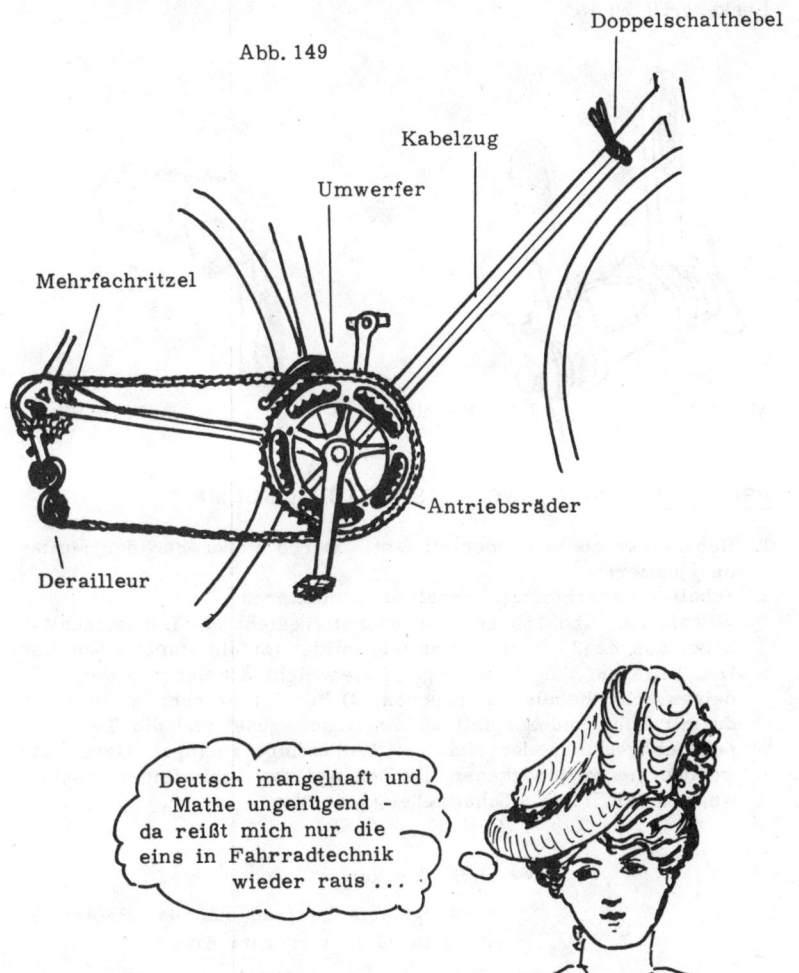

Abb. 149

Doppelschalthebel

Kabelzug

Umwerfer

Mehrfachritzel

Antriebsräder

Derailleur

Deutsch mangelhaft und
Mathe ungenügend -
da reißt mich nur die
eins in Fahrradtechnik
wieder raus ...

SCHALTER

<u>Doppelhebel</u> zur Montage am Unterrohr (auch Lenkerschaft)

bedient über zwei Seilzüge Schaltwerk und Kettenwerfer. Die Gänge
werden durch den Reibungswiderstand der Schalthebel in ihrer
Position gehalten; d. h. bei lockeren Hebeln rutschen die Gänge.
Sie sind aber leicht nachzustellen; die meisten Doppelhebel sind
mit Flügelmuttern oder ähnlichen Schrauben versehen, sodaß sie
auch im Fahren nachgestellt werden können (Abb. 150).

<u>Schalter im Lenkerende</u> (Abb. 151)

<u>Daumenschalter</u> auf dem Lenker

Hierbei ist das Schalten möglich, ohne dabei die Hände vom
Lenkergriff zu lösen.

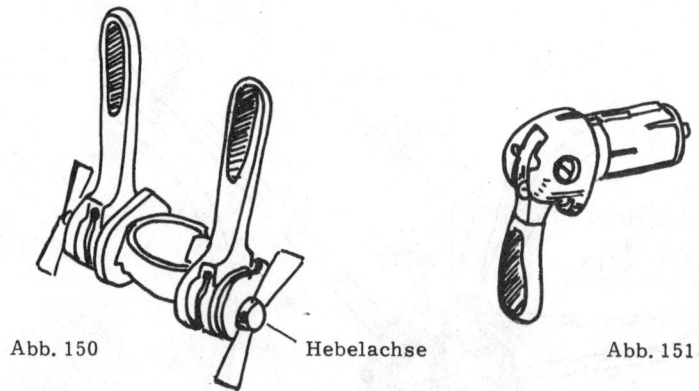

Abb. 150   Hebelachse   Abb. 151

<u>PROBLEM</u>: SCHALTUNG RUTSCHT ODER KLEMMT

1. Hebelachse zu lose oder zu fest: Durch Verdrehen der Muttern
   neu justieren
2. Schalter verschmutzt: Schalter demontieren
   Wie du aus Abb. 152 ersehen kannst, besteht ein Doppelschalthebel aus ca. 25 Einzelteilen (abgebildet ist ein Huret - Schalter).
   Die Teile auf der Abbildung müssen nicht unbedingt denen
   deines Schalthebels entsprechen. Daher ist es sehr wichtig, daß
   du mit Ruhe und Sorgfalt an die Arbeit gehst und die Teile
   peinlich genau in der richtigen Reihenfolge auslegst. Gereinigt
   werden sie mit trockenem Lappen und evtl. mit feiner Stahlwolle. WICHTIG: Schalthebel nicht ölen.

P. S. Merke:

Schwingt aufs Dreirad sich der Radler
Wird im Geiste er zum Adler

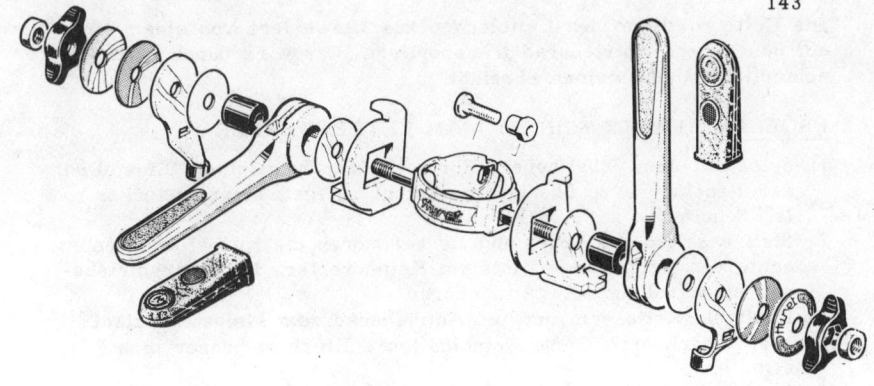

Abb. 152

KABELZUG

Der Seilzug für den Derailleur ist mit einem Kupplungsstück im Schalthebel verankert. Von dort führt er zum Tretlager, wird da über einen Metallbügel umgelenkt und geht bis zu einem Gegenhalter am Ende der Unterstrebe. Ab hier läuft er in einer Hülle ins Schaltwerk, wo er mit einer Kabelklemmscharube gehalten wird. Der Seilzug für den Kettenwerfer verläuft vom Tretlager direkt in den Kettenwerfer, wo er ebenfalls mit einer Klemmschraube verankert ist.

PROBLEM: GÄNGE KLEMMEN

Wenn du schaltest, springt die Kette nicht sofort über, sondern irgendwann später, wenn du es gar nicht erwartest. Oder die Kette rutscht genau zwischen zwei Ritzel und klemmt dort fest.
1. Betätige Schalthebel und beobachte dabei das Kabel.
   Ist es geknickt oder klemmt es in einer Führung?
2. Öle die Reibungsstellen (Hüllenende des Kabelzugs) oder
3. Ersetze das Kabel: Klemmschraube lösen, Kabel aus der Hülle und den Führungsbügeln ziehen und Kupplungsstück aus dem Schalter aushaken. Das neue Kabel wird in umgekehrter Reihenfolge angebracht: Verankerung im Schalter, Einfädeln in die Hülle. Geht das Kabel zum Kettenwerfer, muß dieser auf das kleinste Antriebsrad eingestellt sein. Das Kabel wird dort mit der Kabelklemmschraube C (s. nachfolgende Abbildungen) verankert. Führt das neue Kabel zum Derailleur, muß auch dieser auf das kleinste Ritzel zeigen. Ist das Kabel befestigt, probier erst die Schaltung aus, bevor du das überstehende Ende kappst.

KETTENWERFER ODER UMWERFER

Die Kette wird von den Leitblechen des Umwerfers von einem
auf das andere Antriebsrad transportiert. Das wird durch unterschiedliche Mechanismen erreicht.

<u>PROBLEM:</u> KETTE SCHLEIFT AM KETTENWERFER

1. Spiel mit dem Schalthebel. Hört es auf? Dann ist die Einstellung
   der Hebelachse zu überprüfen - nicht zu fest, nicht zu locker
   (s. "Schalter").
2. Stell das Rad auf Sattel und Lenker, dreh die Kurbel und beobachte den Verlauf der Kette im Kettenwerfer. Hat das Antriebsrad einen Schlag? S. "Antriebsrad"
3. Läuft die Kette vom größten Antriebsrad zum kleinsten Ritzel
   oder umgekehrt? Diese Kombination solltest du besser nicht
   schalten
4. Stehen die Leitbleche des Kettenwerfers parallel zum Antriebsrad?
   Sonst löse die Rohrschelle, mit der der Umwerfer am Sitzrohr
   befestigt ist. Verändere den Sitz des Kettenwerfers, bis das
   äußere Leitblech parallel zu den Antriebsrädern steht und seine
   Unterkante sich etwa 5 mm über den Zähnen des größeren Antriebsrades befindet.
5. Ist ein Leitblech verbogen, pack es fest an mit der Wasserpum-
   pen- oder Kombizange und richte es vorsichtig.

Scheuert die Kette immer noch? Dann liegt es an der

EINSTELLUNG DES KETTENWERFERS   Schraubenzieher o.
(Abb. 153 - 156)   Kreuzschlitzschraubenz.
                                       Zeit 10 Min

1. Stell von Hand oder mit dem Schalter den niedrigsten Gang ein
   (kleinstes Antriebsrad, größtes Ritzel)
2. Mit der Schraube B die innere Begrenzung so justieren, daß das
   innere Leitblech gerade von der Kette freikommt
3. höchsten Gang einstellen
4. Mit der Einstellschraube wird das äußere Leitblech so eingestellt, daß es eben von der Kette freikommt

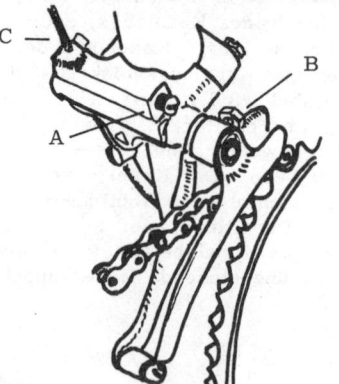

C —

B   Abb. 153   Simplex

A —

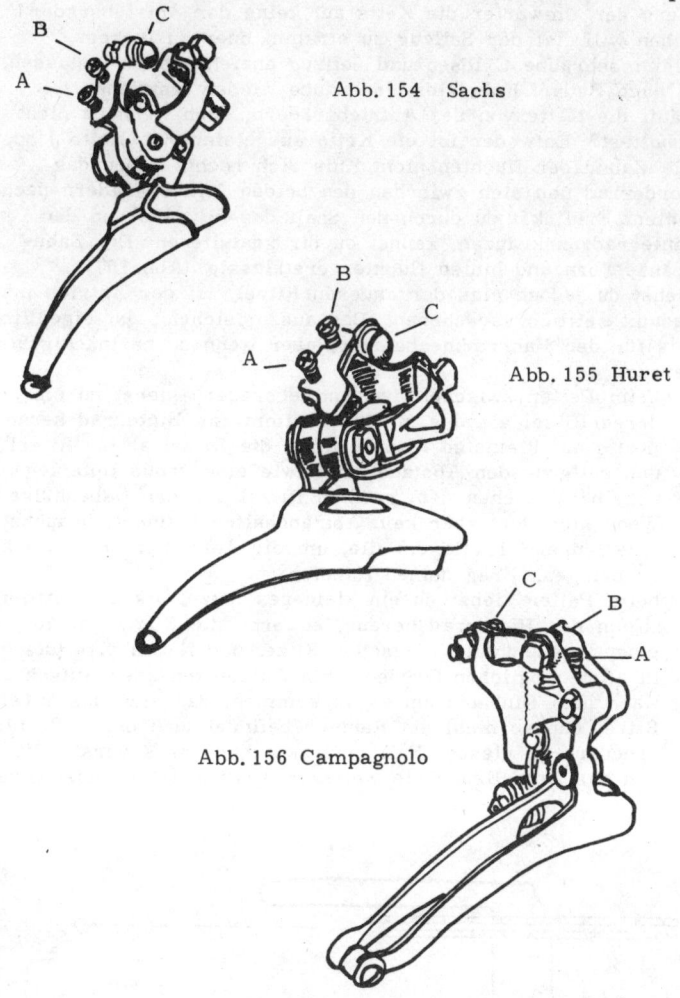

Abb. 154 Sachs

Abb. 155 Huret

Abb. 156 Campagnolo

PROBLEM: KETTE LÄUFT AB ODER WIRD VOM UMWERFER
NICHT BEWEGT

1. Sitz des Kettenwerfers überprüfen wie in der vorangegangenen
Beschreibung. Wichtig: In den Endstellungen (größter und klein-
ster Gang) dürfen die Leitbleche nur minimalen Abstand von der
Kette haben, da sie sonst abgeworfen wird.
2. Läuft die Kette immer vom großen Antriebsrad, wenn du sie da
hinauf schalten willst? Wenn alles Justieren nichts hilft, biege
die vordere Spitze des äußeren Leitblechs mit der Wasserpumpenzange um gut 1 mm nach innen. Aber sinnig!

3. Wenn der Umwerfer die Kette auf keins der Antriebsräder heben will, ist der Seilzug zu stramm oder zu locker. Klemmschraube C lösen und Seilzug anziehen oder loslassen, je nach Bedarf. Kabelklemmschraube wieder festziehen.

4. Läuft die Kette von den Antriebsrädern, auch wenn du nicht schaltest? Entweder ist die Kette ausgeleiert (s. "Kette") oder

5. Die Zahnräder fluchten nicht. Knie dich rechts neben das Vorderrad und sieh zwischen den beiden Antriebsrädern nach hinten. Erblickst du durch den Spalt das mittlere von den Hinterradzahnkränzen, kannst du dir gratulieren: Die Zahnkränze vorn und hinten fluchten erstklassig (Abb. 157). Siehst du jedoch eins der anderen Ritzel, ist der Antrieb insgesamt seitlich verschoben. Das auszugleichen, ist eigentlich was für den Fahrradmechaniker, aber wenn du hartnäckig bist, versuch es!

a. beim Peilen zwischen den Antriebsrädern siehst du ein größeres Ritzel als das mittlere. Nimm das Hinterrad heraus (Kette auf kleinstes Ritzel), nimm die Ritzel ab (s. "Ritzel") und entferne den Abstandhalter (wie eine große Unterlegscheibe) zwischen dem größten Ritzel und der Nabenhülse. Wenn sich dort aber kein Abstandhalter befindet, brauchst du eine längere Tretlagerwelle, um die Antriebsräder nach außen zu bringen. Frag deinen Händler.

b. beim Peilen siehst du ein kleineres Ritzel als das mittlere. Nimm das Hinterrad heraus, entferne die Ritzel und leg einen Abstandhalter zwischen Ritzel und Nabenhülse (die gibts in allen möglichen Größen, zum Aufstecken oder Aufschrauben) Nach dem Einbau kann es vorkommen, daß sich das äußere Ritzel nun so dicht am Rahmen befindet, daß die Kette hier scheuert. In diesem Fall muß zwischen das äußerste Ritzel und das Ausfallende ein weiterer Abstandhalter gesetzt werden.

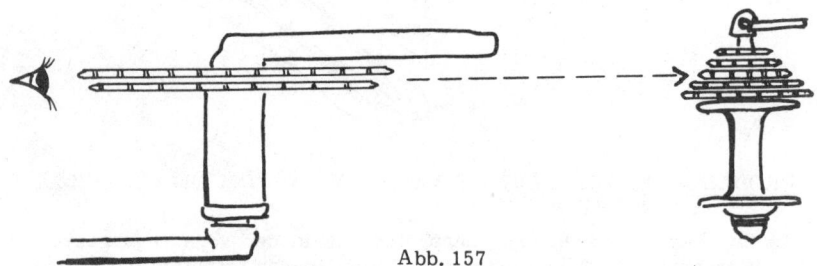

Abb. 157

P. S. Merke:

Auf dem Tandem, zu Silvester,
Herzen Bruder sich und Schwester

DERAILLEUR ODER SCHALTWERK

Mit diesem Mechanismus wird die Kette auf die verschiedenen
Ritzel gehoben. Außerdem wird die Kette gespannt, wenn sie über
die kleineren Ritzel läuft. Nach ihrer Funktionsweise unterscheidet
man Parallelogramm- und Pantograph - Modelle. Der Derailleur
bildet einen Kettenkäfig, in dem die Kette über ein Schaltrad und
ein Kettenspannungsrad verläuft. Nur bei einigen Schaltwerken läßt
sich die Kette ohne weiteres herausnehmen, bei den meisten muß
sie dazu geöffnet werden (s. "Kette"). Das Kettenöffnen kannst du
dir sparen, wenn sich eins der Räder abschrauben läßt.

PROBLEM: KETTE LÄUFT AB ODER KOMMT NICHT AUF
DAS KLEINSTE UND GRÖSSTE RITZEL

Du mußt überprüfen, ob das Schaltwerk fluchtet und richtig eingestellt ist. (Abb. 158 - 162)

1. Bock das Rad so auf, daß das Hinterrad frei laufen kann.
   Drück den Schalthebel für den Derailleur ganz nach vorn,
   während du den Kurbelarm vorwärtsdrehst. Wenn die Kette vom
   kleinen Ritzel herunterwill, nimm den Schalthebel ein Stück
   zurück, bis sie aufs Ritzel gleitet. Wenn die Kette einfach nicht
   raufgehen will, löse erst die Kabelklemmschraube C. Schalte oder
   hebe die Kette jetzt auf das kleinste Ritzel und dreh dann die
   Einstellschraube A bis zum Anschlag hinein. Nun schraub sie
   um etwa eine Vierteldrehung zurück, das gibt ein wenig Luft und
   sorgt für leichtes Schalten. Solltest du die Kabelklemmschraube gelöst haben, zieh sie jetzt fest.
2. Um zu sehen, ob das Schaltwerk fluchtet, knie dich hinter das
   Hinterrad, Kopf auf Höhe der Radnabe. Liegen beide Räder des
   Schaltwerks in einer Linie bzw. parallel zu den Ritzeln?
   Senkrecht zum Boden? Fein - der Derailleur fluchtet. Wenn nicht,
   laß es in der Werkstatt korrigieren.
3. Nimm den Schalthebel (für den Derailleur) zurück, sodaß die Kette
   auf das größte Ritzel zu liegen kommt. Sollte sie sich aber
   weigern und lieber in die Speichen fallen, hole sie dort heraus,
   drück den Schalthebel etwas vor und zurück, bis die Kette auf
   dem größten Ritzel angekommen ist. Wenn das Schaltwerk die
   Kette da kaum hinaufbekommt, hebe sie mit den Fingern drauf.
   Dreh die Einstellschraube B bis zum Anschlag und anschließend
   eine Vierteldrehung zurück. Gibt es beim Schalten immer noch
   Widerstand und rätselhafte Geräusche? Eh du das Rad zur Werkstatt gibst, sieh dir nochmal die Kette an (rostig, klemmt?),
   den Seilzug (ebenso) und die Ritzel (verbogen?). Schließlich kann es
   noch daran liegen, daß der Derailleur verdreckt ist. Sind die
   Rädchen im Derailleur verbogen, besorg dir gleich einen neuen -
   Reparaturversuche haben wenig Sinn.

148

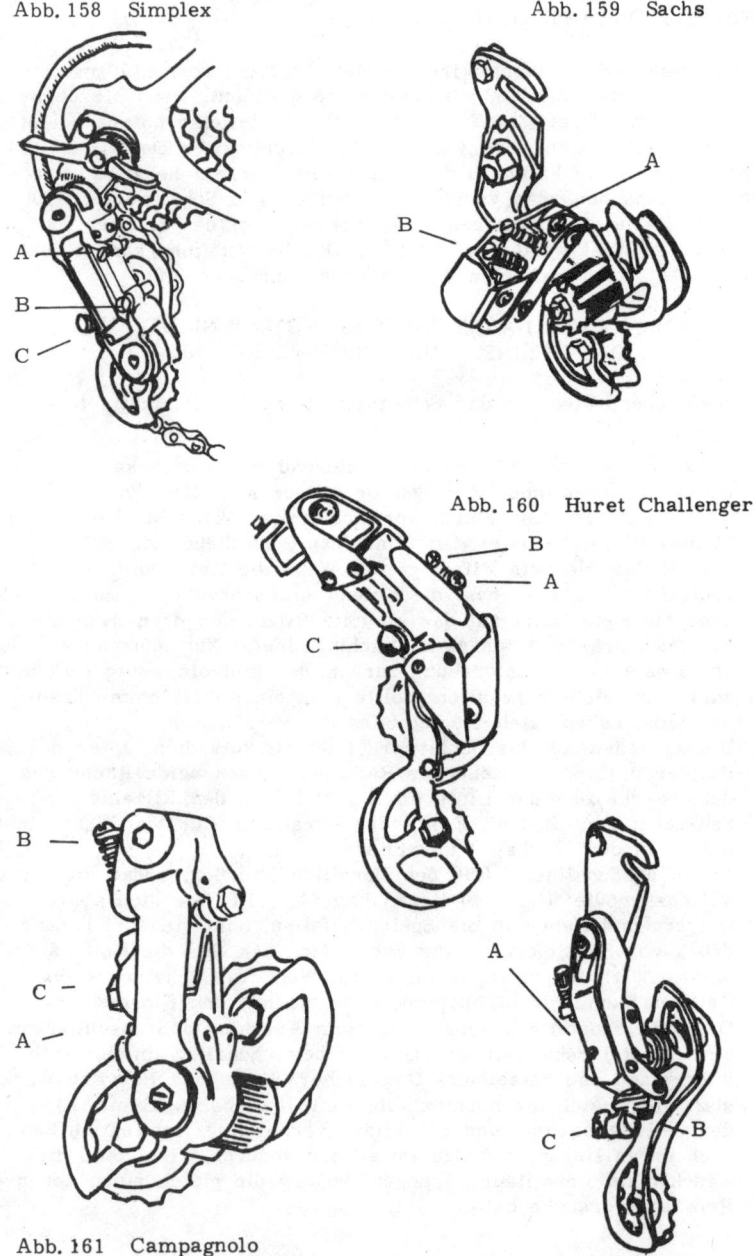

Abb. 158 Simplex

Abb. 159 Sachs

Abb. 160 Huret Challenger

Abb. 161 Campagnolo

Abb. 162 Huret Allvit

EINSTELLEN DER KETTENSPANNUNG
(Abb. 163, 164)

Schraubenzieher
Nietendrücker
Zeit 20 Min

1. Kettenlänge: Verläuft die Kette vom größten Antriebsrad über
   das größte Ritzel, darf sie nicht zu stramm sitzen (obwohl man
   diesen Gang in der Praxis kaum schaltet).
   Zum Einfädeln wird die Kette von unten in den Kettenkäfig ein-
   geführt - natürlich mit dem Ende, aus dem <u>kein</u> Niet hervorsteht.
   Daraufhin legst du sie über das kleinste Ritzel und vernietest
   sie vorn am Antriebsrad (s. "Kette").
2. Liegt die Kette auf dem kleinsten Ritzel und dem kleinen Antriebsrad, darf sie nicht durchhängen. In diesem Fall muß die
   Feder des Spannrades nachgespannt werden. Das kann durch
   Drehen einer Einstellscheibe geschehen (Abb. 163) oder durch das
   Einhaken des Federendes in eine andere Raststellung (Abb. 164).
3. Einstellung des Umwerfers (s. Abschnitt "Umwerfer")
4. Einstellung des Derailleurs (s. Abschnitt "Derailleur").
   Die Begrenzung nach oben und unten mit den beiden Einstell-
   schrauben läßt sich am besten bei gelöster Kabelklemmschraube
   vornehmen. Ein schwergängiger Seilzug kann trotz korrekter
   Justierung den Schaltbereich einengen.

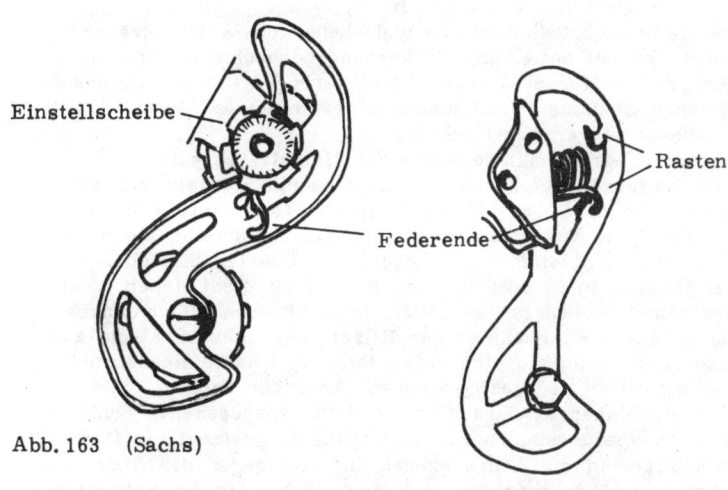

Einstellscheibe

Rasten

Federende

Abb. 163   (Sachs)

Abb. 164 (Huret)

P. S. Merke:

Papst Hannes selbst mit froher Miene
Fährt heut zum Dienst auf der Draisine

MEHRFACHRITZEL

Eine Zehngangschaltung hat fünf verschiedengroße Ritzel auf der
Freilaufnabe des Hinterrades, eine Zwölfgangschaltung sechs.
Um sie auf der Hinterradachse alle unterbringen zu können, sind
sie so eng wie es die Kettenbreite zuläßt nebeneinander angebracht, meist in kombinierten Steck - und Schraubverfahren (Abb. 165).

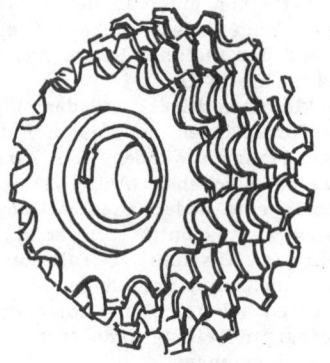

Abb. 165

PROBLEM: KETTE STEIGT WÄHREND DER FAHRT AUF
          DEN RITZELN HOCH

Ist die Kette selbst in Ordnung und ebenso die Antriebsräder?
Stell das Rad auf Sattel und Lenker und beobachte die Ritzel,
während du die Kurbel drehst. Ritzel verbogen? Oder haben sie
durch lange Benutzung Haifischzähne bekommen (s. "Antrieb")?
Dann müssen sie erneuert werden.

1. Hinterrad herausnehmen (Kette auf kleinstes Ritzel)
2. Zum Entfernen der Ritzel brauchst du ein Spezialwerkzeug -
   einen Abnehmer. Für die verschiedenen Fabrikate gibt es
   reichlich viel verschiedene Werkzeuge. Meist sind sie nicht
   billig und nicht einfach zu bekommen. Überleg dir, ob sich
   die Ausgabe lohnt oder ob man die Arbeit nicht lieber in einer
   Werkstatt machen lassen sollte. Ich muß auch gleich hinzu-
   fügen, daß das Abnehmen der Ritzel sehr schwierig sein kann,
   besonders, wenn sie sich durch lange und harte Beanspruchung
   fest auf's Gewinde gezogen haben. Aber zur Sache!
   Der Abnehmer wird ganz in die dafür vorgesehenen Schlitze
   oder Aussparungen des Zahnkranzpaketes gesteckt. Jetzt die
   Radmutter auf die Achse drehen und fest gegen den Abnehmer
   schrauben. Abnehmer fest mit Maulschlüssel oder Wasserpumpenzange packen und im Gegenuhrzeigersinn losdrehen. Sitzen
   die Ritzel so fest, daß Zange oder Schlüssel abrutschen, gib auf.
   Eine andere Möglichkeit ist, den Abnehmer in einen Schraubstock zu spannen und das ganze Hinterrad (auch im Gegenuhrzeigersinn) abzudrehen. Es gibt auch Abnehmer, die mit einem kräftigen
   Handgriff kombiniert sind und weiteres Werkzeug überflüssig
   machen. Beim Entfernen der Ritzel achte auf Distanzringe und
   bewahresie auf. Sie halten die Ritzel in ausreichendem Abstand
   von den Speichen (mind. 4 mm) und dem Rahmen.

3. Mit dem Auswechseln der Ritzel muß auch die Kette erneuert
   werden.
4. Vor dem Aufschrauben der neuen Ritzel fahre mit einem weichen
   Bleistift über die Gewinde, das ergibt eine hervorragende Gra -
   phitschmierung. Hast du das Ritzel auf's Gewinde gesetzt, dreh es
   zunächst im Gegenuhrzeigersinn (als wenn du es abschrauben
   wolltest). Ein leiser Knack bei jeder Umdrehung gibt dir die
   Gewißheit, daß es gerade aufsitzt und nicht verkantet ist.
   Nun aufschrauben. Das Ritzel muß leicht aufzudrehen sein.
   Andernfalls lieber nochmal losdrehen, Gewinde untersuchen und
   reinigen. Die Zahnkränze brauchst du nicht festzuziehen -
   das besorgt die Kette beim Fahren automatisch.

Preise

Doppelantriebsräder (Stahl, Alu)	DM· 8.	- 40. -
Umwerfer	DM 10.	- 50. -
Derailleur	DM 10.	- 50. -
Schaltung kpl. mit Schalthebel und Kabelzügen	DM 25.	-100. -
Doppelschalthebel	DM 7.	- 20. -
Einzelschalthebel (Lenkerende)	DM 10.	- 15. -
Kabelzug	DM 0. 60-	4. -
4 - 6fach - Ritzel	DM 15.	- 30. -
Wechselritzel, einzeln	DM 2.	- 5. -
Zahnkranzabnehmer	DM 5.	- 30. -

Abb. 166

BELEUCHTUNG

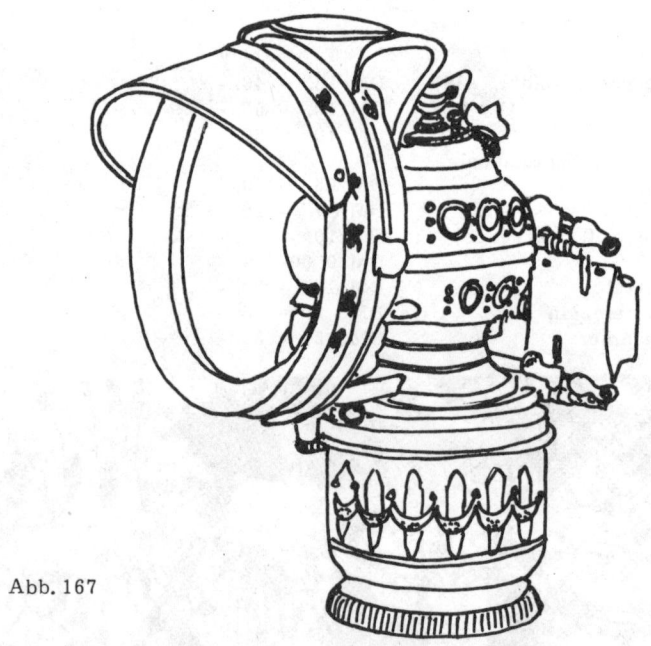

Abb. 167

"... Ganz zu Unrecht wird die Versorgung der Leuchten
von vielen als Bürde empfunden. Die Laterne sollte in regelmäßigen
Abständen geputzt und der Reflector sowie das Laternenglas poliert
werden. Nach Benutzung gieße man Öl nach und stutze den Docht.
Hierzu wird der Docht nicht etwa geschnitten; es reicht durchaus,
den verkohlten oberen Teil abzureiben.
Nach unseren Beobachtungen empfiehlt sich am ehesten Rüböl, dem
zur Verdünnung 10% Paraffin hinzugesetzt wird. Sollte diese Mixtur
qualmen, wird ein wenig Kampfer, darin aufgelöst, Abhilfe schaffen."

In der Straßenverkehrs - Zulassungsordnung (STVZO) werden
Einzelheiten über "lichttechnische Einrichtungen an Fahrrädern"
verbindlich festgelegt:

STVZO § 67

(1) Fahrräder müssen mit einem nach vorn wirkenden Scheinwerfer
für weißes Licht ausgerüstet sein. Der Lichtkegel muß mindestens
so geneigt sein, daß seine Mitte in 5 m Entfernung vor dem Scheinwerfer nur halb so hoch liegt wie bei seinem Austritt aus dem
Scheinwerfer. Der Scheinwerfer muß am Fahrrad so angebracht sein,
daß eine unbeabsichtigte Verstellung nicht eintreten kann. Bei elek-
trischer Fahrradbeleuchtung sind nur Lichtanlagen für 3 W Nenn-
leistung zulässig.

(2) Fahrräder müssen an der Rückseite mit einer Schlußleuchte für
rotes Licht und mit einem roten Rückstrahler ausgerüstet sein.
Der untere Rand der Schlußleuchte muß mindestens 250 mm, der
untere Rand des Rückstrahlers darf nicht höher als 600 mm über der
Fahrbahn liegen. Schlußleuchten und Rückstrahler dürfen zu einem
Gerät vereinigt sein. Beiwagen von Fahrrädern müssen mit einem
roten Rückstrahler versehen sein; Satz 2 gilt entsprechend.

(3) Fahrradpedale müssen mit nach vorn und nach hinten wirkenden
gelben Rückstrahlern versehen sein; nach der Seite wirkende gelbe
Rückstrahler sind zulässig.

(4) An Fahrrädern dürfen nur die vorgeschriebenen und die für zulässig erklärten Beleuchtungseinrichtungen angebracht sein; als
Beleuchtungseinrichtungen gelten auch Leuchtstoffe und rückstrahlende
Mittel. Die Beleuchtungseinrichtungen müssen vorschriftsmäßig
angebracht und ständig betriebsfertig sein; sie dürfen weder verdeckt
noch verschmutzt sein. Verdecken hinter Fahrrädern mitgeführte
Anhänger die Schlußleuchte oder den roten Rückstrahler, so müssen
die Schlußleuchte oder der rote Rückstrahler auch am Anhänger
angebracht sein.

(5) Die Anbringung von Fahrtrichtungsanzeigern für gelbes Licht
ist zulässig. Die Seiten der Fahrräder dürfen durch weiße rückstrahlende Mittel zusätzlich kenntlich gemacht sein.

(6) Elektrische Fahrradscheinwerfer müssen so geschaltet sein,
daß sie nur zusammen mit der Schlußleuchte brennen können.

(7) In den Scheinwerfern und Leuchten dürfen nur die nach ihrer
Bauart dafür bestimmten Glühlampen verwendet werden.

(8) Rennräder sind für die Dauer der Teilnahme an Rennen von den
Vorschriften der Absätze 1 bis 7 befreit.

Die Beleuchtungsanlage arbeitet mit 6 Volt / 3 Watt und besteht,
außer den passiv reflektierenden Teilen, aus
- Dynamo
- Scheinwerfer
- Rücklicht
- Verkabelung

DYNAMO

Der Dynamo ist, genau wie die Lichtmaschine im Auto, ein kleines
Kraftwerk, in dem Drehbewegung in elektrischen Strom umgewandelt
wird.   Damit eine Glühlampe leuchtet, muß sie sich in einem
Stromkreis befinden, d. h. sie muß aus zwei Richtungen - von zwei
Polen her - mit Strom versorgt werden. Das Kabel, das vom
Dynamo zur Glühlampe Führt, stellt den Pluspol dar. Um den Strom-
kreis zu schließen, müßte man an sich noch ein zweites Kabel legen,
das den Minuspol des Dynamos mit dem der Lampen verbinden würde.
Geschickt hat man sich das zweite Kabel gespart, indem man das
Fahrrad selbst als Stromleitung benutzt. Der Minuspol des Dynamos
schließt an das Dynamogehäuse an, von dort verläuft der Strom über
den metallenen Rahmen zur Schraube, mit dem die Lampe am Rahmen befestigt ist. Von hieraus in die Lampenfassung und da zum
Minuskontakt der Glühlampe. Diese Art des Stromkontaktes nennt
man Masseschluß. Wenn der Stromkontakt irgendwo unterbrochen ist
(sei es Kabel oder Masse) funktioniert die Beleuchtung nicht mehr.

ANBRINGUNG DES DYNAMOS (mit Rahmenschelle)
(Abb. 168)

Knochen
Schraubenzieher
Zeit   10 Min

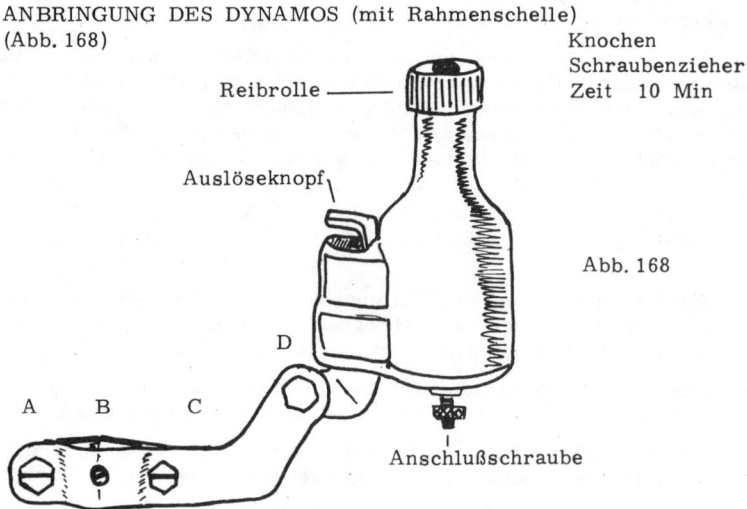

Reibrolle

Auslöseknopf

Abb. 168

D

A   B   C

Anschlußschraube

1. A abschrauben, B fast ganz herausdrehen, C lockern
2. Schelle um das Gabelrohr legen, A und C von Hand ˀandrehen,
   D·lockern

3. Auslöseknopf drücken und Dynamo so zurechtrücken, daß die Reibrolle richtig am Reifen anliegt (vergl. Abb. 169,170).
4. Bei korrekter Position Schrauben A, C und D festziehen (mit dem Schraubenzieher, dabei mit Knochen gegenhalten)
5. Dynamo in Ruhestellung zurückklappen. Schraube B fest andrehen. Sie bohrt sich dabei mit der Spitze durch den Lack der Gabel und stellt den Masseschluß (Massekontakt) zwischen Rahmen und Dynamo her.

KONTROLLE: Vergleiche die Arbeitsposition des Dynamos mit den Abbildungen 169 und 170.

Die Anbringung des Dynamos an einer angeschweißten Rahmenhalterung ist etwas einfacher, aber im Prinzip gleich.

PROBLEM: DYNAMO LOSE

Wenn der Dynamo sich lockert, wird es brenzlig - er kann während der Fahrt in die Speichen fallen (= Vollbremsung = Salto mortale). Einziges Gegenmittel: Öfter mal den festen Sitz überprüfen.

PROBLEM: REIFEN EINSEITIG ABGEFAHREN ODER EINGEKERBT (auf Dynamoseite)

In der Regel ein deutliches Symptom für die falsche Anbringung des Dynamos. Kontrolliere von vorn (Abb. 170) und von der Seite (169).

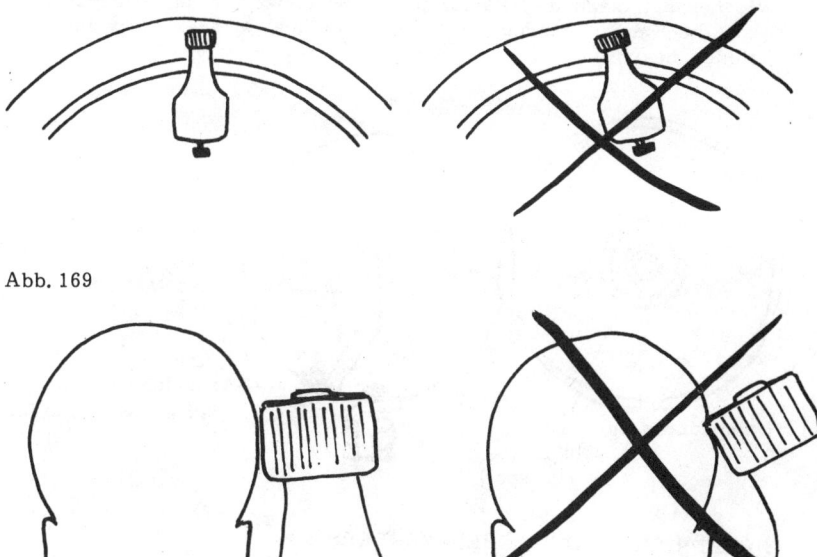

Abb. 169

Abb. 170

PROBLEM: DYNAMO ARBEITET NICHT BEI SCHNEE UND SCHLAMM

Fährst du wirklich bei Wind und Wetter, frühmorgens und spät, sodaß dir dieses Problem schon oft zu schaffen gemacht hat? In dem Fall kann man dir eine Dynamonabe empfehlen. Der Dynamo ist in die Vorderradnabe integriert und damit von äußeren Einflüssen unabhängig. Die Beleuchtung wird durch einen Schalter angestellt, und erst dann macht sich der Dynamo durch erhöhten Drehwiderstand bemerkbar. Die Dynamonabe ist auch mit Schnellspanner lieferbar und deshalb als Wechselrad für den Rennfahrer besonders attraktiv, weil er in Nullkommanichts seine Rennmaschine zu einem verkehrstüchtigen Trainingsrad umrüsten kann. Die Dynamonabe wird unter dem Namen "Dynohub" von Sturmey - Archer hergestellt (s. a. Abb. 127). Außer als Vorderradnabe gibt es sie auch mit der Dreigangschaltung kombiniert als Hinterradnabe.

SCHEINWERFER

Wo der Scheinwerfer angebaut ist - ob am Lenker, auf dem Schutzblech, an der Gabel oder direkt am Dynamo, ist egal - Hauptsache, er gießt seine silberweißen Strahlen ca. 10 m vor dir auf's Pflaster. Wie bekannt, kann die Glühlampe im Scheinwerfer nur leuchten, wenn die Kabelverbindung in Ordnung ist und Massekontakt zum Rahmen besteht.

Abb. 171

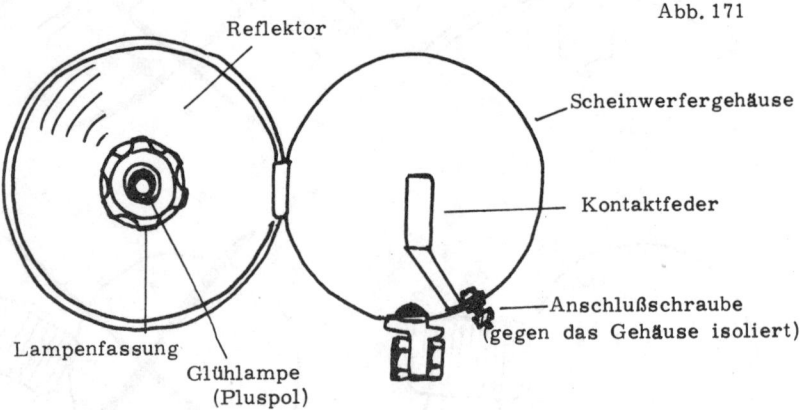

Reflektor
Scheinwerfergehäuse
Kontaktfeder
Anschlußschraube (gegen das Gehäuse isoliert)
Lampenfassung
Glühlampe (Pluspol)

ÜBERPRÜFUNG DES SCHEINWERFERS

Das Vorderteil läßt sich von Hand oder mit einem Schraubenzieher öffnen.
1. Hat der Reflektor seinen Glanz verloren oder ist verrostet, ersetz ihn (wenn du kannst, denn bei der heutigen Billig - Kompakt-Kaputt - Bauweise sind Ersatzteile kaum zu bekommen.

In jedem Fall: Reflektor nicht mit den Fingern anfassen.
2. In der Lampenfassung ist die Glühlampe eingeschraubt.
   Auch bei ihr natürlich Pluspol (der silbrige Punkt unten
   an der Lampe) und Masse (das Gewinde), die beide trocken
   und rostfrei sein müssen. Abb. 172 zeigt den Verlauf des
   Pluspols und der Masse. An jeder Verbindungsstelle kann der
   Rost nisten - also sorgfältig überprüfen.
3. Die Feder ist isoliert im Scheinwerfergehäuse befestigt und mit
   der Anschlußschraube verbunden. Isoliert deshalb, weil sonst
   der Strom des Pluskontaktes mit dem Massestrom zusammen-
   fließen würde : Es gäbe Kurzschluß und kein Licht.
4. Die Birne ist dahin, wenn der feine Draht gerissen ist oder
   wenn das Glas geschwärzt ist.

Abb. 172

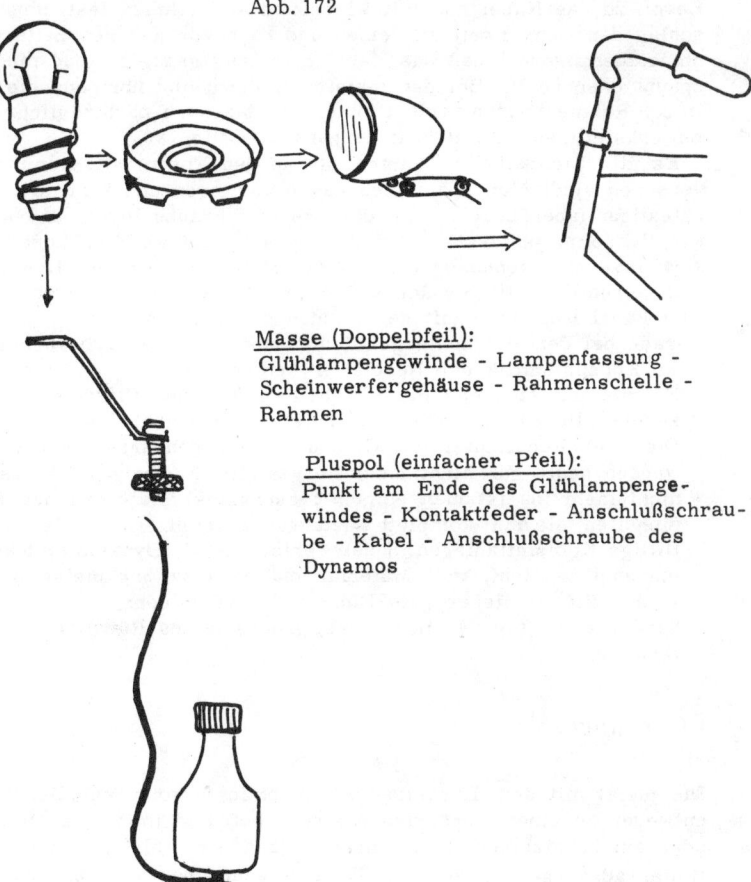

Masse (Doppelpfeil):
Glühlampengewinde - Lampenfassung -
Scheinwerfergehäuse - Rahmenschelle -
Rahmen

Pluspol (einfacher Pfeil):
Punkt am Ende des Glühlampenge-
windes - Kontaktfeder - Anschlußschraube - Kabel - Anschlußschraube des
Dynamos

VERKABELUNG

Das Stromkabel wird ca. 3 cm vom Ende abisoliert, d. h. die durch-
sichtige oder farbige Kunststoffhülle entfernt. Man kann das mit
einer speziellen Abisolierzange machen, aber ein Küchenmesser tut's
notfalls auch. Das blanke Ende zwirbelst du zusammen, drehst es
zu einem kleinen Ring und ziehst diesen mit der Rändelmutter
an der Kontaktschraube des Dynamos fest.
Zur Kabelführung stehen zwei Alternativen zur Auswahl:
1. Kabel vom Dynamo zum Scheinwerfer und vom Dynamo zum
   Rücklicht oder
2. Kabel vom Dynamo zum Scheinwerfer und von dort zum Rücklicht.
Am besten verlegst du das Kabel so, wie es dir bei deinem Velociped
am sinnvollsten erscheint. In der Wirkung sind beide gleich; es sind
Parallelschaltungen. Beim Ausfall einer Glühlampe kann die andere
weiterbrennen.
Bevor du das Kabel nun mit Klebeband am Rahmen festzurrst,
schlag den Lenkerweit zur einen und dann zur anderen Seite ein,
um sicherzugehen, daß das Kabel hier lang genug ist und nicht
spannt oder reißt. Bei den meisten Rädern sind übrigens die Kabel
in den Rahmenrohren verlegt. Wie sich das auch nachträglich wieder
bewerkstelligen läßt, steht im Anhang auf Seite 180.
Es gibt Lichtkabel zu kaufen, die an den Enden mit Klemmösen
versehen sind. Man spart sich das Abisolieren und kann sie leicht
befestigen (aber bitte so um die Kontaktschraube legen, daß sie mit
der Rändelmutter fest- und nicht abgeschraubt werden. Andererseits
kann man sich genausogut Draht als Meterware kaufen. Der ist einmal wesentlich billiger und außerdem haltbarer - die sogenannten
Lichtkabel kann man mit den Händen durchreißen...
Gerade bei den Beleuchtungsteilen macht sich die verbraucherfeind-
liche Konsumpolitik der Hersteller bemerkbar:
- Es gibt immer mehr Plastikscheinwerfer aus billigstem, leicht
  zerbrechlichen Material, die meistens irreparabel sind
- Die alten Rücklichter mit Glas und austauschbaren Steckfassungen
  werden heute gar nicht mehr hergestellt, Fassungen gibt es auch
  nicht mehr (da ist man einfach fassungslos). Dafür wieder Plastik-
  einheiten, die nur komplett austauschbar sind.
- Billige Komplettanlagen (Scheinwerfer, Kabel, Dynamo, Rücklicht)
  lohnen sich nicht, weil Material und Verarbeitung meist miserabel
  sind. Kauf dir lieber gute Einzelteile zusammen:
  Scheinwerfer mit Metallgehäuse, großes festes Rücklicht, guter
  Dynamo.

RÜCKLICHT

Die meist mit dem Rückstrahler kombinierte rote Schlußleuchte ist
entweder an einer Gepäckträgerstrebe befestigt (mit einer Rohrschelle)
oder am Schutzblech. Zum Anbau an das Schutzblech muß meist das
Hinterrad ausgebaut werden. Beim Anschrauben auf der Schutzblech-
innenseite nicht die Unterlegscheibe vergessen!

Weil das Hinterrad den Straßenschlamm hemmungslos gegen das Blech schleudert, fühlt sich der Rost hier ganz zu Hause. Und wenn er sich erst festgesetzt hat, gibt es keinen Massekontakt mehr. Du kannst die Mutter schützen, indem du erstmal die Umgebung säuberst und über die festgezogene Mutter (Unterlegscheibe? ?) einen dicken Klecks Alleskleber laufen läßt.

FEHLER AUSFINDIGMACHEN

Licht brennt nicht oder flackert

Nur ein Licht brennt nicht
Überprüfe
1. Massekontakt der nichtbrennenden Lampe
2. Kabelanschluß dieser Lampe
3. Glühlampe : kaputt? Lampenfassung korrodiert?
4. Kabel auf dem Weg zu der nichtbrennenden Lampe

Kein Licht brennt

A. Dynamo - Reibrolle dreht nicht mit
  1. Reibrolle drückt nicht an den Reifen
    - Schelle neu befestigen
  2. Reibrolle drückt an den Reifen
    - bei abgeschliffener Reibrolle eine neue Kappe aufsetzen
    - bei unversehrter Reibrolle versuchen, den Dynamo mit Öl wieder gängig zu machen

B. Dynamo - Reibrolle dreht mit
  1. Dynamo hat keine Masse
    - Schelle schmirgeln oder abkratzen, ebenso den Rahmen an der Stelle, wo die Masseschraube auftrifft. Masseschraube säubern und fest einschrauben.
  2. Dynamo hat Masse
    - Kabel lose oder rostig: entrosten, evtl. neu abisolieren, anschließen, versiegeln
    - Kabel gerissen: Ende abisolieren, zusammendrehen, mit Isolierband o. Klebeband isolieren bzw. neues Kabel
    - Kabelkontakte an den Lampen lose oder verrostet: s. o.
    - Massekontakte an Lampen korrodiert: blankschmirgeln oder -kratzen (s. Abb. 172)
    - Pluskontakte in den Lampen korrodiert: blankmachen (s. Abb. 172)
    - Birnen kaputt: neue einschrauben

Fehler immer noch nicht gefunden? Dann fahr nicht mehr bei Dunkelheit; ich kann dir nicht mehr weiterhelfen.

ZUSATZEINRICHTUNGEN

Empfehlenswert finde ich alles Zubehör, das uns gegenüber den
Autofahrern sicherer macht, z. B.
- Abstandhalter
- Seitliche Reflektoren (in die Speichen zu klemmen)
- Standlicht (ein neuartiges Rücklicht mit großem seitlichen Abstrahl-
  winkel. Es leuchtet, von Batterien gespeist, auch wenn das Rad
  steht und der Dynamo nicht dreht).

Beim Kauf von Beleuchtungseinrichtungen ist darauf zu achten, daß
sie ein für Deutschland vorgeschriebenes Prüfzeichen tragen:

    ⌇⌇⌇ K (und dann eine fünfstellige Zahl)

Preise

Scheinwerfer	ab DM	6. -
Rücklicht	DM	3. -
Dynamo	ab DM	7. -
Glühlampe	DM	0. 50
2 Kabel m. Ösen	DM	1. -
Seitl. Reflektoren (4 St)	DM	4. 50
Abstandhalter	DM	8. -
Leuchtreifen (Decke)	DM	14. -
Kombileuchte (Dynamo + Scheinwerfer)	ab DM	10. -
Dynamonabe m. Felge	DM	80. -
Standlichtausrüstung	DM	39. -

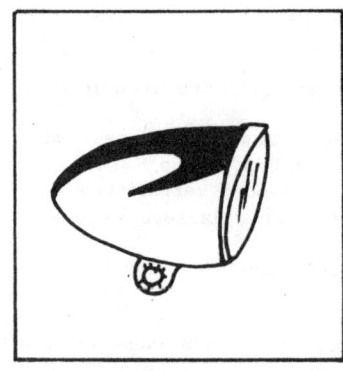

Abb. 173   Nicht verwechseln: Scheinwerfer (links) und
Schweinwerfer (rechts)

GENERALÜBERHOLUNG   Zeit ca. 3 Tage

Solltest du zu den glücklichen gehören, die von Onkel Z. aus Bl.
oder Großtante Ü. aus Ö. ein altes Velociped (Tretomobil mit
Kniezündung) geschenkt bekommen oder gar eins aus dem Sperrmüll gerettet haben?   Wenn es wirklich ein altes Rad ist,
empfiehlt sich eine gründliche Überholung, die ersten wahrscheinlich dringend notwendig ist, zweitens Spaß macht und dir drittens
ein fast neuwertiges Rad in die Hände gibt. Viele neue Sporträder
können es an Stabilität nicht mit den alten Tourentretern aufnehmen.
Außerdem haben diese archaischen Fahrzeuge noch Charakter ...
Also nutz die Chance:

1. Räder, Schutzbleche, Gepäckträger, Bremsen, Sattel, Lenker,
   Beleuchtung, Ständer abbauen
2. Kurbeln und Pedale abmontieren, Tretlager herausnehmen,
   Steuersatz und Gabel entfernen

(Das Auseinandernehmen geht ja meistens schnell ...)
Vor dir nun der Rahmen in seiner ursprünglichen Nacktheit.
Vor dem Lackieren:
1. alle rostigen Stellen mit Schmirgelpapier Körnung 80 bis auf's
   blanke Metall abschleifen oder
2. wenn der Rahmen völlig verrostet ist, ihn ganz und gar abschleifen. Mit einem Heimwerker mit Schleifscheibe dauert das etwa
   eine Stunde und 8 Schmirgelscheiben. Es dürfen auch keine Fett-
   oder Ölreste mehr vorhanden sein.
3. Genauso auch Schutzbleche, Gepäckträger und Gabel behandeln
4. Lackieren und Trocknen lassen - bis der Lack auch wirklich
   trocken ist! Ungeduld hat ärgerliche Folgen, und die ganze
   Lackiererei war für die Katz.
5. Es sieht sehr schnieke aus, die Muffen andersfarbig zu lackieren
6. Steuersatz und Tretlager überprüfen und, wenn notwendig, Teile
   ersetzen. Ebenso bei Pedalen, Vorder- und Hinterrad die Lager
   untersuchen und das Spiel neu einstellen.
7. Bei Bedarf Antriebsrad, Ritzel und Kette erneuern (aber nicht nur
   ein einziges der drei Teile!)
8. Bremse überprüfen, neue Bremsklötze, zentrieren.
9. Reifen überprüfen: Profil? Seitlich abgefahren oder brüchig?
   Felgenband vorhanden? Vergiß das Talkum nicht bei der Montage.
   Falls noch nicht vorhanden, kannst du jetzt Blitzventile einsetzen.
10. Radlauf kontrollieren - eiert das Rad? Speichen nachziehen
11. Bei völlig verrosteten Felgen und Speichen wäre zu überlegen,
    ob nicht das Geld für neue Räder lohnender ist als dauerndes
    Nachspannen und Reifenflicken (Rost zermahlt den Schlauch und
    verursacht später ein Loch nach dem anderen)

Fertig? Sag selbst, hättest du gedacht, daß es jemals wieder so
aussehen könnte wie auf Abb. 66?

ZUBEHÖR UND SCHNICKSCHNACK

SCHLÖSSER

Was tun gegen Draisinenhaie? Das Rad abschließen. Womit?

1. Speichenschloß
   Angebautes Schloß , blockiert als Ring- oder Riegelschloß das
   Hinterrad. Wird von Fahrradfirmen mit großartiger Geste mitgeliefert, aber der Nutzen ist begrenzt. Warum sollte ein richtiger Velocipedräuber dein Rad nicht auf oder in einen Wagen
   packen und abrauschen?
2. Gabelkopfschloß
   Wie bei Motorrädern üblich. Es blockiert die Lenkerbewegung
   und soll den Dieb angeblich zu ewigem Kreisfahren verdammen.
   Für dies Schloß gilt das obengesagte.
3. Kabel- oder Kettenschloß
   Ist prinzipiell schon besser, denn damit kannst du das Rad an
   einen Laternenpfahl, Zaun oder an das Bein eines Schutzmannes
   anschließen. Das Kabel wird dazu am besten durch Rahmen und
   Hinterrad geführt. In den USA sieht man häufig, daß Leute ihr
   Vorderrad flink ausbauen (Schnellspanner, Flügelmuttern) und mit
   anketten; bei uns scheinen Vorderradsammler noch selten zu
   sein. Unter dieser Art Schlösser gibt es große Auswahl:
   - Kastenschloß aus dünnem Drahtseil mit einem Schloßkasten
     aus Blech. Letzterer ist nach 5 deftigen Hammerschlägen dahin.
   - Zylinderschloß, je nach Qualität schon erheblich stabilder.
   - Zahlenschloß, bei dem man keinen Schlüssel verlieren, aber die
     Nummer vergessen kann. Sensible Fahrradklauer kriegen es
     nach Gefühl und Gehör auf. Unter billigen Kombinationsschlös-
     sern derselben Firma findet man häufig dieselbe Kombination.
   - Vorhängeschloß mit stabiler Kette, die durch Plastikschlauch
     geschützt ist. Sehr sicher und ziemlich teuer. Das schönste von
     allen Fahrradschlössern hast du natürlich, wenn du dir so ein
     Schloß individuell zusammenstellst : ein solides Vorhängeschloß,
     eine dicke Stahlkette ganz nach deinem Geschmack. Zieh ein
     Stück Plastikschlauch drüber oder einen alten Fahrradschlauch.
   - Und wenn du ein notorischer Schlüsselverlierer bist, laß dir
     gleich ein paar Ersatzschlüssel machen.

Preise

Speichenschloß   DM 2. 50
Kabelschloß   ab DM 4. -
Stabiles Kettenschloß
                ab DM 25. -

VERSICHERUNGEN

Erkundige dich beim Kauf eines Rades, ob du gleich eine Versicherung mit abschließen kannst. Immerhin werden jährlich über 220 000 Fahrräder gestohlen! Bei Radsport - Brügelmann bezahlst du (wenn du dort ein Rad kaufst) für eine Diebstahlversicherung ca. 6. 25 % vom Verkaufswert als Jahresprämie. Für die Fahrrad - Verkehrsversicherung gegen Brand, Diebstahl, Teildiebstahl, Raub, Unterschlagung, Vertauschen und Beschädigung durch Selbstverschulden beträgt die Jahresprämie ca. 7. 25 % vom Verkaufswert. In Hausratsversicherungen sind Fahrräder bis DM 500. - eingeschlossen.
Wichtig für eine Diebstahlsmeldung ist natürlich die exakte Beschreibung des Rades. Die Seriennummer findest du unten an der Tretlagermuffe oder direkt unterhalb der Sattelmuffe eingeschlagen. Weiterhin sollte dir Hersteller, Modell, Farbe und Reifengröße bekannt sein.

Abb. 174   Velocipedfahrschule

FAHRRADSTÄNDER

Außer bei einem Dreirad dürfte eine Stütze ganz nützlich sein -
nicht nur zum Abstellen, auch für einige Reparaturarbeiten.
Aber, wer hat es nicht schon heimlich befürchtet, auch hier gibt
es Konstruktionen, die eher in eine Folterkammer gehörten als
an ein Fahrrad. Fangen wir aber ganz systematisch an.
Zunächst die soliden. Damit meine ich die zweibeinigen Stützen,
von denen es wiedrum zwei Variationen gibt.
1. Der klassische Holland - Ständer, der auf Höhe der Hinterradnabe
   befestigt ist (Abb. 175). Hochgeklappt befindet er sich oben am
   Gepäckträger. So ziemlich das beste, was ich kenne. Allerdings
   habe ich noch keine Firma gefunden, bei der man ihn solo
   bekommen kann.
2. Der Raleigh - Ständer, der wie fast alle anderen hinter dem
   Tretlager angebracht wird, hat zwei Füße, die sich beim Auf-
   bocken spreizen und sicheren Stand versprechen.

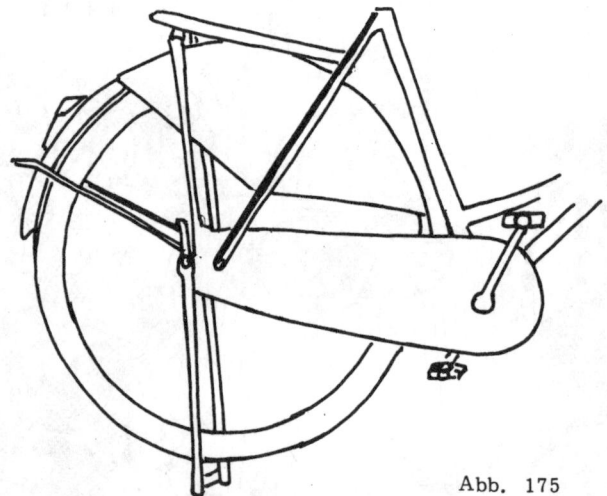

Abb. 175

Nun zu den einbeinigen Fahrradstützen. Eine fällt aus der Rolle:
1. Raleigh - Ständer zur Anbringung an der Hinterachse. Soll
   seinen Zweck genausogut erfüllen wie die
2. Ständer mit Anbringung hinter der Tretlagermuffe. Sie sind in
   massiver Ausführung erhältlich und hohl. Wie man sich schon
   denken mag, sind die massiven durchweg stabiler als die hohlen.
   Meist haben sie auch eine handfeste Gelenkkonstruktion.
   Die hohlen sind gelegentlich verstellbar, aber warum das unnötig
   ist, erkläre ich gleich. Einige Ständer sind mit einer Spiralfeder versehen, die sie beim Losfahren automatisch in Ruhestellung bringen sollen.

Endlich lassen sich die Ständer noch nach der Art der Befestigung
unterscheiden. Müssen sie in einen schon vorhandenen (angeschweißten) Sockel passen? Oder sind sie beliebig an jedes Rad zu montieren? In dem Fall haben sie eine zweiteilige Schelle. Werden sie
mit einer Sechskantschraube oder einer Inbusschraube festgezogen?

Kauf eines Fahrradständers

Hast du keinen Ständersockel am Fahrrad, so kannst du ein belie-
biges Modell anbringen, vorausgesetzt, es hat die o. a. Schelle.
Nimmst du einen einbeinigen massiven Ständer, so laß ihn dir beim
Händler gleich auf die richtige Länge zusägen. Das muß man meistens noch machen, weil diese Ständer in einer Einheitsgröße
geliefert werden. Aber sieh zu, daß das Gerät nicht zu kurz ausfällt -
ankleben gilt nicht! Eine Sechskantschraube kannst du natürlich
zuhause mit dem Knochen anziehen, aber für eine Inbusschraube
müßtest du einen Inbusschlüssel kaufen, den du in dieser Größe für
nichts anderes benutzen kannst. Laß das also auch gleich vom
Händler erledigen.   Einbeinige Hohlständer solltest du vor dem
Kauf auf Stabilität überprüfen. Kann man sie seitlich in der Achse
hin- und herwackeln? Diese Achse besteht oft nur aus einer Alu-
niete; dann läßt man das Ganze besser liegen. Laß dich auch nicht
von einer Ausführung mit Spiralfeder blenden. Im Laden funktionieren
sie noch einwandfrei, aber am Rad verdrecken und korrodieren sie
schnell und dienen nur noch als Schmutzfänger. Und dann kann's
natürlich auch gleich einer ohne Feder sein...
Als einzige Wartungsmaßnahme ist die Ölung (hoffentlich nie die
letzte) des Gelenks zu empfehlen.

Preise: einbeinige Seitenstützen   ca. DM 6. - 8. -

KILOMETERZÄHLER

Kann sein, daß ein Leistungsnachweis für dich interessant ist.
Ein km - Zähler gibt nicht nur die gefahrene Strecke an; es läßt
sich daraus auch die Durchschnittsgeschwindigkeit errechnen.
Das Prinzip ist sehr einfach. Eine kleine Anschlagschraube wird
an einer Speiche befestigt und schlägt bei jeder Radumdrehung
gegen das außenliegende Zahnrad des km - Zählers, der auf der
Vorderachse montiert ist. Dadurch werden innen die Ziffernwalzen
gedreht und auf der Anzeige erscheint die Kilometerangabe.
Für die verschiedenen Radgrößen gibt es unterschiedliche Ausführungen. Wen das ständige Klicken nervt, den kann vielleicht das
Luxusmodell von Huret erfreuen. Dort werden die Walzen von einem
kleinen Treibriemen bewegt.
Preise: einfaches Modell   DM 6. -   Huret   DM 15. -

GEPÄCKTRÄGER

Wichtig für alle außer den Rennfahrern, denn man kann jemand
darauf mitnehmen, Blumenkästen draufmontieren, einen Armvoll
Brennholz oder einen Diplomatenkoffer oder eine Kiste Bier
oder ein Butterbrot drauf festklemmen ...
Als Tourenradfahrer mit viel oder schwerem Gepäck solltest du
dich gleich nach einem Gepäckträger mit Überbreite umsehen.
Es paßt nicht bloß mehr drauf; das ganze Gestell ist wesentlich
stabiler als eine Normalkonstruktion. Kommt es dir aber darauf
an, zu deinem Sportrad passend einen eleganten kleineren Gepäckträger zu haben, wirst du dich vielleicht für ein verchromtes
Modell in Normalgröße entscheiden. Bei einfachen, billigeren
Ausführungen ist der ganze Rahmen aus einem Stück Rohr zusammengebogen. Die besseren Fabrikate haben separat angebrachte
bewegliche Stützen. Weiterhin unterscheiden sich die Gepäckträger
in der Anbringungsweise:
Entweder sind die Stützen am Ende mit großen Bohrungen versehen
und werden durch die Radmuttern auf der Achse gehalten, oder sie
haben kleine Bohrungen und werden mit Schraube und Mutter in
dafür vorgesehenen kleinen Löchern an den Ausfallenden angebracht.
      An der Oberseite sind sie an den hinteren Doppelrohren des
Rahmens befestigt, und zwar mit einer Schelle, die vom Rahmen
unabhängig ist, oder an einem Blech, das zu diesem Zweck an den
Rahmen geschweißt wurde. Schließlich gibt es auch die die Befestigung mit dem Sattelklemmbolzen.
Für Rennfahrer gedacht ist ein leichter Gepäckbeutel mit zuge-
hörigem Alugestell, das ohne Werkzeug zwischen die Rahmenstreben
geklemmt werden kann.
Inzwischen kommen auch mehr Gepäcktaschen mit Haltern auf den
Markt, die man am Lenker befestigen kann. Andere Taschen lassen
sich am Sattel anhängen oder am Oberrohr. Dazu kommen die
altbekannten Packtaschen, die wie bei Old Shatterhand hinter dem
Sattel zu liegen kommen. Nicht zu vergessen der Vorderradge-
päckträger, der am Lenker eingehakt und mit Schellem an der Gabel
gehalten wird. Viele Gepäckträger werden mit einem Spanngummi
geliefert, weil sie keine Gepäckspange zum festklemmen haben
(z. B. alle Modelle von Raleigh und Motobécane). Vergl. Abb. 177.

PROBLEM: GEPÄCKTRÄGERSPANGE (BÜGEL) AUSGELEIERT

1. Seitliche Federbügel abheben
2. Federzunge nach oben halten, beide Federbügel kräftig
   nach unten drücken (Abb. 176)
3. Federbügel wieder einhaken

Während ich das gerade nochmal ausprobiere, fällt mir ein:
Das Aushaken und Zurechtbiegen macht man am besten erst mit
dem einen, dann mit dem anderen Federbügel, dann braucht man
die Federzunge nicht hochzuhalten.

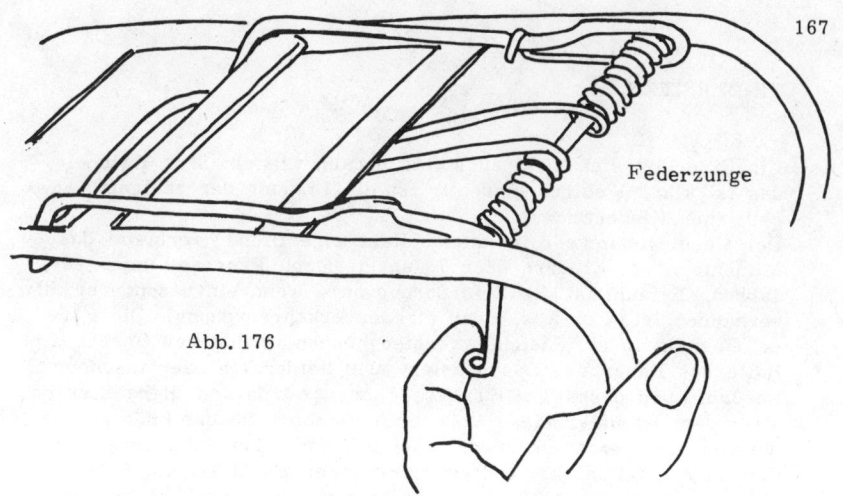

Federzunge

Abb. 176

Abb. 177

Preise

einfache Gepäckträger (vorn o. hinten)	ca.	DM	7. -
großer Gepäckträger für Tourenräder	ca.	DM	12. -
überbreiter " mit zwei Klemmbügeln	ca.	DM	35. -
Doppelpacktasche	ab	DM	22. -
Lenkertasche, gr. Satteltasche, Oberrohrtasche		DM	10. - 15. -
Gepäckkorb		DM	7. - 15. -

KINDERSITZE

Ein Kind läßt sich nicht auf's Rad packen wie ein Sack Zwiebeln, das ist klar. Weniger eindeutig ist die Eignung der zahlreich angebotenen Kindersitze.
Der Gesetzgeber (wer ist dieser Herr eigentlich?) verbietet das Mitnehmen von Kindern über 7 Jahren durch Personen unter 16 Jahren. Erlaubt ist die Beförderung nur, wenn ein besonderer Sitz vorhanden ist (§ 21 Abs. 3 der Straßenverkehrsordnung). Die Füße sollen nicht in die Speichen geraten können, mahnt das Gesetz den Halter des Fahrrads. Das passiert aber leider ein paartausend mal im Jahr, und deshalb wär's besser, man würde dem Hersteller und nicht dem Benutzer diese Vorschrift machen. Ob die Füße nun in die Speichen geraten können, scheint jeder Fabrikant unterschiedlich zu beurteilen. Ein weiterer kritischer Punkt ist die Anbringung. Sitze, die nicht unverrückbar fest zu montieren sind, können bei einer Vollbremsung das Kind regelrecht auskippen. Dabei fällt mir gleich eine wichtige Vorsichtsmaßnahme ein: Auf Klappräder sollen überhaupt keine Kindersitze angebracht werden!
Zum Glück für uns Eltern hat die Stiftung Warentest 1979 eine umfangreiche Untersuchung durchgeführt von 11 Sitzen, die vorne montiert werden, und 11 Sitzen mit Anbringung hinter dem Sattel. Kriterien waren unter anderem:
- vernünftige Gebrauchsanweisung mit Gefahrenhinweisen und Alters- bzw. Gewichtsangaben
- Fußschutz / Speichenabdeckung
- Handhabung: Anbringen und Einstellen des Sitzes
- Bequemlichkeit für das Kind
- Stabilität der Anbringung: Sitze, die schlingern und schlenkern, können nicht sicher sein

Sitze vorn sind gut geeignet für kleine Kinder. Man hat sie zwischen den Armen; das gibt ein beruhigendes Gefühl. Vorsicht aber mit den an der Gabel montierten Fußstützen - es ist anfangs ungewohnt, wenn das Kind mitlenkt.
Sitze hinten beeinträchtigen das normale Fahrgefühl am wenigsten. Aber: Gefahr für die Füße (Speichen) und für die Finger (können in der Sattelfederung geklemmt werden).

Von dem erwähnten DM - Test werden hier nur die mit insgesamt "gut" oder "sehr gut" benoteten Modelle aufgeführt. Der Kettler - Sitz ist nicht mitgetestet worden.

Sitze vorn

Bulldog 576   bis 20 kg Körpergewicht, einstellbar für Unterschenkellängen ca. 18 - 24 cm, Gesicht in Fahrtrichtung. Test: "gut"
ca. DM 50. -

Bulldog 578 - V	bis 20 kg, Unterschenkellängen 17 - 24 cm. Anbringung vor dem Lenker, also Gesicht gegen Fahrtrichtung. Man sollte bedenken, daß bei dieser Anbringung der Unfallschutz etwas geringer ist als bei den anderen Modellen. Test: "gut" ca. DM 50. -
HU - GO 570	keine Angaben für Alter o. Gewicht. Unterschenkellängen 18 - 24 cm. Blick in Fahrtrichtung. Test:"gut" ca. DM 40. -
Zinsmayer Universalsitz	bis 12 kg, Unterschenkellängen 13 - 28 cm. Anbringung vor dem Lenker: Gesicht gegen Fahrtrichtung. Rostbeständigkeit mangelhaft. Test: "gut" ca. DM 40. -

Sitze hinten

Weyer-Babytour	bis zu 3 Jahren. Unterschenkellängen 12 - 23 cm. Integrierter Speichenschutz, Anschnallgurt, Rückenlehne mit Kopfstütze. Blick in Fahrtrichtung. Test: "sehr gut" ca. DM 50. -
Kettler	dem Weyer - Modell sehr ähnlich ca. DM 50. -

Diese Auflistung guter Kindersitze erhebt natürlich keinen Anspruch auf Vollständigkeit. Alle aufgeführten Sitze sind einfach bis sehr einfach zu montieren und sind bequem oder sehr bequem für das Kind. Hier eine Tabelle mit Körpermaßen, die angeblich auf 95 % der Kinder zutreffen:

Alter	Unterschenkel- länge in cm	Beckenbreite im Sitzen in cm	Gewicht in kg
1	18	17	9. 7
2	23	19	12. 6
3	26	21	14. 6
4	28	22	16. 6
5	30	23	18. 7
6	32	24	20. 9

Bevor du jetzt mit dem Kind als Beifahrer losdüst,
    prüfe einmal alles durch:
- Sitz fest?
- Kind sitzt weich und bequem?
- Füße ruhen sicher auf den Rasten, Beine nicht zuweit angezogen?
- Füße sicher vor den Speichen?
- Finger sicher vor der Sattelfederung?
- Gurt angelegt?
- Rauchen eingestellt?

    - roger - ready for takeoff - power on !

FAHRRADANHÄNGER

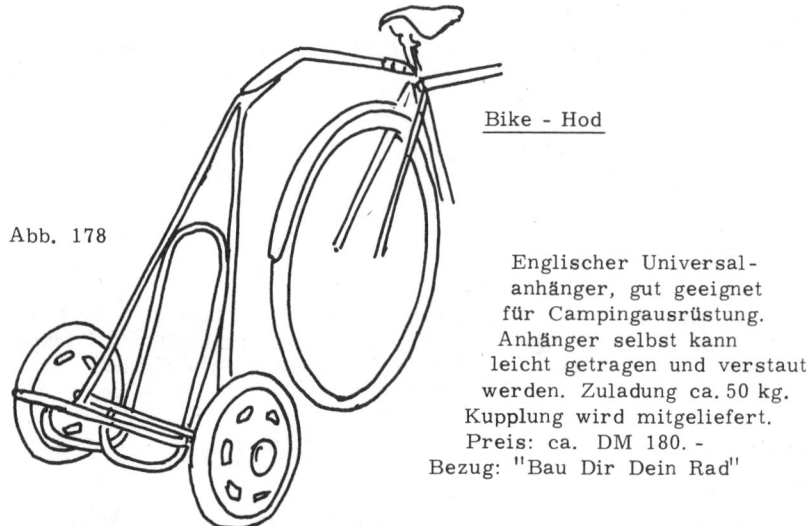

Bike - Hod

Abb. 178

Englischer Universal-
anhänger, gut geeignet
für Campingausrüstung.
Anhänger selbst kann
leicht getragen und verstaut
werden. Zuladung ca. 50 kg.
Kupplung wird mitgeliefert.
Preis: ca. DM 180. -
Bezug: "Bau Dir Dein Rad"

Kuli

Schwerer Vielzweck-
hänger, auch als Handwagen
zu benutzen. Kasten ca.
56 x 105 cm. Anschluß für
Standardkupplungen. Tragkraft 100 kg.
Hersteller: Doppel - Rad,
Fahrradfabrik Mainz - Kastel
Preis: ca. DM 250. -

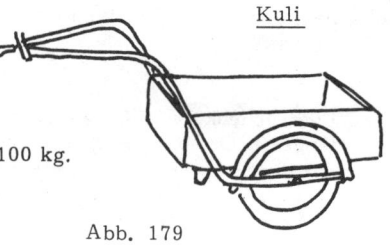

Abb. 179

Radel - Boy

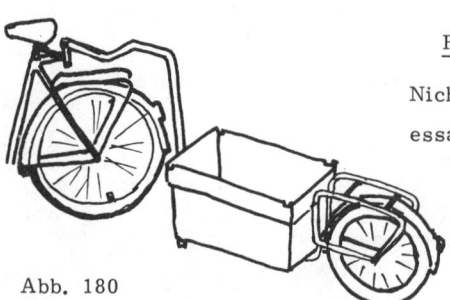

Nicht sehr stabile, aber inter-

essante Einradkonstruktion.

Zuladung 50 kg.

Preis: ca. DM 160. -

Bezug: wipo -

Abb. 180

A. Wilhelm, Waldstr. 33

5000 Köln 90

packy

Abb. 181

Fahrradbeiwagen, der an jedes
Rad paßt. Die Halterung ist unkompliziert und schnell zu montieren. Vielfältige Verwendungs-
möglichkeiten: mit Einkaufskorb,
mit abschließbarem und wasser-
dichtem Koffer - man kann aber
auch den Sitz einer Kinderkarre
darauf befestigen.
Tragkraft 50 kg.

Preis (Normalmodell): DM 98. 50
Bezug: Sprick, Postfach 2948
4830 Gütersloh

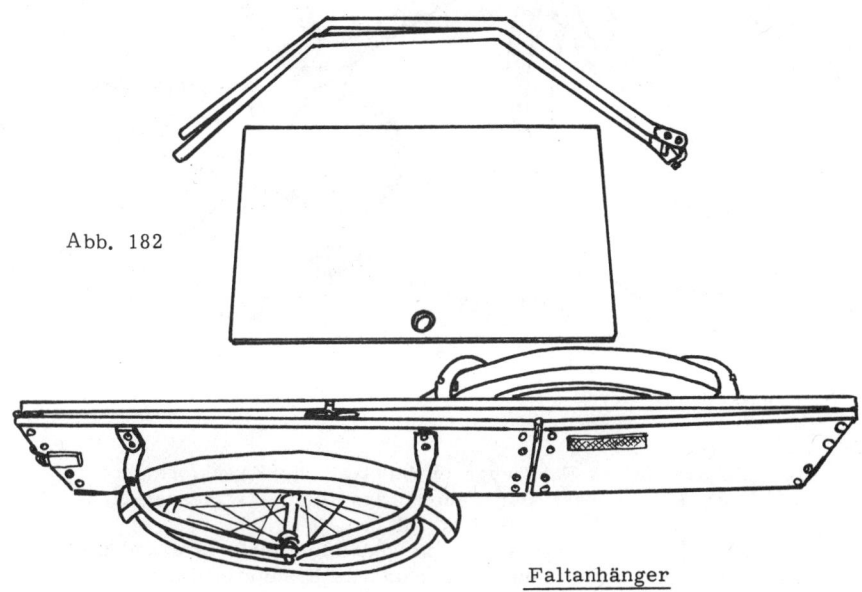

Abb. 182

Faltanhänger

Aus schwerem Sperrholz gebauter Kastenanhänger, der ursprünglich
von den Amsterdamer Provos entworfen und auf die Abmessungen
von zwei Bierkästen ausgelegt wurde.(Abmessungen 46. 5 x 76. 5 cm).
Deichselhöhe verstellbar. Offenbar sehr zweckmäßig ist die simple
Kupplung (2 kurze, um die Sattelstütze geklemmte Gummibänder).
Der Hänger läßt sich im Handumdrehen zerlegen bzw. falten, sodaß
er dann nur noch 30 x 122 cm mißt. Bisher nur Prototyp; geht
demnächst in Serie.
Preis: ca. 320. - bis 350. -   Hersteller: Batavus, Holland

Abb. 183

Kunststoff - Fahrrad

Die Eleganz dieses Fahrzeugs erinnert an die Zweckformgeräte
der Bauhaus - Epoche. Der Rahmen aus GfK (glasfaserverstärk-
tem Kunststoff) hält das Gewicht auf ca. 10 kg (!).
Ein abschließbares Gepäckfach, die gesamte Lichtanlage und auch
der komplette Antrieb sowie verschiedene Kleinteile sind in den
Rahmen integriert; scharfe Kanten und Schmutzfänger wurden
vermieden. Die "Futura" stellt ihren Besitzer nicht mehr vor
leidige Rostprobleme und reduziert die Pflegearbeiten; ist also
ausgesprochen wetterfest. Ob das Plastikrad aber auch so schlag-
fest ist, wie der Hersteller verspricht, wird sich herausstellen.
Und: Recycling dürfte für dieses Rad wohl nicht in Frage kommen.
Bisher nur Prototyp; bei Serienherstellung Preis ca. DM 500. -
Hersteller: Kalkhoff

Abb. 184

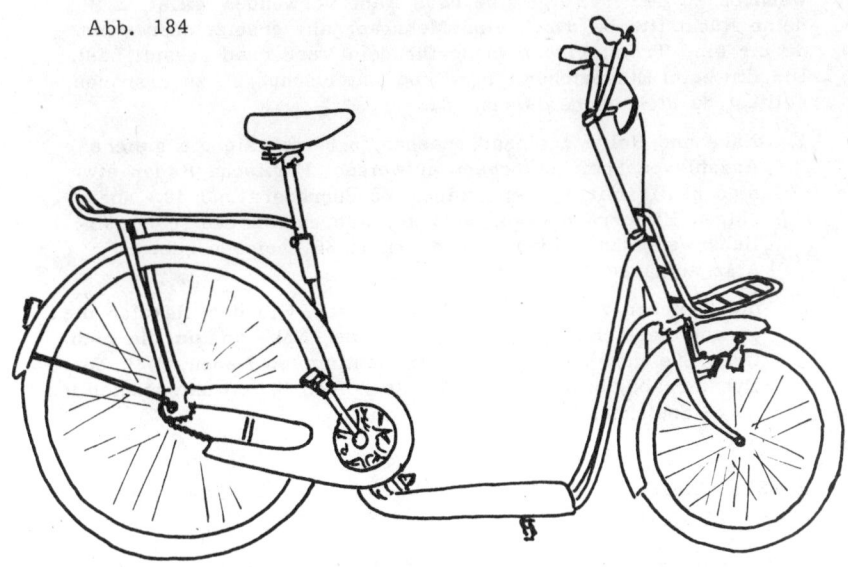

Fahr - Roller - Kombi

Wirkt wenig auffällig, hat es aber in sich. Ein Zweckfahrrad,
das auch gerollert werden kann (ungestraft auf Fußwegen...)
    Alte Leute, denen ein normales Rad vielleicht zuviel Akrobatik
beim Aufsteigen erfordert, haben hier sicher keine Schwierigkeiten. Ganz neu: Man kann einen Passagier mitnehmen; auch
das ganz legal. Durch Ausnutzung beider Gepäckträger und der
Trittfläche läßt sich das Rad zum Lastesel machen.
Für Postboten scheint das Gefährt besonders geeignet zu sein:
Von Tür zu Tür rollern, von Straße zu Straße radeln ....
Der Fahr - Roller - Kombi ist ideal im Stadtverkehr, weniger
günstig allerdings auf längeren Strecken.
Der Erfinder sucht noch nach einem Hersteller; bei einer Serie
von 500 Rädern würde der Stückpreis ca. DM 500. - betragen.
Länge 190 cm   Höhe 90 cm   Trittbrett 18 x 40 cm
Bodenfreiheit für Bordsteinhöhe   18 cm
Räder   20", 28"
Tragkraft ca. 200 kg
Konstrukteur: H. -Georg Ruffer, Jasperallee 38, 33 Braunschweig

ANHANG:

EINSPEICHEN

Wann kommt das Einspeichen überhaupt in Frage? In der Regel,
wenn du zu deiner Felge eine neue Nabe verwenden willst, z. B.
deine Rücktrittnabe durch eine Mehrgangnabe ersetzt oder wenn
du dir eine Trommelbremsnabe für dein Vorderrad gekauft hast.
Um dir beim Einspeichen Ärger und Enttäuschungen zu ersparen,
solltest du dich vergewissern, daß

1. Nabe und Felge zueinanderpassen, d. h. daß sie die gleiche
    Anzahl von Speichenlöchern aufweisen. Englische Räder etwa
    sind häufig mit 32 - speichigen Vorderrädern und 40 - spei-
    chigen Hinterrädern ausgestattet, während die deutschen üb-
    licherweise an beiden Laufrädern je 36 Speichen haben.
    Also aufpassen!

2. die Speichen zu Felge und Nabe passen. Gib dem Händler die
    genaue Bezeichnung der Felge und der Nabe an, um die rich-
    tigen Speichen zu erhalten. Bei bestimmten Naben, z. B. der
    Dynamonabe, benötigst du für die beiden Seiten unterschiedlich
    lange Speichen.

EINSPEICHEN EINES LAUFRADES   Nippelspanner
(Abb. 185 - 191)   (= Speichenschl.)

1. Nimm das Speichenbündel, das du benutzen wirst, in die Hand
   und stoße es auf den Tisch auf. So erkennst du sofort, ob zu
   lange oder zu kurze Speichen dabeisind.
2. Halte die Nabe senkrecht. Am oberen und unteren Flansch
   läßt du in jedes 2. Loch eine Speiche fallen (Abb. 185)

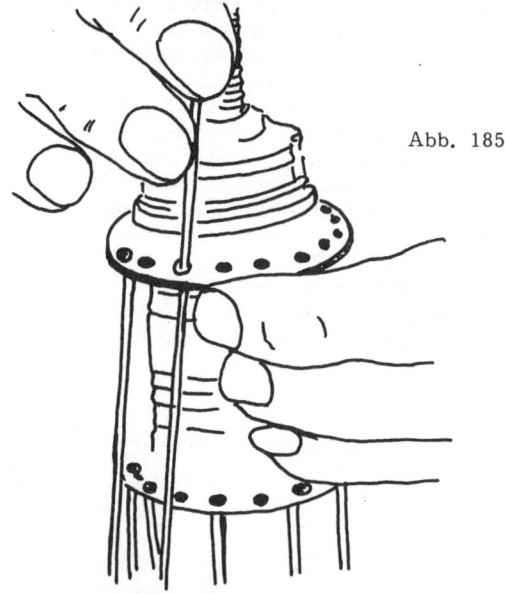

Abb. 185

3. Dreh die Nabe um. Sie steht immer noch senkrecht, aber die eingesteckten Speichen haben jetzt die Köpfe unten. Sie stehen waagerecht ab (Abb. 186).

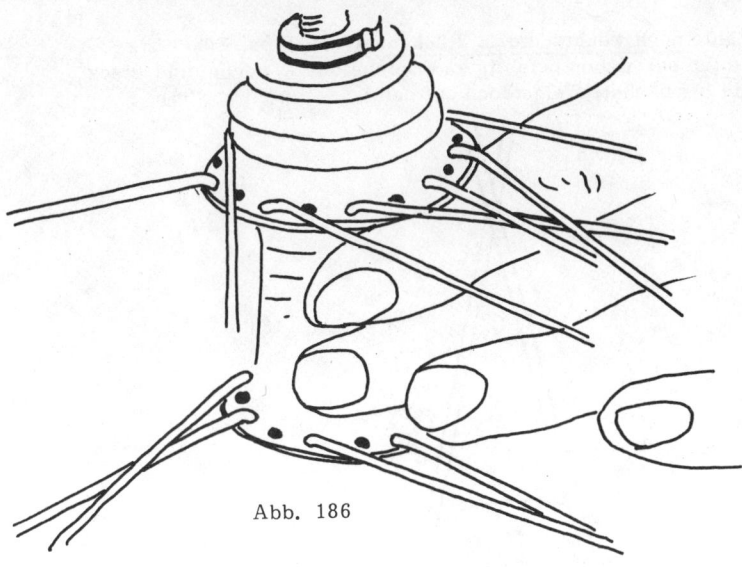

Abb. 186

4. Jetzt läßt du von oben in die noch freien Löcher Speichen hineinfallen; und zwar erst in den unteren, dann in den oberen Flansch. So sind jetzt alle Löcher mit Speichen gefüllt.

5. Nimm nun die Felge zur Hand. Halte die Nabe waagerecht. Die Speichen fallen nach links oder rechts oder hängen nach unten. Nimm eine Kopfspeiche A (Speiche, deren Kopf dir zugewandt ist) und steck das Gewindeende durch irgendein Felgenloch (es muß aber eins auf deiner Seite sein). Speichennippel von Hand leicht aufdrehen (Abb. 187)

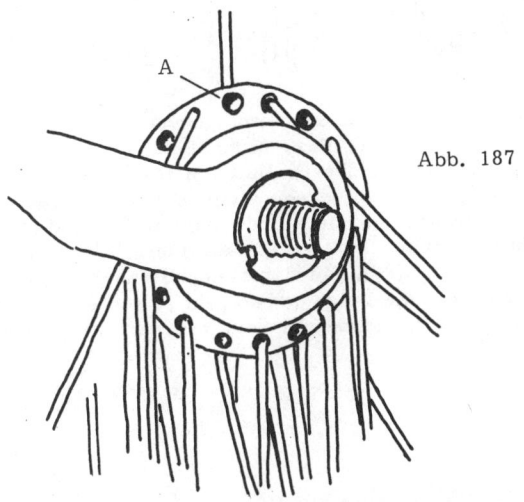

A

Abb. 187

6. Zähle <u>nach rechts</u> die 3. Rückenspeiche B ab. Führe sie <u>hinter</u> der schon befestigten Kopfspeiche A vorbei und steck sie ins nächste Felgenloch auf deiner Seite (Abb. 188).

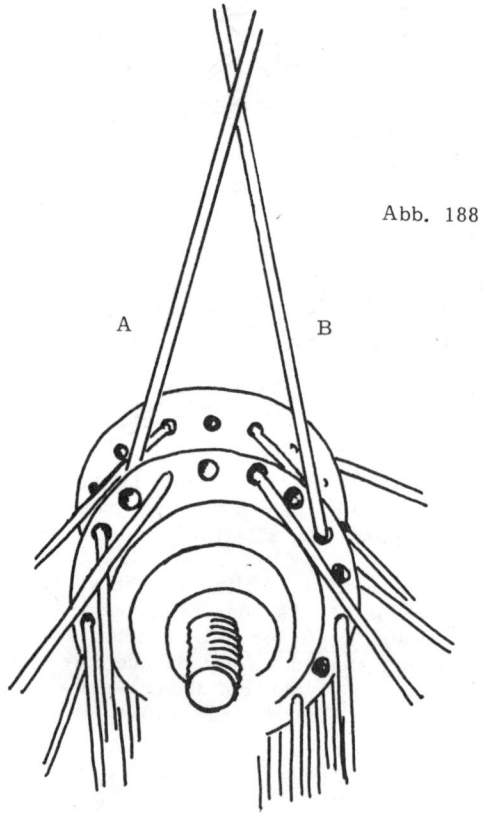

Abb. 188

A   B

7. Nachdem die ersten 2 Speichen eingespeicht sind, gehst du im Uhrzeigersinn weiter. Dazu nimmst du, rechts fortschreitend, die nächste Kopfspeiche C. Halt sie fest und kreuze sie <u>über</u> die von hier aus 3. Rückenspeiche D (nach rechts gezählt). Diese Rückenspeiche steckst du jetzt ins nächste Felgenloch (im Uhrzeigersinn, auf deiner Seite) und drehst den Nippel leicht auf (Abb. 189). Die davor ergriffene Kopfspeiche geht anschließend in die Felge und so geht es weiter, bis alle Speichen dieser Seite mit den Nippeln in der Felge gehalten werden.

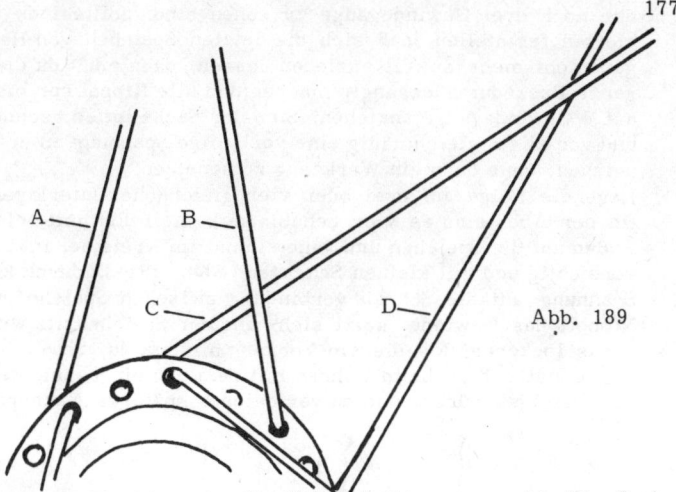

A⟍   B⟍

C⟍   D⟍   Abb. 189

8. Dreh das Rad herum; die Nabe bleibt waagerecht. Die Speichen des vor dir liegenden Lochkranzes sind alle noch nicht
in der Felge. Den folgenden Vorgang nennt man Schießen.
   Nimm eine Rückenspeiche. Schieb sie genau parallel zur
Achse (Nabe) zum gegenüberliegenden Flansch hinüber.
Ihr Kopf E wird dort auf einen Speichenkopf F treffen bzw.
gleich links daneben (Abb. 190)

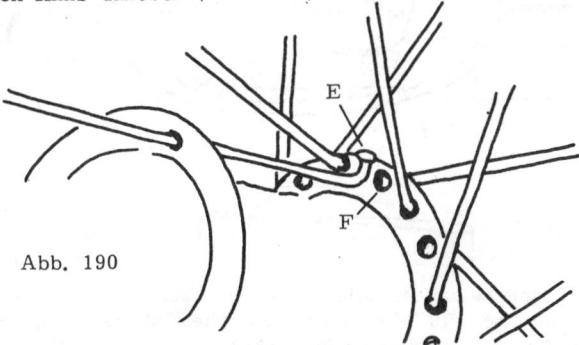

Abb. 190

Verfolge die Speiche, deren Kopf du so getroffen hast, bis
an die Felge, und setze die Speiche, die du zum Schießen
benutzt hast, in das links danebenliegende freie Loch ein.
HALT : Bevor du das tust, leg noch die beiden nächsten
Kopfspeichen rechts davon nach links hinüber, dann brauchst
du sie nachher nicht zu biegen.

9. Du hattest jetzt eine Rückenspeiche genommen. Zähle nach
rechts die 3.Kopfspeiche ab, laß sie nach links über die
Rückenspeiche kreuzen und führe sie in die Felge ein.
So geht es weiter, bis alle Speichen auch auf dieser Seite
in der Felge sind.

177

10. Drehe von Hand nacheinander alle Nippel soweit an, daß nur noch drei Gewindegänge zu sehen sind. Solltest du hierbei feststellen, daß sich die letzten Speichen von Hand gar nicht mehr soweit anziehen lassen, dann mußt du die ganze Prozedur rückgängig machen und alle Nippel nur bis auf 4 Gewindegänge anziehen. Sinn der Sache ist es, schnell und vor allem gleichmäßig eine vorläufige Spannung zu erreichen, ohne dazu ein Werkzeug zu benutzen.

11. Lege die Felge auf drei oder vier gleichhohe Unterlagen (in der Abb. sind es vier Schubladen). Stell dich mit beiden Füßen auf die Speichen und gehe einmal im Kreis herum, vorsichtig und mit kleinen Schritten (Abb. 191). Dadurch kommt Spannung auf die Schraubverbindung zwischen Speiche und Nippel, das Gewinde "setzt sich" und der Speichensitz wird etwas lockerer. Mit diesem Vorgang nimmst du vorweg, was sonst später beim Fahren mit dem neu eingespeichten Rad erfolgen würde, und du vermeidest späteres Nachspannen.

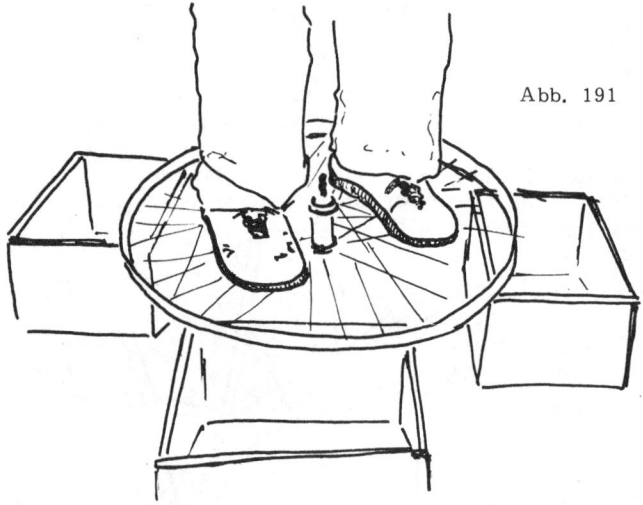

Abb. 191

12. Drehe nacheinander alle Nippel mit dem Schlüssel soweit an, daß nur noch ein Gewindegang zu sehen ist (das gilt, wenn du von Hand bis auf drei Gewindegänge anziehen konntest; wenn nicht, läßt du auch bei der Arbeit mit dem Werkzeug einen oder zwei Gänge mehr stehen).

13. Hast du keinen Zentrierbock, kannst du das Fahrrad auf Sattel und Lenker stellen und die Vorderradgabel als provisorische Zentriereinrichtung benutzen (s. dazu S. 66).

14. Laß das Rad drehen und stelle dabei den größten Ausschlag auf einer Seite fest. Gleiche ihn aus durch behutsames Anziehen der beiden nächststehenden Speichen auf der gegenüberliegenden Seite (nicht mehr als eine Umdrehung zur Zeit, dann wieder überprüfen). Sollten diese beiden Speichen bereits sehr straff gespannt sein, kannst du die beiden Nachbarspeichen auf der Seite der Ausbeulung minimal lockern.

15. Nach dem Ausgleichen dieser Unregelmäßigkeit nimmst du dir den größten Ausschlag auf der anderen Seite vor und verfährst solange so weiter, bis das Rad rund läuft.
16. Eine Kontrollmöglichkeit: Zupfe die Speichen nacheinander an wie Gitarrensaiten. Wenn sie mehr oder weniger gleich klingen, hast du eine gleichmäßige Spannung.

RICHTEN EINES VERBOGENEN LAUFRADES

Hier noch ein kleiner Trick, um verblüffend schnell eine "Acht" aus dem Rad verschwinden zu lassen. Funktioniert allerdings nur, wenn Felge und Speichen nicht uralt sind. In dem Fall ist die Materialermüdung meist schon so weit fortgeschritten, daß eine zweite kräftige Verformung die Stabilität der Teile überfordern würde.

1. Halt das Rad mit Händen fest. Die größte Ausbeulung liegt kurz unterhalb der Kniescheibe; der ausgestreckte rechte Fuß dient als Widerlager und hält das Rad unten.
2. Zieh die Felge mit einem kräftigen Ruck beider Hände zu dir hin. Wenn es klappt, springt die Felge mit einem Klack! in die Ausgangsposition zurück (Abb. 192).

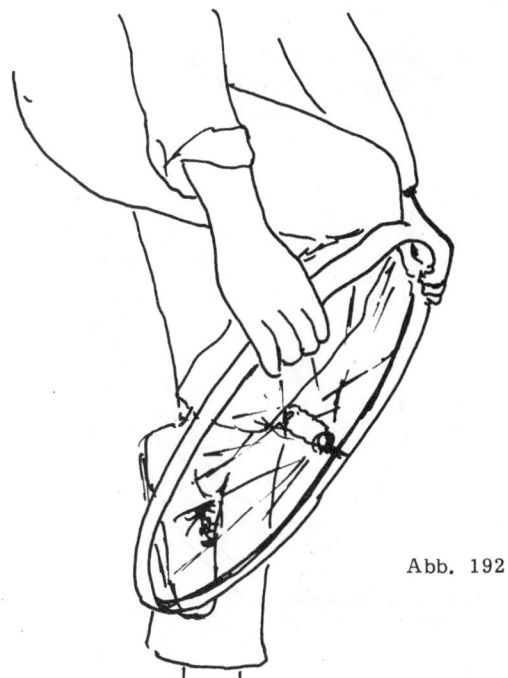

Abb. 192

VERKABELUNG IM RAHMEN

Der Vorschlag, wie man das Rücklichtkabel innerhalb der Rahmenrohre verlegt, stammt von Klaus Köker aus Gütersloh.

Voraussetzung für eine Verlegung im Rahmen ist natürlich das Vorhandensein von einem Einsteck- und einem Austrittsloch. Benötigt wird normales Kabel, Durchmesser 0,5 - 0,75mm.

1. Tretlager ausbauen (s. S. 89)

2. Kabellänge überschlägig abmessen: Dynamo - Steuerkopfrohr - Tretlager - Hinterradausfallende - Schutzblechstrebe - Rücklicht. Eine Handspanne Kabellänge hinzugeben.

3. Kabelenden abisolieren und zusammenzwirbeln oder mit dem Lötkolben verzinnen.

4. Kabelende in das Einsteckloch einführen (meist in der unteren Steuerkopfmuffe) und nachschieben, bis es im Tretlagergehäuse zum Vorschein kommt.

5. Kabelende von hier in dasjenige Hintergabelrohr einführen, an dessen Ende sich das Kabel - Austrittsloch befindet.

6. Kabelende mit spitzer Pinzette herausfummeln.

7. Plastik - Schutznippel über beide Kabelenden schieben und in die Löcher eindrücken.

8. WICHTIG: Vor dem Einbau des Tretlagers unbedingt eine Schmutz- schutzhülse ins Tretlagergehäuse einsetzen (s. a. Kapitel "Tret- lager"). Sie hält das Kabel zuverlässig vom Tretlager fern.

9. Kabel zuende verlegen (s. S. 158) und Tretlager einbauen.

Abb. 193

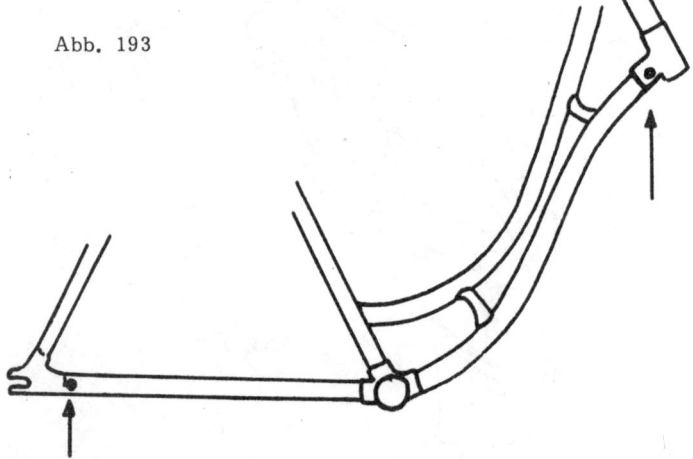

ALLEN, DIE MIT INFORMATIONEN, TIPS UND KRITIK

ZUM GELINGEN DES BUCHES BEIGETRAGEN HABEN,

SEI HERZLICH GEDANKT !

QUELLENNACHWEIS

Kapitel "Was Tun?" : A und B teilweise übernommen; C - H, J, K, M
                      fast wörtlich oder wörtlich übernommen aus:
                      "Informationen für Radfahrer" , Leserdienst
                      der Brigitte, Hamburg, im Rahmen der
                      Brigitte - Aktion Vorfahrt für's Fahrrad
Kapitel "Fahrradkauf": Tabelle über Körpergrößen entnommen dem
                      Katalog vom Radsportversand Brügelmann.
Kapitel "Handbremsen": Technische Details über die Gestänge-Felgen-
                      bremsen, über Trommelbremsen sowie über
                      Sturmey - Archer - Produkte enstammen Unter-
                      lagen von Ti-Raleigh; Details über Felgen-
                      bremsen teilweise von Weinmann.
                      Bremstest: Stiftung Warentest
Kapitel "Hinterrad" u. Techn. Details und Wartungsvorschriften von
"Gangschaltungen"   Fichtel und Sachs (ebenso zugehörige Abb.),
Kapitel "Kindersitze" Testergebnisse von Stiftung Warentest.

In Anführungsstriche gesetzte altertümliche Zitate stammen aus dem Buch
Fahrrad und Radfahrer von Wihelm Wolf, mit Ausnahme des Zitats auf
S. 152 (übersetzt aus Mercredy, The Art And Pastime Of Cycling).

Abb. S. 4 unten: Brigitte - Leserdienst
Abb. 128, 129   Fichtel und Sachs
Abb. 152   Huret

Felix Rexhausen

BESTE FAHRT!

Ein Albernach für Fahrrad~Fans